मन-माटी

[दो लघु उपन्यास]

मन-माटी

असगर वज़ाहत

राजकमल प्रकाशन

ISBN : 978-81-267-1982-2

मूल्य : ₹495

पहला संस्करण : 2011
तीसरा संस्करण : 2022

प्रकाशक : राजकमल प्रकाशन प्रा.लि.
1-बी, नेताजी सुभाष मार्ग, दरियागंज
नई दिल्ली-110 002

शाखाएँ : अशोक राजपथ, साइंस कॉलेज के सामने, पटना-800 006
पहली मंजिल, दरबारी बिल्डिंग, महात्मा गांधी मार्ग, प्रयागराज-211 001
36 ए, शेक्सपियर सरणी, कोलकाता-700 017

वेबसाइट : www.rajkamalprakashan.com
ई-मेल : info@rajkamalprakashan.com

मुद्रक : बी.के. ऑफसेट
नवीन शाहदरा, दिल्ली-110 032

MAN-MAATI
Novel by Asgar Wazahat

मन-माटी

धूप की तेज़ किरनों में उसकी आवाज़ चमक रही थी। गर्म हवा उसे थपकियाँ दे रही थी और पीपल के पत्ते बजा फ़रमाया आपने, जैसे अंदाज़ में सिर हिला रहे थे। चौरंगी से थोड़ा हटकर आज़म बाज़ार वाले चौराहे के पास पसीने में नहाया पादरी मजमे में घिरा खड़ा था और उसकी आवाज़ सीना चीरती हुई लोगों के दिलों में उतर रही थी–"...ज़मीन पर कुछ भी नहीं था...समन्दर पर अँधेरा था और परमेश्वर की छाया पानी के ऊपर मँडरा रही थी। तब परमेश्वर ने कहा, 'उजाला हो' और उजियाला हो गया..."

ये सन् 1880 के अप्रैल की एक सुबह थी लेकिन सूरज बड़ी बदसुलूकी कर रहा था। अकरम पादरी को एकटक देख रहा था। पादरी की सफेद दाढ़ी में पसीने की बूँदें फँस गई थीं। उसका चेहरा अंगारे की तरह दहक रहा था। गले में पड़ा क्रास डोल रहा था। पादरी के एक हाथ में 'किताबें' थीं और दूसरा हाथ वह हवा में हिलाकर कह रहा था–"...तब परमेश्वर ने कहा कि अब हम आदम बनाएँगे। हम उसको अपने जैसा बनाएँगे...वह समन्दर की सारी मछलियों और आसमान के परिन्दों पर राज करेगा..." अकरम पूरी तरह भूल गया था कि वह घर से क्यों बाहर आया था। उसे तो वह पतीली तक याद नहीं थी जो उसने अपने हाथ में पकड़ रखी थी। उसके दिमाग़ के हर कोने में पादरी की आवाज़ बार-बार गूँज रही थी–"मैंने हुक्म दिया था कि तुम उस पेड़ का फल न खाना। लेकिन तुमने अपनी औरत की बातें सुनीं और उस पेड़ का फल खाया। इसलिए मैं तुम्हें धरती पर...!" पादरी गोलाई में घूम रहा था। दर्शक दम साधे उसकी बातें सुन रहे थे। अचानक पादरी दहाड़ा–"सच्चा और पक्का मज़हब और एक करारी मेम कौन लेगा?" पादरी ने ग़ज़बनाक नज़रों से मजमे को देखा। उसने अपनी बात फिर दोहराई। उसने प्यार से भीड़ को देखा–"देखो, ये मौक़ा हाथ से निकल न जाए...देखो...सच्चा और पक्का मज़हब और एक करारी मेम..." लगता था भीड़ को साँप सूँघ गया हो। पादरी दहाड़ा–"आगे बढ़ो...आगे आओ..." अकरम भीड़ को चीरता आगे आ गया। पादरी ने अपनी चुँधियाई आँखों से उसे देखा। उम्र यही कोई सोलह-सत्रह साल रही होगी। कद ऊँचा

और हाथ में पतीली। पादरी ने मुस्कुराकर अकरम का हाथ पकड़ लिया। उसके माथे को चूमा। भीड़ में खुसफुस होनी लगी।

उत्तर प्रदेश के ज़िला मुज़फ़्फ़र नगर में एक बारह गाँवों का इलाका है जिसको बारहा कहा जाता है। बारहा सैयदों का इलाक़ा है। बारहा नाम की उत्पत्ति को लेकर विवाद है। कुछ का मानना है कि ये बारह गाँव थे इसलिए इस इलाक़े को बारहा कहा जाता है। कुछ कहते हैं कि चूँकि शिया सैयदों की आबादी है और शिया बारह इमामों को मानते हैं इसलिए इलाक़े का नाम बारहा है। बहरहाल वजह चाहे जो रही हो यह इलाक़ा उत्तर मुग़लकालीन भारत के इतिहास में 'बादशाहगर' यानी बादशाह बनाने वाले सैयद बिरादरान की वजह से याद किया जाता है।

तेरहवीं सदी के मध्य में हलाकू ख़ाँ ने बग़दाद को तहस-नहस कर दिया था। दस लाख लोगों की हत्या कर दी गई थी। पूरा शहर जला दिया गया था और उस ज़माने में विश्व के सबसे बड़े पुस्तकालय में आग लगा दी गई थी। बग़दाद के इस विध्वंस के बाद वहाँ से जिन लोगों ने पलायन किया उनमें सैयद नसीरुद्दीन भी थे। ये छठे इमाम जाफर के वंशज थे। सैयद नसीरुद्दीन पटियाला होते हुए पश्चिमी उत्तर प्रदेश के सरवत इलाक़े में बस गए थे। सम्राट अकबर ने अपने शासनकाल में यह इलाक़ा सैयद परिवार के तत्कालीन मुखिया सैयद महमूद ख़ाँ को जागीर के रूप में दे दिया था। उसके बादे यह इलाक़ा इसी परिवार के सैयद मुनव्वर लश्कर अली ख़ाँ के पास आया जिन्होंने सरवत का नाम बदलकर अपने पिता के नाम यानी मुज़फ़्फ़र अली ख़ाँ के नाम पर मुज़फ़्फ़र नगर कर दिया था।

बारहा में सैयद युद्ध-कला में बहुत श्रेष्ठ और वीर माने जाते थे। वे मुग़ल सेना के हिरावल दस्ते में थे। इसमें एक पेंच यह भी है कि चूँकि हिरावल दस्ता सम्राट के आगे चलता है और एक तरह से सम्राट को पीठ दिखाता है। इसलिए सैयदों के अलावा किसी और को इस लायक़ नहीं समझा जाता था कि सम्राट को पीठ दिखाए। बहरहाल हिरावल दस्ते में बारहा के सैयद मुग़ल-शासकों की सेना का बहुत महत्त्वपूर्ण हिस्सा थे। औरंगज़ेब और उसके भाइयों के बीच हुए युद्ध में बारहा के सैयद औरंगज़ेब के विरोधी हो गए थे। औरंगज़ेब जब सत्ता में आया तो बारहा के सैयदों से बदला लेना चाहता था पर चूँकि वे सैयद थे इसलिए उनके विरोध में कुछ नहीं किया जा सकता था। औरंगज़ेब ने जलकर बारहा के सैयदों के बारे में कहा था—"बारहा के सैयद मस्जिद के दरवाज़े की सड़ी हुई लकड़ी की तरह हैं जिसे न आप बेच सकते हैं और न जला सकते हैं।"

औरंगज़ेब के बाद बारहा के सैयद परिवार के दो भाई अब्दुल्ला ख़ाँ और हुसैन अली ख़ाँ ने फ़र्रुख़सियर को सम्राट बनवाने के लिये बहुत बड़ी साजिश की थी और नतीजे में फर्रुख़सियर सम्राट बने थे।

सैयद भाइयों और उनके परिवार की पहुँच मुग़ल दरबार तक कई पीढ़ियों से बनी हुई थी। सैयद भाइयों के वालिद बीजापुर और अजमेर के सूबेदार रह चुके थे। शाह आलम के समय में जाजऊ के युद्ध में वीरता दिखाने के लिये अब्दुल्ला ख़ाँ को 3000 और हुसैन अली ख़ाँ को 2000 का मनसब मिल चुका था लेकिन फ़र्रुख़सियर को सम्राट बनवा देने के बाद तो सैयद बिरादरान ऊपर चढ़ते चले गए। औरंगज़ेब के मुग़ल दरबार में राजपूतों की ताक़त घट गई थी। ईरानी और तूरानी सरदार बहुत ताक़तवर हो गए थे। सैयद परिवार चूँकि हिन्दुस्तान में काफी लम्बे अर्से से रह रहा था और अपने को हिन्दुस्तानी मानता था इसलिए ईरानी और तूरानी सरदार उन्हें मुग़ल दरबार के तीसरे गुट यानी 'हिन्दुस्तानी गुट' में गिनते थे। इस हिन्दुस्तानी गुट में राजपूत और स्थानीय मुसलमानों की एक पहचान हो गई थी। सैयद बिरादरान के पास जैसे-जैसे ताक़त आती गई वैसे-वैसे ईरानी, तूरानी और मुग़ल सरदार चौकन्ना होते चले गए।

शतरंज की बाज़ी बिछी थी। सैयद बिरादर चाहते थे कि उनका कोई मोहरा न पिटे। दूसरी तरफ़ मुग़ल, ईरानी और तूरानी सरदारों में मुहम्मद अमीन ख़ाँ, हैदर कुली ख़ाँ, सआदत अली ख़ाँ और निजामुल मुल्क ये चाहते थे कि बादशाह को सैयद भाइयों की गिरफ़्त से आज़ाद कर लिया जाए। इन सरदारों में इतनी ताक़त न थी कि सामने से वार करते इसलिए इन्होंने कुछ मोहरे बनाकर बाज़ी खड़ी कर दी थी। सत्ता के खेल में सब एक-दूसरे के ख़ून के प्यासे थे।

सैयद बन्धुओं के ख़ास लोग और सिपाही सम्राट फर्रुख़सियर को हर वक़्त घेरे रहते थे। सैयद बन्धुओं ने दफ़्तरे ख़ास में बिठा दिया था जो हर नियुक्ति पर सैयद बन्धुओं की बात मानता था। वैसे सैयद अब्दुल्ला ख़ाँ अब नवाब क़ुतुबुल मुल्क, यामीनुद्दौला, सैयद अब्दुल्ला ख़ाँ बहादुर ज़फ़र जंग सिपहसालार, यारे वफ़ादार यानी बहुत सी पदवियाँ पाकर सेनापति बन चुके थे। उनके छोटे भाई हुसैन अली ख़ाँ अब ओमोतुल मुल्क, अमीरुल ओमरा बहादुर सैयद हुसैन अली ख़ाँ फीरोज़ जंग वज़ीरे आज़म हो गए थे। जिस साम्राज्य में बड़ा भाई सेनाध्यक्ष और छोटा भाई प्रधानमंत्री हो, उस साम्राज्य में किसी और की दाल क्या गलेगी?

विरोधी दल को दो मोहरे मिले जिसे उन्होंने बड़ी ख़ूबसूरती से चल दिया। पहला मोहरा तो मीर जुमला दक्षिण के काज़ी थे। इनसे सम्राट इतने प्रभावित थे कि उन्होंने आदेश दे दिया था कि काज़ी मीर जुमला की सील को मेरी शाही सील माना जाए, उनके दस्तख़तों को मेरे दस्तख़त माना जाए, और उनके आदेशों को शाही आदेश माना जाए। फ़र्रुख़सियर के इस हुक्म का नतीजा क्या निकला होगा इसका अन्दाज़ा आसानी से लगाया जा सकता है।

दूसरे मोहरे मुहम्मद मुरीद कश्मीरी थे। इनकी गिनती दिल्ली के कम हैसियत और संस्कारहीन लोगों में होती थी लेकिन इनमें कुछ ऐसे गुण थे कि वे लालक़िले

के अन्दर प्रवेश पा गए थे और धीरे-धीरे सम्राट फर्रुख़सियर के निकटतम लोगों में गिने जाने लगे थे। मुहम्मद मुरीद कश्मीरी सम्राट से करीब होने के कारण दूसरे दरबारियों का अपमान भी कर देते थे और यह खुलकर कहते थे कि वे वज़ीरे-आज़म बनकर दिखा देंगे। ज़ाहिर है यह सब सैयद बन्धुओं को नागवार गुज़रता था।

इन छोटी-मोटी चालों के अलावा सैयद बन्धुओं के विरोधियों ने हुसैन अली ख़ाँ को बर्बाद करने की एक बड़ी चाल चली। राजपूतों से लड़ने की एक मुहिम पर हुसैन अली को शाही फ़ौज देकर रवाना किया गया। यह आश्वासन दिया गया कि राजपूतों के ख़िलाफ़ बादशाह फर्रुख़सियर के ससुर अजीत सिंह उनकी मदद करेंगे। दूसरी तरफ खुफिया तौर पर ईरानी-तूरानी सरदारों ने सम्राट की ओर एक चिट्ठी राजा अजीत सिंह को भेजी जिसमें संदेश था कि किसी तरह हुसैन अली ख़ाँ की हत्या कर दी जाए। जबकि हुसैन अली ख़ाँ यह समझते थे कि अजीत सिंह मुग़ल साम्राज्य का समर्थक है और वह युद्ध में उनकी सहायता करेगा। इस खुफिया चिट्ठी की जानकारी किसी तरह सैयद बन्धुओं को हो गई और प्लान कामयाब नहीं हो सका। उसके बाद हुसैन अली ख़ाँ को दक्षिण का सूबेदार बनाकर भेजा गया और दक्षिण के नायब सूबेदार दाऊद ख़ाँ पन्नी को यह गुप्त संदेश देकर भेजा गया कि किसी तरह हुसैन ख़ाँ की हत्या कर दो। उसके बाद तुम्हें सूबेदार बना दिया जाएगा और हुसैन ख़ाँ की सम्पत्ति पर भी तुम्हारा अधिकार माना जाएगा। यह प्लान भी खुल गया और नाकाम हो गया।

बड़े सैयद यानी अब्दुल्ला ख़ाँ की हत्या करने की योजना बादशाह की नाक के नीचे बनाई गई। यह षड्यन्त्र रचा गया कि नौरोज़ का जश्न मनाने जब अब्दुल्ल ख़ाँ लालक़िले में आएँगे तो उनकी हत्या कर दी जाएगी। सैयद बन्धुओं के भेदियों ने यह राज़ भी खोल दिया। अब्दुल्ला ख़ाँ लालक़िले तो आए लेकिन अपनी सुरक्षा का पूरा और पक्का बन्दोबस्त करके आए। इसलिए उनकी हत्या नहीं की जा सकी।

सैयद बन्धुओं को यह पता था कि उनके ख़िलाफ़ रची गई साज़िशों में बादशाह शामिल है। यह वही बादशाह था जिसे उन्होंने बादशाह बनाया था। अब बादशाह को हटाने के अलावा और कोई रास्ता न था। लेकिन सैयद बन्धुओं की सेना दक्षिण में थी। सैयद अब्दुल्ला ने अपने भाई को संदेश भेजा कि फ़ौज लेकर फौरन दिल्ली पहुँचो। हुसैन ख़ाँ दक्षिण में मराठों से लड़ रहा था। लड़ाई अचानक छोड़कर आना मुमकिन नहीं था। हुसैन ख़ाँ ने मराठों से काफी अपमानजनक शर्तों पर सुलह कर ली। मराठों को चौथ और सरदेश मुखी के अधिकार देकर उसने युद्ध से पीछा छुड़ाया और फौरन दिल्ली की तरफ़ कूच किया।

हुसैन अली ख़ाँ आँधी-तूफान की तरह दिल्ली आया। अब उसकी फ़ौज में पन्द्रह हज़ार मराठा सिपाही भी शामिल थे। फ़ौज ने लालक़िले को घेर लिया। दिल्ली की

सड़कों और गली-कूचों पर कब्ज़ा कर लिया। दिल्ली के सभी दरवाज़े अपने कब्ज़े में कर लिये। कोतवाल शहर बेबस हो गया। सब अपने-अपने घरों में दुबके किसी ख़तरनाक अनहोनी का इंतिज़ार करने लगे।

27 फरवरी, 1719 की रात पूरे शहर पर भारी थी। सब अपने-अपने घरों जाग रहे थे। अमीर हो या ग़रीब सूफी हो या संन्यासी सब साँस रोके वक़्त की टिक-टिक सुन रहे थे। लालक़िले में पूरी रात कोई न सो सका। हद ये है कि सम्राट पूरी रात बेचैनी से टहलते रहे। पता नहीं, कल क्या होगा, का डर लोगों की नसों में उतर गया था। 28 फरवरी, 1719 दिल्ली के लालक़िले ने वह देखा जो पहले कभी न देखा था। प्रधानमंत्री हुसैन अली ख़ाँ और सेनापति अब्दुल्ला ख़ाँ बग़ैर किसी इजाज़त के न सिर्फ़ लालक़िले में आए बल्कि सम्राट फर्रुख़सियर के महल के अन्दर घुस गए। उनके पीछे उनकी फ़ौज के अफ़सर थे। लालक़िले के चप्पे पर सैयद बन्धुओं के वफ़ादार सिपाहियों का पहरा था।

बादशाह पर सैयद बन्धुओं ने आरोप लगाया कि वह उनकी हत्या करना चाहता था। बादशाह को एक अपराधी की तरह धक्के देकर, घसीटते और मारते-पीटते बाहर निकाला गया। शाही परिवार के लोग गिड़गिड़ाते और दया की भीख माँगते रहे। उन्हें भी नहीं बख्शा गया। इससे पहले इतना अपमानित कोई मुग़ल बादशाह न हुआ था।

फर्रुख़सियर को सज़ा ये दी गई कि उनकी आँखों में सलाइयाँ फेर दी गईं। यानी उन्हें अन्धा कर दिया गया। बादशाह के साथ हुए इस बर्ताव से दिल्ली काँप गई। ऐसा नहीं कि फ़र्रुख़सियर लोकप्रिय और अच्छे सम्राट थे लेकिन उनके साथ जो अमानवीय व्यवहार हुआ उसे लोग स्वीकार नहीं कर पाए। लेकिन ज़बान सबकी बन्द थी। कौन अमीर और कौन ग़रीब सब होंठ सिले बैठे थे। सैयद भाइयों का ख़ौफ़ इतना था कि बड़े-बड़े मनसबदार और सूबेदार उनके ख़्याल से ही काँप जाते थे। जो सम्राट को अन्धा कर दे वो क्या नहीं कर सकते?

सम्राट को अन्धा करके सलीम गढ़ के क़ैदखाने में ढकेल दिया गया जहाँ एक अँधेरी कोठरी में एक बर्तन के अलावा कुछ न था। वह गिड़गिड़ता रहा, रहम की भीख माँगता रहा, उसे सुनने वाला कोई न था क्योंकि सैयद बन्धु नए सम्राट रिफाउद्‌दौला को सलीमगढ़ के जेलखाने से निकालकर तख़्ते-ताऊस पर बिठाने में व्यस्त थे। सम्राट कोई शाही मुग़ल ख़ानदान का आदमी ही हो सकता था, इसलिए सैयद बन्धुओं को अपने मतलब का युवा शहज़ादा रफीउल दरजात लगा। रफीउल दरजात शहज़ादा फ़र्रुखसियर का भतीजा था। शाही ख़ानदान के जिन शहज़ादों पर शक होता था कि वे कभी सम्राट बनने का सपना देख सकते हैं उन्हें सलीमगढ़ जेल में डाल दिया जाता था। यहाँ अच्छी बड़ी तादाद में शहज़ादों का जमावड़ा हो गया था। कहते हैं सैयद बन्धु उसे तख़्ते-ताऊस पर बैठाने के लिये इतने उतावले थे कि

उसे नहाने और कपड़े बदलने तक का समय नहीं दिया। उसके सम्राट घोषित होते ही फर्रुख़सियर की हत्या कर दी गई। कितनी अनहोनी बात है कि फर्रुख़सियर भी तख़्ते-ताऊस पर पूर्ववर्ती सम्राट जहानदार शाह की हत्या के बाद ही बैठा था।

सम्राट रफीउल दरजात जल्दी ही मर गए। उसके बाद सैयद भाइयों ने सलीमगढ़ जेल से उनके बड़े भाई रफीउद्दौला को तख़्ते-ताऊस पर बैठा दिया। रफीउद्दौला के बाद सैयद बन्धुओं ने शहज़ादा रौशन अख़्तर को गद्दी पर बिठाया जिनका नाम इतिहास के पन्नों में मुहम्मह शाह रंगीले के नाम से दर्ज है।

क़रीब दस साल सैयद बन्धु मुग़ल सम्राट के नाम पर पूरे साम्राज्य का शासन चलाते रहे। दरबार के अन्दर या बाहर किसी की यह हिम्मत न थी कि उनका विरोध करता। उनके रुतबे और आतंक से दरबारी थर्राते थे। ईरानी और तूरानी सरदार दिखावे के तौर पर ही सही, सैयद बन्धुओं के ताबेदार बन गए थे। सैयद बन्धुओं के नाम से बड़े-बड़े काँप जाते थे। उनका प्रभाव किसी भी सम्राट के प्रभाव से कम न था।

अट्ठारह साल के मुहम्मद शाह रंगीले ने राजकाल सैयद बन्धुओं पर छोड़ दिया था और मस्ती की ज़िन्दगी गुज़ार रहे थे। हर तरह के भौतिक आनन्द में डूबे सम्राट सैयद बन्धुओं के लिये आदर्श थे। लेकिन ईरानी, तूरानी और मुग़ल सरदार किसी भी क़ीमत पर तैयद बन्धुओं से पीछा छुड़ाना चाहते थे क्योंकि साम्राज्य में उन्हें वह नहीं मिल रहा था, जो दरकार था। सैयद हुसैन अली ख़ाँ के ख़िलाफ दक्षिण में एक षड्यंत्र रंग लाया। बादशाह के मित्रों की राय से 1720 में हुसैन अली की हत्या कर दी गई। यह ख़बर जब बड़े सैयद यानी अब्दुल्ला ख़ाँ को मिली तो उन्होंने शहज़ादा सुल्तान इब्राहीम को मुग़ल सम्राट घोषित कर दिया। अब तय हो गया कि फैसला युद्ध के मैदान में ही होगा। छोटे सैयद की हत्या के बाद बड़े सैयद अकेले पड़ गए थे। इतिहासकार कहते हैं कि राजनीतिक अखाड़ेबाज़ी और सैन्यकला में छोटे सैयद बड़े भाई से अधिक सक्षम थे। दूसरी तरफ़ दरबार के सभी ईरानी, तूरानी, मुग़ल, अफ़गान, राजपूत एक हो गए थे। 13-14 नवम्बर, 1720 को हसनपुर नामक युद्ध के मैदान में क़िस्मत ने अपना फैसला सुना दिया। बड़े सैयद और नया मुग़ल बादशाह हारे, भागे और पकड़े गए। कहते हैं, बड़े सैयद के खिलाफ़ फ़ौजकशी करने से पहले मुहम्मद शाह रंगीले ने क़सम खाई थी कि वे सैयद के ख़ून से अपने हाथ लाल नहीं करेंगे।

सैयद अब्दुल्ला ख़ाँ को लालक़िले के सलीमगढ़ वाले जेल में रखा गया लेकिन उनके साथ बहुत सम्मानजनक व्यवहार किया गया। अच्छा खाना, कपड़े और दीगर सहूलितें जो उनके आदमी को दरकार होती हैं, मुहैया पहुँचाई गईं। उन्हें हैदर कुली ख़ाँ की निगरानी में रखा गया था ताकि उनका कोई दुश्मन उन्हें तकलीफ़ न दे सके।

सैयद बन्धुओं की हार का बहुत बड़ा जश्न मनाया गया। विरोधी दल को ख़िताबों, खिलअतों और जागीरों से नवाज़ा गया। शहर में बहुत बड़ा जुलूस निकला। लालक़िला दुल्हन की तरह सजाया गया। गाने-बजाने, नाच-रंग की महफ़िलें सजाई गईं। हुसैन अली ख़ाँ के हत्यारे और उसके भाई को जागीर दी गई। अब दरबार में सबसे बड़े सरदार के तौर पर चीन कुलीच ख़ाँ निज़ामुल मुल्क उभरकर सामने आए। सैयद बन्धुओं की पराजय को दो साल हो गए थे। लेकिन मुग़ल दरबार के सरदारों के सिर से सैयद बन्धुओं का ख़ौफ़ नहीं उतरा था। और सबसे बड़ी और क़यामत की बात तो ये थी कि बड़ा सैयद ज़िन्दा था। सलीमगढ़ में उनकी हिफ़ाज़त और देख-रेख का काम हैदर कुली ख़ाँ कर रहे थे जो किसी भी क़ीमत पर किसी षड्यन्त्र में शामिल होने पर तैयार न थे। मुहम्मद शाह रंगीले ने क़सम ही खा रखी थी कि वह सैयद के ख़ून से अपने हाथ लाल नहीं करेंगे। ऐसी सूरत में दरबार के बड़े-बड़े सूरमा परेशान थे। वो जानते थे कि बड़े सैयद जेल में हैं लेकिन यह भी पता था कि उन्होंने बहुत दौलत कहीं छिपा रखी है। उनकी बिरादरी के लोग अब भी उनके लिये जान देने को तैयार हैं। मराठों के साथ सैयद बन्धुओं के अच्छे सम्बन्ध रहे हैं। दरबार का हिन्दुस्तानी गुट अब भी सैयदों के साथ है। सैयदों के जज़िया टैक्स हटाए जाने की वजह से हिन्दू भी उन्हें पसन्द करते हैं। अब्दुल्ला ख़ाँ का जाटों में भी असर है। ऐसे हालात में दरबार के बड़े-बड़े सूरमाओं को अब्दुल्ला ख़ाँ की तलवार सिर पर मँडराते दिखाई देती थी।

दरबार में एक साज़िश रची गई। सभी मुग़ल, ईरानी और तूरानी सरदारों ने, जिनमें प्रधानमंत्री और सेनापति भी शामिल थे, मुहम्मद शाह रंगीले से कहा कि अब्दुल्ला ख़ाँ के क़ैदख़ाने की देखभाल का काम हैदर कुली ख़ाँ से लेकर किसी और को सौंप दिया जाए। मुहम्मद शाह रंगीले जानते थे कि इसका क्या मतलब है लेकिन यह भी जानते थे कि इनकार का मतलब तख़्ते-ताऊस से महरूम हो जाना है और सलीमगढ़ की अँधेरी कोठरी में ज़िन्दगी गुज़ारना है। बादशाह तैयार हो गए।

सलीमगढ़ में एक नया नाटक शुरू हुआ। अब्दुल्ला को खाने में रोज़ थोड़ा-थोड़ा ज़हर दिया जाने लगा और एक दिन वे मर गए। बादशाह मुहम्मद शाह रंगीले के हाथ किसी सैयद के ख़ून से लाल नहीं हुए और ईरानी-तूरानी सरदारों का सबसे बड़ा दुश्मन दुनिया से उठ गया।

दस साल तक बादशाहगर रहे बारहा के सैयद मुजफ़्फ़र नगर के बारह गाँवों में सिमट गए। इन्हीं गाँवों में, सैयदों के घर अकरम का जन्म हुआ था। अकरम के बड़े भाई सैयद अफज़ल अली ख़ाँ ने कलकत्ता आकर मटियाबुर्ज में मुंशी की नौकरी कर ली थी। जल्दी ही अपनी मेहनत और ईमानदारी की वजह से वे मीर मुंशी बन

गए थे। इस बार जब वे बारहा गए थे तो अपने छोटे भाई सैयद अकरम अली ख़ाँ को साथ लेते आए थे। ख़्याल था कि उसे अपने साथ रखकर, थोड़ी फारसी और हिसाब पढ़ाकर दफ़्तर में लगवा देंगे। सन् 1880 की बात है, वाजिद अली शाह बूढ़े हो गए थे लेकिन उनके पास पारस पत्थर था। मटिया बुर्ज में एक छोटा-मोटा लखनऊ आबाद हो गया था।

अकरम गाँव वे पहली बार निकला था। बैलगाड़ी से वे दिल्ली पहुँचे थे। यहाँ अकरम भाप वाले पानी के जहाज़ पर बैठा था जो काले रंग का धुआँ इस तरह उड़ाता था कि आसमान काला हो जाता था। बनारस से इन लोगों ने रेलगाड़ी पकड़ी थी। रेलगाड़ी ने जब भागना शुरू किया था तो अकरम ने अपने भाई से पूछा था—"ये घोड़े से तेज़ दौड़े है क्या"

अफ़ज़ल अली हँसने लगे थे। उन्होंने कहा था—"ये आग और पानी से चलती। घोड़ा घास और दाना खाता है। दोनों में बहुत फ़र्क़ है।"

अकरम की समझ में कुछ नहीं आया था। वह तो बस बाहर देख रहा था। और हरे खेतों पर उड़ता काला धुआँ अच्छा लग रहा था।

भाई साहब...ये लाहे की गाड्डी जहाँ से गुजरे है वहाँ मुर्गी अंडा देना बन्द कर दें हैं?

"ये क्या बेहूदा बात है...तुमसे किसने कहा है?"

"बलदेव कहता था।"

"बलदेव कौन?"

"हलवाहे का भाई।"

"ऊँह...उसने रेलगाड़ी देखी भी न होगी।"

"वो तो यह भी कहता था कि जहाँ से जाती है जमीन बंजर हो जाती है।"

"देखो तुम ये बातें कलकत्ता में किसी से न करना। अंग्रेज़ों का शहर है...समझे?"

"जी..."

और देखो दिल लगाकर फ़ारसी पढ़ना। मैं तुम्हें मौलवी सरफ़राज़ हुसैन के पास ले जाऊँगा...वो फ़ारसी और हिसाब पढ़ा देंगे...उसके बाद तुम्हें...काम मिल जाएगा...

"हाँ।"

"मैं तुम्हें दिखा दूँगा...वहाँ एक इलाका अंग्रेज़ों का है। वहाँ किसी को जाने की इजाज़त नहीं है...वहाँ कभी न जाना...और अगर तुम्हें कहीं गोरा मिल जाए तो हटकर उसे रास्ता देना और सलाम करना।

गोरा तो मैंने कोई देक्खा नहीं भाई कैसे पहचानूँगा?

"मैं तुम्हें दिखा दूँगा...वैसे तुम्हें आने-जाने की ज़रूरत भी नहीं है। मौलवी साहब मटियाबुर्ज में ही रहते हैं। मैं उनका मकान तुम्हें दिखा दूँगा...सुबह वहाँ जाना और शाम को घर वापस चले आना।"

ठीक है।

"अरे ये जब से आया है पड़ा सोत्ता रहवे हैं...क्या पढ़ेगा, क्या लिक्खेगा...अकरम चल उट्ठ..." भाभी ने उसे झिंझोड़कर जगा दिया। वह आँखें मलता उठ गया।

"तेरे भाई गए काम पर...नासपीटा घी खतम हो गया...तू चला जा घी ले आ...तो रोट्टी डाल लूँ।"

"घी?"

"हाँ घी...घी नहीं जानता?"

"जानता हूँ।"

"तो चला जा।"

"कहाँ मिलेगा?"

"ले ये भी कोई पूछन की बात...घर से तो निकल...किसी से पूछ लेना...कौन से जंगल में पड़ा है तू।"

"अच्छा।"

"ये ले पतीली...और ये ले पैसे।"

कितना लाना है?

"सेर भर ले लेना...और देख...अच्छा लेना। झाड़ूफि मिलावटी न दे दे।"

"पर दुकान तो बता दे।"

"अरे मैं क्या जानूँ...क्या मैं सौदा-सुलफ लात्ती हूँ...चला जा...यहीं कहीं होवेगी।"

अच्छा, ठीक है।

"चल उठ जल्दी कर..."

पतीली और पैसे लेकर गया अकरम लौटकर नहीं आया। उसके बड़े भाई सैयद अफ़ज़ल अली ख़ाँ ने उसे बहुत तलाश किया। बड़ा बाज़ार, हुगली से लेकर बैरकपुर और इडेन गार्डेन तक उसे ढूँढ़ा लेकिन अकरम को न मिलना था तो न मिला। तलाश करते-करते अफ़ज़ल थक-हारकर बैठ गए। और घर ख़त लिख दिया कि अकरम कलकत्ता में ग़ायब हो गया। पता नहीं कहाँ है, कहाँ गया या कौन ले गया? ये पता नहीं चलता।

अकरम के गायब हो जाने की ख़बर गाँव पहुँची तो उसके घर में रोना-पीटना मच गया। दोनों छोटे भाई मोहसिन और तारिक सहम गए। गाँव में तरह-तरह की बातें उड़ने लगीं। किसी ने कहा ज़रूर किसी बंगाली औरत ने जादू से उसे बकरा

बना लिया होगा क्योंकि बंगाली औरतों को अगर कोई मर्द पसन्द आ जाता है तो उस पर काला जादू करके बकरा बना लेती हैं। दिन भर वह बकरा रहता है रात में फिर जादू से आदमी बन जाता है। इसलिए अकरम को अगर रात में तलाश किया जाए तो कहीं मिल सकता है। कुछ का कहना था कि उसे ठगों ने पकड़कर काली देवी के किसी मन्दिर में क़ुर्बान कर दिया है। कुछ का मानना था कि वह भाई-भाभी के अत्याचारों से तंग आकर कहीं चला गया है। बहरहाल जितने मुँह थे उतनी बातें थीं। अकरम के अब्बा ने फाल निकलवाई, अमल कराए, चिल्ले खींचे लेकिन अकरम न लौटकर आया और न उसका कोई पता लगा।

इन सब घटनाओं से बेख़बर वक़्त अपनी रफ़्तार से आगे बढ़ता रहा। अकरम के वालिद हैज़े से चल बसे। माँ साँस के मर्ज़ में गिरफ़्तार होकर मरीं। मटियाबुर्ज में अकरम के बड़े भाई गुज़र गए। ज़मीनों, बाग़ और घर की देखभाल की ज़िम्मेदारी मोहसिन और तारिक पर आ गई। दोनों की शादियाँ पास के गाँव के सैयदों के घरों में हो चुकी थीं। दोनों बाल-बच्चेदार थे। इन सबसे बेख़बर वक़्त अपनी रफ़्तार से आगे बढ़ रहा था। एक बदमस्त हाथी की तरह जो आँखें बन्द करके अपने सधे हुए क़दमों से अपनी चाल चलता है यह सोचे बिना की उसके पैरों से क्या कुचल रहा है, क्या मर रहा है और क्या बच रहा है।

चालीस साल चुपचाप गुज़र गए और गाँव में किसी को पता तक न चला क्योंकि वही एक से मौसम आते-जाते रहे। लोग मरते और पैदा होते रहे। आम के पेड़ों पर बौर आते रहे। कोयलें कूकती रहीं, सावन में झड़ियाँ लगती रहीं। गुड़ के लिये कड़ाव चढ़ते रहे और गेहूँ की पिसाई होती रही। चालीस साल गुज़र गए।

यहाँ कहानी को रोककर सिर्फ़ इतना कहना है कि हो कुछ लिखा जा रहा है वह कहानी नहीं है। अगर किसी की ज़िन्दगी से इन पात्रों या जगहों की पहचान होती है तो वह सच है। इतना कह देना काफी है कि कम लिखे को अधिक समझा जाए। बहरहाल चालीस साल बीत गए।

चैत का महीना है, गेहूँ कट चुका है, लगता है पृथ्वी का मुंडन कर दिया गया है। इधर-उधर आम के बाग़ों में कोयलें कूकती फिर रही हैं। आवारा लौंडों के गिरोह सीकल बटोरने की ताक में इधर-उधर घूम रहे हैं। घने पेड़ों के नीचे बुजुर्ग चारपाइयों पर आराम कर रहे हैं। खलिहानों में मड़ाई चल रही है।

दूर से बैलगाड़ी आती दिखाई दे रही है। इस गाँव की बैलगाड़ी नहीं है। किसी और गाँव की है। धीरे-धीरे बैलगाड़ी अरौली गाँव के गलियारे में आ जाती है। धूल का एक बवंडर उठता है और बैलगाड़ी रुक जाती है। दो-चार लोग बैलगाड़ी के पास जाते हैं। बैलगाड़ी से एक अजीब तरह का आदमी उतरता है। उसने गोरों वाले कपड़े

पहन रखे हैं। सिर पर हैट भी लगाए है। हाथ में छड़ी, कोट की जेब में घड़ी की चेन पड़ी है। सब जने इस आदमी को देख रहे हैं और यह आदमी गलियारे को और इधर-उधर देख रहा है, फिर इस आदमी ने जो किया उससे तो अचम्भे का पहाड़ टूट पड़ा। यह आदमी अजीब-सी आवाज़ में ज़ोर से चिल्लाया और गलियारे में लोटने लगा, रोने लगा। उसका हैट गिर गया, कपड़े धूल में अट गए। घड़ी जेब से बाहर निकल आई पर यह गली में, गर्दे में लोटता और रोता रहा। सबको लगा कि कोई पागल है, पर पागल है तो इतने अच्छे कपड़े कैसे पहने हैं? बैलगाड़ी वाले ने बताया "साहब, छवलिया स्टेशन पर पसिंजर गाड़ी से उतरे थे। स्टेशन मास्टर ने उसको बैलगाड़ी करा दी थी। कहा था, साहब को अरौली गाँव जाना है।"

"अरौली में किसके घर आना था?"

"ये तो बात नहीं हुई।"

"नाम-पता कुछ है?"

"नहीं, हमारे पास नहीं है।"

बीस-पच्चीस मिनट के बाद यह आदमी धीरे-धीरे उठा, अपनी टोपी उठाई। कपड़े ठीक किए और रामचन्दर के चाचा के पास गया। वही भीड़ में सबसे बुजुर्ग थे।

"मेरा नाम अकरम है।"

"अकरम?"

"हाँ...अफज़ल मेरे बड़े भाई कलकत्ता में काम करते थे...मेरा छोटा भाई मोहसिन है।"

रामचन्दर के चाचा का मुँह खुला-का-खुला रह गया। आँखें फटी-की-फटी रह गईं। उसके मुँह से बोल नहीं निकल रहा था।

"आप सैयद वसीउल हसन ख़ाँ के लड़के अकरम हो?"

"हाँ...हाँ, मैं वही बदनसीब हूँ।" साहब फिर रोने लगा।

सब उन्हें लेकर मोहसिन के घर की तरफ़ चले। गाँव के गलियारे से वे बैलगाड़ी में नहीं बैठे। पैदल चलते रहे। कहीं-कहीं रुक जाते और किसी मकान या पेड़ को ध्यान से देखते और फिर आगे चलते। सब हैरान थे कि गाँव में ऐसा क्या अजीब है जिसे यह आदमी, जो बिलकुल अंग्रेज़ लग रहा है, इस तरह देखता, हँसता, रोता या आहें भरने लगता है।

उनके पीछे क़रीब-करीब पूरा गाँव चल रहा है। सबसे पीछे बैलगाड़ी है जिसमें उनका सामान धरा है–पहाड़ जैसे चार बक्से हैं, एक गोल बक्सा है। इस तरह के बक्से गाँव में पहली बार देखे गए हैं। यही वजह है कि गाँव के लौंडे उन्हें छूकर देख रहे हैं और बैलगाड़ी वाला या दूसरे बड़े लोग उन्हें मना कर रहे हैं।

मोहसिन के घर के सामने पहुँचकर यह साहब रुक गए। मोहसिन और तारिक़ भी घर से निकल आए थे। साहब ने सिर पर से हैट उतार लिया। घर को इस तरह देखा जैसे कोई अपने जवान बेटे को देखता है। दूसरे लोग उन्हें देख रहे थे और वह घर को देखे जा रहे थे। गाँव में जिसे ख़बर नहीं थी उसे भी ख़बर लग गई है और सब मोहसिन के घर की तरफ़ दौड़े आ रहे थे। कुछ देर खड़े-खड़े मकान को देखने के बाद साहब दरवाज़े की तरफ़ लपके और ज़ोर-ज़ोर से ज़ंजीर बजाने लगे। सब पर हैरत का पहाड़ टूट पड़ा। किसी की समझ में न आया कि ज़ंजीर क्यों बजाई जा रही हैं? घर के मालिक घर के बाहर खड़े हैं। पूरा गाँव घर के बाहर खड़ा है और ये साहब ज़ंजीर बजा रहे हैं। किसको बुला रहे हैं? किस तक आवाज़ पहुँचाना चाहते हैं? किसी की कुछ समझ में न आया। इतने में हाजी वलीउल्ला और मुंशी करामत अली आ गए। सब लोग मकान के सामने नीम के पेड़ के नीचे चारपाइयों पर बैठ गए। चारपाइयाँ कम पड़ रही थीं, तो पास-पड़ोस के घरों से आ गईं।

मुंशी करामत अली ने साहब से पूछा, ''पता चला कि आप मरहूम वसीउल हसन के बेटे हैं और मोहसिन मियाँ के भाई हैं।''

उन्होंने कहा, ''हाँ, मैं ही वह हूँ।'' सन्नाटा छा गया। कुछ देर के लिये सब ख़ामोश हो गए, लेकिन कौव्वों की काँव-काँव जारी रही।

''तू, अपने रिश्तेदारों से मिलने आया है?'' हाजी वलीउल्ला ने पूछा।

''हाँ, मैं अपने गाँव और घर आया हूँ...मैं अब यहीं रहूँगा।''

चारों तरफ़ खुसर-फुसर होने लगी।

कुछ सोचकर मुंशी करामत अली ने कहा, ''हाँ, तुमको पूरा हक़ है। तेरा मरहूम...की जायदाद में हिस्सा है।''

बैलगाड़ी मोहसिन के घर के सामने पहुँची। उसके पीछे गाँव के लड़कों का गिरोह भी था। लड़के बड़ी उत्सुकता से चमड़े के तीन पहाड़ ऐसे बक्सों को देख रहे थे जिनमें लगे ताँबे के कब्जे और ताले धूप में चमक रहे थे। सबसे ज़्यादा दिलचस्पी की वजह गोल बक्सा था। ऐसा बक्सा गाँव में कभी किसी ने नहीं देखा था। गोल बक्से में क्या होगा? यह बात लड़कों के दिल में बैठ गई थी और वो बार-बार उसे छू रहे थे।

"तू इतने दिनों कहाँ रहा?" मुंशी करामत ने पूछा।

"मैं लन्दन चला गया था।"

"लंधन।"

"हाँ, लंदन।"

"और वहाँ?"

"कलकत्ते से एक ईसाई पादरी के साथ लंदन गया था।"

"फिर?"

"लंदन में...मैं...मैं...ईसाई हो गया।"

एक सन्नाटा खिंच गया। कुछ देर तक कोई कुछ नहीं बोला। साहब ने ही बोलना शुरू किया–"मेरी वहाँ पढ़ाई हुई। मेरी वहाँ शादी हुई। मेरे वहाँ बच्चे हुए। मैंने वहाँ नौकरी की।"

"अब?"

"अब्ब, मैं इदर ई रहूँगा।"

"तेरे बाल-बच्चे?"

"वो वहीं रहेंगे।"

और फिर साहब अपने बूट खोलने लगे। देखते-देखते वे चारपाई पर लेट गए। पिलखन के पेड़ पर तोते शोर मचा रहे थे। लोग बैठे थे। लेकिन देखते-देखते ही साहब के ख़र्राटे सुनाई पड़ने लगे। लोगों ने अंदाज़ा लगा लिया कि लम्बे सफ़र के बाद–यानी लंदन से यहाँ तक के सफ़र के बाद साहब थक गए हैं।

अगले दिन साहब ने मोहसिन और तारिक को बुलाया। साहब ने कहा–"देखो ज़मीन जायदाद, बाग़ और मकान में से मुझे कुछ नहीं चाहिए। सब तुम लोगों का है और रहेगा।" मोहसिन और तारिक़ ध्यान से सुनते रहे।

"देख तू, मेरे पास पैसे की कमी ना है...इतना पैसा है जित्ता गाँव में किसी के पास न होगा। मेरा सब पैसा बैंक...इम्पीरियल बैंक में जमा है...मैं यहाँ पैसे के लिये न आया हूँ।"

"भाई साहब आप..." मोहसिन ने कुछ कहना चाहा।

"हाँ...देखो, लंदन में मैंने साफ़ और दो-टूक बात करना सीखा है...ये ख़्याल अपने दिल में न लाना कि..."

"भाई साहब...आप हमारे बुज़ुर्ग हैं...जो कहेंगे..."

"मैं कुछ न कहूँगा...जैसा करते हो...करते रहो।"

साहब ने बुनियादी बात साफ़तौर पर कह दी थी। साहब ने अपनी पसन्द से अपने रहने की जगह चुन ली। बैठक के बराबर वाले कमरे में साहब का सामान रख दिया गया। सायबान के नीचे चौकी बिछा दी गई। घिड़ौची पर दो कोरे घड़ों में पानी भर दिया गया। कमरे में निवाड़ की बुनी मसहरी डाल दी गई। साहब इतने इंतिज़ाम से खुश थे। उन्होंने कहा कि बाक़ी वो सब धीरे-धीरे करते रहेंगे। उन्हें एक मेज़ और कुछ कुर्सियाँ चाहिए होंगी। लेकिन मुश्किल ये थी कि गाँव के बढ़ई को मेज़ कुर्सी बनाना नहीं आता। इसलिए तय पाया कि साहब जब मुज़फ़्फ़र नगर जाएँगे तो वहाँ से मेज़ और कुर्सियाँ लाई जाएँगी।

साहब मोहसिन के लड़के अख़्तर से घर के अन्दर कहलवा देते थे कि क्या खाएँगे। पहले दिन उन्होंने कहा था कि गोचनी और लहसुन की चटनी खाएँगे। ये सुनकर सब पर हैरत का पहाड़ टूट पड़ा था। इतना बड़ा साहब गोचनी और चटनी खाएगा? मोहसिन ने कहा भी, "भाई साहब मुर्ग़ा ज़िब्ह करा दूँ या कहें तो..." लेकिन उन्होंने मना कर दिया था। उसके बाद तो साहब सफ़ेद माश की दाल पर टूट पड़े थे। कभी काली माश की खिचड़ी की फ़रमाइश होने लगी। एक दिन साहब ने कहा कि घी, चावल और बूरा खाएँगे। खाने के बाद गुड़ खाना तो साहब का मामूल बन गया था। एक दिन तो साहब ने हद कर दी। कहने लगे कि बगड़ की रोटी खाऊँगा। बगड़ की रोटी सुनकर तो औरतें हँसने लगीं। पर साहब का शौक़ पूरा किया गया।

सुबह की चाय साहब ख़ुद बनाते थे। चाय की पत्ती वे अपने साथ लाए थे। चूँकि गाँव में कोई चाय न पीता था और यहाँ तक कि चाय कैसी होती है, ये भी किसी को मालूम न था इसलिए सुबह-सुबह एक-दो साहब के पास आ जाते थे कि देखें चाय कैसी होती है।

कभी-कभी गाँव के कुछ लोग साहब के पास अंग्रेज़ी सुनने भी आ जाते थे। साहब फर्राटेदार अंग्रेज़ी सुनाते थे। किसी की समझ में कुछ न आता था लेकिन उन्हें मज़ा आता था। क्योंकि उन्होंने अंग्रेज़ी कभी नहीं सुनी थी। कभी-कभी साहब अंग्रेज़ी की कोई किताब पढ़कर सुनाते और उसका मतलब बताते थे। साहब अंग्रेज़ी बोलते या गाँव की भाषा बोलते थे उन्हें उर्दू बोलना नहीं आता था।

गाँव में ही नहीं, पूरे इलाके में सबको मालूम था कि साहब लंदन में रहे हैं। अंग्रेज़ों की तरह अंग्रेज़ी बोलते हैं। उनकी बीवी अंग्रेज़ है। साहब से बड़े अंग्रेज़ अफसर से मिल सकते हैं। अंग्रेज़ी में दरख़ास्त लिख सकते हैं। और अंग्रेज़ों का राज है। साहब की पहुँच लंदन तक है। इसलिए गाँव में आने वाले सरकार-अहेलकार मोहसिन और तारिक का ख़्याल करने लगे थे। साहब, अगर कभी छठे-छमाहे कभी किसी की कोई दरख़ास्त अंग्रेज़ी में लिखना होती थी तो लिख देते थे।

साहब नमाज़ नहीं पढ़ते थे और न मस्जिद जाते थे। उन्होंने आते ही सबको कह दिया था कि वे ईसाई हो गए हैं। गाँव के एक-दो लोगों ने दबी ज़ुबान से एक-दो बार साहब से कहा कि वे फिर मुसलमान हो जाएँ तो साहब ने साफ़ मना कर दिया। साहब ने कहा—"मज़हब बार-बार बदलने की चीज़ नहीं है। मैं ईसाई हूँ और ईसाई ही रहूँगा।" इतवार के दिन सूट-बूट पहनकर और हैट लगाकर साहब बैलगाड़ी से ताजपुर जाते थे, जहाँ गिरजाघर था। सुबह वहाँ इबादत होती थी उसके बाद साहब पादरी साहब के साथ खाना खाते थे और सूरज डूबने से पहले-पहले गाँव आ जाते थे।

मोहसिन और तारिक़ तो खेतीबाड़ी और बाग़ के कामों में फँसे रहते थे इसलिए साहब का ज़्यादातर वक़्त मोहसिन के बड़े लड़के तक्कू के साथ गुज़रता था। तक्कू गाँव के मक़तब में पढ़कर घर आ जाता था और सीधा चचाजान यानी साहब के पास पहुँच जाता था। साहब उसे लंदन के ऐसे किस्से सुनाते थे कि उसे कानों पर यकीन नहीं होता था।

"तुझे पता है, तक्कू लंदन में ज़मीन के नीचे रेल चल रही है।"

"क्या ज़मीन के नीचे?"

"हाँ, बड़ी-सी सुरंग के अन्दर।"

"वहाँ तो अँधेरा रहता होगा।"

"नहीं, बिजली की रोशनी होती है।"

"बिजली क्या है?"

"गैस का हंडा देखा है...वैसी होती है।"

"लेकिन ज़मीन के अन्दर रेल..."

तक्कू को साहब ने लंदन के एक पुल के बारे में बताया जो जब चाहो खुल जाता है जब चाहो बन्द हो जाता है। साहब ने ऐसी मशीन के बारे में बताया जो गाने गाती है।

"रेडियो के बारे में जानता है तक्कू?"

"ये क्या होता है?"

"तू ये समझ एक आदमी मुजफ़्फ़र नगर में बोलता है और उसकी आवाज़ कहीं भी सुन...।"

"कहीं भी?"

"हाँ, रेडियो से...लंदन में बोले तो यहाँ..."

"अरे नहीं..."

"हाँ तक्कू...हाँ..."

साहब सुबह खाना खाकर घर से निकल जाते थे। जी में आता तो पूरे गाँव का चक्कर लगाते। एक-एक गली में घूमते। सलाम, राम-राम करते। लोगों की ख़ैर-ख़बर पूछते। घूमते रहते। कहीं किसी पेड़ के नीचे दो-चार लोग बैठे होते और साहब से बैठने के लिये कहते तो बैठ जाते। साहब हुक्का नहीं पीते थे, बताते थे कि लन्दन में चुरुट पिया करते थे। चुरुट यहाँ नहीं मिलता इसलिए और कुछ नहीं पीते। साहब लन्दन की और बातें भी बताया करते जिसे गाँव के लोग बड़े चाव से सुना करते, लेकिन साहब को बातचीत करना उतना पसन्द नहीं था, जितना घूमना। वह गाँव के दो-तीन चक्कर लगाकर खेतों की तरफ़ निकल जाते और पाँच-सात कोस का चक्कर लगा लेते।

साहब के पास लन्दन से पैसा आता है। साल में दो-तीन बार डाकिया साहब का मनीऑर्डर लाता था। साहब पैसा वसूल करके इकन्नी डाकिया को देते थे। साहब अपने पास एक नाड़े में मोतियों-जैसा पिरोकर छेद वाले एक पैसे के सिक्के रखते। जहाँ मन करता, पैसा निकाल लेते थे।

एक दिन साहब को कैथे के पेड़ पर एक पका हुआ कैथा लगा दिखाई दिया। उन्होंने बशीर से कहा कि मेरे लिये कैथा तोड़ लाओ तो तुम्हें एक पैसा दूँगा। बशीर फट से पेड़ पर चढ़ गया और कैथा तोड़ लाया। इसी तरह साहब को कभी जंगल-जलेबी खाने का शौक होता तो पैसा देकर तुड़वाते थे। बूट खाने का साहब को शौक था। होले भूँजने के लिये साहब पैसा दिया करते। यही वजह है कि साहब जब निकलते तो लौंडों का गिरोह उनके आगे-पीछे रहता।

गर्मियों के दिनों में साहब ख़ूब तड़के, सूरज निकलने के पहले उठ जाते और खेतों की तरफ़ निकल जाते। क़ब्रिस्तान में महुए के पेड़ों के नीचे गाँव की औरतें महुए बीनतीं तो साहब भी एक-आध महुआ साफ़ करके खा लिया करते, फिर बाग़ में आ जाते अच्छी कोई सीकल मिल जाती तो धोकर खाते। एक-दो फालसे चखते, चटनी के लिये दो-चार कच्चे आम उठा लेते। पुराही चल रही होती तो ख़ूब मज़े में नहाते और गाँव लौट जाते।

रात में जहाँ गुड़ बन रहा होता, साहब वहाँ पहुँच जाते। कढ़ाव की खुरचन खाते। एक-आध लोटा रस पीते। इधर-उधर की गप्प सुनते और देर तक बैठे आग को देखते रहते। कढ़ाव के ऊपर आते फेन को तकते रहते। नहीं तो ऊपर देख लेते। तारों भरा आसमान दिखाई देता।

चाँदनी रात में गाँव के बाहर लड़के कबड्डी खेलते तो साहब जाकर ज़रूर देखते। कभी ख़ुश होते तो जीतने वाली टीम के लिये इकन्नी का इनाम भी रख देते। इकन्नी में पाँच सेर हलुआ बनता जिसे खिलाड़ी मज़े लेकर खाते। साहब को तालाब में तैरना और सिंघाड़े तोड़कर लाना बहुत पसन्द है। दो मिट्टी के घड़ों की डोंगी बनाकर साहब घंटों तालाब में सिंघाड़े तोड़ते रहते, कभी-कभी घर भी ले आते।

पूरे गाँव में ही नहीं चार-पाँच गाँवों में साहब के पास ही घड़ी है। साहब के अलावा अतरौला के नवाब साहब के पास घड़ी है। साहब सुबह घड़ी में कूक दिया करते थे तो लोग जाकर देखते थे कि घड़ी में कूक कैसे देते हैं? टाइम देखना तो साहब के अलावा और किसी को आता न था। ऐरा-ग़ैरा आदमी साहब से टाइम पूछने की हिम्मत न कर सकता था। गाँव में दो ही तीन आदमी हैं जो टाइम पूछने साहब के पास आते हैं। साहब डिब्बा खोलकर घड़ी निकालते हैं, ढक्कन उठाते हैं, घड़ी साफ़ करते हैं, एक आँख वाला चश्मा लगाते हैं और घड़ी में टाइम देखकर

बताते हैं। गाँव में घंटा और मिनट कोई न जानता था, इसलिए टाइम किसी की समझ में न आता था।

हाजी करीम टाइम पूछने के लिये अपने नौकर जुम्मन को भेजते थे। उसे साहब जो टाइम बताते थे उसे वह रटता हुआ हाजीजी के घर की तरफ़ दौड़ता। जुम्मन फिर रास्ते में किसी से बात नहीं करता था, क्योंकि अगर वह बात कर लेता था तो टाइम भूल जाता था और फिर साहब के पास जाना पड़ता था। साहब दोबारा टाइम देखने की बात से चिढ़ जाते थे और कभी-कभी मना भी कर देते थे, तब जुम्मन कहता कि वही टाइम बता दीजिए जो पहले बताया था। इस पर भी साहब को गुस्सा आ जाता था। कहते थे कि टाइम को क्या समझ रखा है? क्या टाइम हमेशा एक रहता है? अरे, टाइम तो बदलता रहता है। यह सुनकर लोग अचरज में पड़ जाते थे कि टाइम लगातार कैसे बदलता रह सकता है? कोई ऐसी चीज़ नहीं है जो लगातार बदलती रहे, फिर टाइम क्यों लगातार बदलता रहता है? बहरहाल तरस खाकर साहब फिर टाइम बता देते थे और जुम्मन रटता हुआ हाजीजी के घर की तरफ़ भाग जाता था।

इलाक़े में अगर कभी किसी ज़मींदार या नवाब के यहाँ अंग्रेज़ी का कोई ख़त आ जाता था तो साहब को बुलाया जाता था। साहब को लेने बैलगाड़ी आती थी। साहब उस दिन अपना काला कोट पहनते थे, हैट लगाते थे, गले में सफ़ेद रुमाल बाँधते थे। बूट पहनते थे। चश्मा और घड़ी रखते थे। कलमदान लेते थे और बैलगाड़ी पर बैठ जाते थे। एक-दो बार उन्होंने बैलगाड़ी पर कुर्सी रखा दी थी और कुर्सी पर बैठते थे, लेकिन हिचकोलों से कुर्सी एक-दो बार गिर गई थी। इसलिए साहब अब बैलगाड़ी के डंडे पर बैठते हैं। साहब जब अंग्रेज़ी ख़त पढ़ने जाते होते हैं तो उनके घर के सामने लौंडों की भीड़ लग जाती है।

एक बार नवाब अतरौला के यहाँ कलक्टर आ रहा था। नवाब साहब बड़े परेशान थे, उन्होंने साहब के लिये फिटन भेजी थी। उस पर साहबों की तरह बैठकर वो अतरौला गए थे और कहते हैं साहब की अंग्रेज़ी सुनकर कलक्टर दंग रह गया था। उसे यक़ीन ही नहीं था कि इस इलाक़े में कोई ऐसी अंग्रेज़ी बोलता होगा।

तारिक़ कहता है, "अब तुम लोग क्या समझते हो? साहब को सरकारी नौकरी नहीं मिल सकती? अरे, वो चाहें तो नायब तहसीलदार तो हो ही सकते हैं। दो-तीन बार नवाब मीर अजमद अली ने उन्हें मनीजर बनाने की बात की है, लेकिन साहब तो मनमौजी हैं। उन्हें गाँव में मज़ा आता है। अरे, ये तो हमारे नसीब हैं कि गाँव में साहब जैसा आदमी रह रहा है। कहाँ मिलेगा ऐसा आदमी जो लाट साहब से बात कर सकता हो?"

गाँव के पुराने लोगों को यह अब तक याद है कि साहब चमचे से दाल खाया करते थे। यह बात आसपास के गाँवों में लोगों को भी पता चल गई थी और सबके लिये यह एक अनबूझ पहेली बन गई थी कि साहब दाल चमचे से क्यों खाते हैं? साहब जब आए थे तो उन्होंने अपने एक बक्से में से छुरी, काँटा और चमचा निकाला था। काँटा और छुरी घर वालों के लिये ही नहीं, पूरे गाँव के लिये नई चीज़ें थीं और किसी की समझ में न आता था कि ये क्या है?

तक्कू की समझ में कुछ न आया था, ''चचा, यह क्या है?''

''ये खाना खाने के लिये है।'' उन्होंने कहा था।

तक्कू की समझ में कुछ न आया था। वह ये तो जानता था कि बर्तन खाए नहीं जाते। क्या साहब बर्तन खाते हैं? ऐसा है तो घर के सब बर्तन साहब खा जाएँगे।

''यह खाते हैं?''

''नहीं, इससे खाना खाते हैं।''

...और साहब ने छुरी, काँटे और चमचे से जो खाना शुरू किया तो घर के बाक़ी लोग सिर्फ उन्हें देख रहे थे। सब खाना खाना भूल गए थे। धीरे-धीरे साहब ने छुरी और काँटे को अलग रख दिया, लेकिन चमचे का इस्तेमाल करते रहे। खाना खाने के बाद वह अपने चमचे को खुद धोते-पोंछते और सही जगह पर रख देते थे। गाँव में यह बात धीरे-धीरे फैली थी और फिर आसपास तक चली गई थी। लोग कहते थे कि अंग्रेज़ ऐसा ही करते हैं। वे हाथ से खाना नहीं खाते, क्योंकि हाथ को गन्दा मानते हैं। माना जाता था कि अंग्रेज़ हाजत के बाद पानी का इस्तेमाल नहीं करते हैं, कागज़ से पोंछ लेते हैं, लेकिन साहब ऐसा नहीं करते।

साहब के चमचे से ज़्यादा उनके काँटे को देखकर लोग हैरान थे। किसी ने कभी ऐसी चीज़ न देखी थी और यह तो कोई सोच भी न सकता था कि उससे खाना खाया जा सकता है। जिन्होंने साहब का काँटा न देखा था और ऐसे लोगों की बड़ी तादाद थी, उन्हें बताया जाता था कि समझ लो चम्मच में बबूल के बड़े-बड़े काँटे लगे होते हैं चमचे की जगह पर, जिससे साहब खाना खाते हैं। काँटे क्या उनके मुँह में चुभ न जाते होंगे? या काँटे में खाना कैसे आता होगा? मान लो साहब सालन-रोटी खा रहे हैं तो क्या करते होंगे? रोटी तो पूरी-की-पूरी काँटे में फँस जाती होगी। क्या साहब रोटी दाँत से काट-काटकर खाते हैं? और साहब काँटे से सालन कैसे खाते होंगे? दो-चार लोग जो साहब के नज़दीक आ गए, उनसे काँटा दिखाने की फ़रमाइश भी करते थे। साहब उन्हें चाँदी का बड़ा-सा काँटा दिखाते थे, लेकिन काँटा किसी के हाथ में नहीं देते थे।

कुछ साल के बाद साहब के पास एक ख़त आया जिसे पढ़कर वह बहुत रोए। बताया कि लन्दन में उनकी घर वाली के गुज़र जाने का हाल ख़त में लिखा है। फिर

साहब को ध्यान आया। उन्होंने सबसे पूछा कि देखो जब मैं मर जाऊँगा तो क्या तुम लोग लन्दन मेरे बच्चों को ख़त लिख सकोगे? ख़त अंग्रेज़ी में होना चाहिए, क्योंकि मेरे बच्चों को उर्दू नहीं आती। अब तो बड़ा मसला पैदा हो गया। गाँव के सबसे ज़्यादा पढ़े-लिखे आदमी मुंशीजी को भी अंग्रेज़ी में चिट्ठी लिखना न आता था। वे फ़ारसी-उर्दू जानते थे। आसपास के गाँवों में भी कोई ऐसा न था। हद यह है कि चाँदपुर गिरजाघर के पादरी को भी अंग्रेज़ी में चिट्ठी लिखना न आता था। शहर यहाँ से चालीस कोस पड़ता है। जहाँ का एक-आध वकील अंग्रेज़ी में चिट्ठी लिख सकता है।

कोई बात नहीं। एक दिन बात साहब की समझ में आ गई। वह इमली के पेड़ के नीचे लेटे थे और ऊपर से सूखी इमलियाँ गिर रही थीं। तक्कू रस्सी बट रहा था। उन्होंने तक्कू से कहा, "सुन तक्कू, चिट्ठी वाली बात समझ में आ गई है।"

"क्या?"

"हम तुझे चिट्ठी लिखकर दे देंगे। हमारे मरने पर डाल देना।"

"हमने आज तक चिट्ठी नहीं डाली है चचा...पहुँच तो जाएगी न?"

"हाँ...यह जो डाकिया आता है...उसे दे देना...चार आने लेगा...चार आने भी मैं देता जाऊँगा।"

"ठीक है।"

साहब खेतों, खलिहानों, तालाबों, नदियों, झीलों और घास के मैदानों में घूमते रहे। न उन्हें गर्मी लगती और न सर्दी। कोई मेला-ठेला ऐसा न होता जिसे साहब छोड़ देते। दस-दस कोस पैदल चले जाते और बरसात के दिनों की नदी तैरकर पार कर लेते।

एक रात खाना खाने के बाद साहब ने तक्कू से कहा, "पर तक्कू, एक बात है। ख़त में मैं ये कैसे लिख पाऊँगा कि मैं कैसे मरा?"

"हाँ, यह तो है।" तक्कू ने सोचने का सारा काम साहब पर छोड़ रखा है।

"मान ले, मैं चिट्ठी में लिखता हूँ कि हैज़े से मर गया और मरता हूँ बुख़ार आने से, तो?"

"हाँ, यह तो है।"

"तो मैं चिट्ठी जल्दी न लिखूँ? जब बीमार पड़ूँ तो लिखूँ?"

"हाँ, यह तो ठीक है।"

"पर, मान ले मैं साँप काटने से मर गया।"

"हाँ, यह तो है।"

''साँप काटने के बाद मैं चिट्ठी कैसे लिखूँगा?''

''हाँ, यह तो है।''

''तो मैं तुझे कई चिट्ठियाँ लिखकर दे दूँगा...जिस तरह मरूँ वैसी चिट्ठी डाल देना।''

''हौव।''

''पर, यह तुझे याद रहेगा कि कौन-सी चिट्ठी किस बीमारी से मरने पर डाली जाएगी?''

''यह तो है।''

''फिर?''

''हाँ, क्या किया जाए?''

"चलो, हर चिट्ठी अलग-अलग आदमियों को दे देंगे। एक आदमी को एक बीमारी तो याद रहेगी।''

''हाँ, यह ठीक है।''

अस्सी से ऊपर के होकर साहब मरे, पर...।

घुटनों के दर्द की वजह से साहब बिस्तर पर पड़े तो पड़े ही रह गए। महीना हो गया, दो महीने हो गए, साहब पड़े ही रहे, फिर साहब ने दवाएँ भी खानी छोड़ दीं...फिर साहब को नींद न आने की शिकायत हो गई। वह न तो दिन में सोते थे, न रात में...फिर अचानक एक दिन तक्कू ने सुना कि साहब नींद में बड़बड़ा रहे हैं। वह उठकर उनकी चारपाई के पास गया। वह जो कुछ बड़बड़ा रहे थे, वह तक्कू की समझ में नहीं आया। शायद साहब अंग्रेज़ी में कुछ कह रहे थे, पर साहब सो भी न रहे थे। तक्कू ने उनसे कुछ पूछा तो देखा साहब जाग रहे हैं, पर उन्होंने यह नहीं माना कि वह अंग्रेज़ी में कुछ बोल रहे थे।

धीरे-धीरे यह होने लगा कि साहब रात-रात भर अंग्रेज़ी बोला करते थे। कभी लगता था कि वह किसी पर नाराज़ हैं, लड़ रहे हैं, गुस्सा कर रहे हैं। कभी लगता था याचना कर रहे हैं। धीरे-धीरे रोनी-सी आवाज़ में विनती कर रहे हैं। कभी लगता कि साहब बड़े प्यार-भरे लहजे में ऐसे बोल रहे हैं–जैसे बच्चों से बोला जाता है। तक्कू ही नहीं, घर के सब लोग यही समझते थे कि साहब का दिमाग़ पलट गया है, लेकिन दिन में साहब की हालत ठीक हो जाती थी। ठीक-ठाक बातचीत करने लगते थे। उन्हें पूरी उम्मीद थी कि गठिया का रोग मौसम बदलते ही ठीक हो जाएगा और वह आराम से चल-फिर सकेंगे, लेकिन गर्मियाँ आईं, फिर बरसात आई और फिर जाड़ा आया पर साहब चल-फिर न सके। उनका वजन भी तेजी से घटता चला गया और उसी तेज़ी से रात में उनका अंग्रेज़ी में बड़बड़ाना भी बढ़ता चला गया।

एक रात साहब कुछ नाम ले-लेकर आवाज़ देते रहे, लेकिन वह लोग कौन हैं, कहाँ हैं, यह किसी को मालूम न था, गाँव के बड़े-बुजुर्गों ने सिर्फ अन्दाजा लगाया कि साहब अपने बेटे-बेटी और घरवाली को ही आवाज़ें दे रहे हैं। उनके पुकारने के जवाब में अगर तक्कू या कोई और बोल देते तो साहब चुप हो जाते थे, फिर अचानक साहब एक रात चीख़ने-चिल्लाने और रोने लगे। उनकी साँस भी उखड़ने लगी। मुँह से आवाज़ निकलनी बन्द हो गई और साहब इस दुनिया से रुख़सत हो गए।

साहब के मरने की चिट्ठी लन्दन नहीं भेजी जा सकी, क्योंकि साहब ने जितनी चिट्ठियाँ लिखवाई थीं और उन चिट्ठियों में मरने की वजहें लिखवाई थीं, उनसे साहब न मरे थे। न तो साहब को जूड़ी देकर तेज़ बुख़ार आया था, न हैजा हुआ था, न चेचक हुई थी, न साँप के काटे से मरे थे और न कुएँ-तालाब में डूबकर मरे थे, न घर में आग लगने से, न डाकुओं ने हत्या की थी।

साहब के नाम विलायत से जो ख़त आया करते थे। लगातार अपने हिसाब से यानी तीन-चार महीने में एक ख़त आता रहा। उसको पढ़ता कौन और जवाब कौन देता? इसलिए तक्कू ख़तों को साहब के काले बक्से में डाल देता था। होते-होते दो साल हो गए। साहब के पाँच ख़त आए थे।

एक दिन गाँव में सुनने को मिला कि कलक्टर साहब इलाक़े के दौरे पर आ रहे हैं और वे गाँव भी आएँगे। गाँव में आकर वह साहब के बारे में तहकीकात करेंगे। यह सुनते ही मोहसिन और तारिक़ को दस्त लग गए थे। दोनों के चेहरे पीले पड़ गए थे। गाँव में तरह-तरह की बातें फैल गई थीं। कोई कहता था कि साहब अपनी मौत नहीं मरे हैं। मोहसिन और तारिक़ ने उनके सामान पर कब्ज़ा जमाने के लिये उनका गला दबाया था। कोई कहता था कि मोहसिन और तारिक़ ने साहब की आख़िरी वसीयत, कि उनकी लाश गाँव में ही दफ़न की जाए, पूरी नहीं की है और इस बात का पता कलक्टर साहब को चल गया है। कोई कहता था कि साहब कलट्टर साहब के सपने में आए थे उन्होंने मोहसिन और तारिक़ के बारे में अंग्रेज़ी में शिकायत की थी। कुछ लोग बताते थे कि साहब की अंग्रेज़न ने अंग्रेज़ी में लिखकर एक शिकायत शहंशाहे इंग्लिस्तान को दी थी। यह शिकायत लन्दन दरबार से सात समन्दर पार हिन्दोस्तान आ गई है। उसी पर कार्रवाई करने कलक्टर साहब आ रहे हैं।

बहरहाल, जितने मुँह थे, उतनी ही बातें थीं। मोहसिन और तारिक़ के घर में जैसे मोहर्रम आ गया था। चूल्हा तक न जलता था और औरतें सोग़ मनाए बैठी थीं। यह भी कहा जा रहा था कि मोहसिन और तारिक़ की ज़मीनें कुर्क हो जाएँगी और दोनों को फाँसी पर चढ़ा दिया जाएगा। कोई कहता था कि कम-से-कम काला पानी

तो भेज ही दिया जाएगा। मोहसिन और तारिक़ ने खाना-पीना छोड़ दिया था। दिन भर नीम के पेड़ के नीचे पड़े आपस में पता नहीं क्या-क्या बातें किया करते थे। गाँव के बड़े-बूढ़े उन्हें समझाते थे कि डरने की कोई बात नहीं है और जॉर्ज पंचम के दरबार में ऐसी नाइन्साफ़ी नहीं हो सकती। पूरा गाँव गवाही देगा कि साहब अपने आप मरे हैं।

कलक्टर साहब की मोटर के लिये कच्चा रास्ता बनने लगा था और पटवारी ने गाँव के खाते में बीस बेगारी लिख दिए थे। तो बीस बेगारी जाया करते थे। एक महीने में रास्ता तैयार हुआ था। नवाब हैदर ख़ाँ के आम के बाग़ में बड़ा-सा शामियाना लगा था जहाँ कलक्टर साहब को दरबार करना था। शामियाने के पीछे कलक्टर साहब के रहने के लिये फूस का बँगला भी तैयार हो गया था। उसके पीछे डिप्टी कलक्टरों, तहसीलदारों, नायबों और दूसरे अमले के लिये छोटे-बड़े हस्बे-हैसियत बँगले तैयार किए गए थे। पीछे अर्दलियों, गुमाश्तों, नौकरों के लिये झोंपड़ियाँ डाली गई थीं। पुलिस के लिये अलग इन्तज़ाम था। मेरठ से गैस बत्तियाँ, चोर-बत्तियाँ, मेज़-कुर्सियाँ मँगवाई गई थीं। कलक्टर साहब के आने से पहले ही पूरा अमला आ गया था। धोबी, भिश्ती, नाई, बावर्ची, ख़ानसामा सब जमा हो गए थे। पूरे इलाक़े को साँप सूँघ गया था। किसी की हिम्मत न थी कि ज़ोर से साँस भी ले सके।

कलक्टर साहब ने दरबार किया। आख़िरी दिन मोहसिन और तारिक़ की पेशी हुई। यह दोनों साहब का एक-एक सामान लिये हाज़िर थे। यहाँ तक कि साहब का तकिया, दरी और चादर तक ले गए थे। साहब के काग़ज़-पत्तर भी उनके साथ थे। कलक्टर साहब ने उन ख़तों को खोला जो साहब के मरने के बाद आए थे। उन्हें पढ़ा, मोहसिन और तारिक़ ने साहब से पहले कोई अंग्रेज़ न देखा था। वह दोनों साहब का लाल चेहरा और भूरे बाल देखकर ख़ौफ़ज़दा हो गए थे। दोनों पत्ते की तरह काँप रहे थे और हाथ जोड़े खड़े थे। उनके हलक़ और ज़ुबान सूख गई थीं और कुछ पूछा जाता तो बोल न सकते थे।

कलक्टर साहब को वह ख़त भी दिए गए जो साहब ने इस बाबत लिखकर दिए थे कि अगर उनकी मौत इस तरह से हो तो 'ये' ख़त डाला जाए और उस तरह से हो तो 'वह' ख़त डाला जाए। कलक्टर साहब ने उन ख़तों को भी पढ़ा। डिप्टी साहब से अंग्रेज़ी में बातचीत की और हुक्म दिया कि मोहसिन और तारिक़ जा सकते हैं। दोनों किस तरह घर आए थे, ये इन्हें मालूम नहीं, पर दोनों को तेज बुख़ार आ गया था और औरतें रात-दिन इनके जिस्म पर पीपल के पत्ते फेरा करती थीं। हकीम शफ़ीउल्ला की दो ख़ुराकें रोज़ दी जाती थीं। अल्लाह-अल्लाह करके पन्द्रह दिन में बुख़ार उतरा था। साहब का सामान इन्हीं को दे दिया गया था, पर ये दोनों उसे निगाह उठाकर देखने की हिम्मत भी नहीं करते थे।

साहब का क़िस्सा इस तरह से पूरा हुआ। साहब इतिहास का हिस्सा बन गए। ऐसे इतिहास का हिस्सा जिसे कोई याद नहीं रखता तो किताबों में लिखा नहीं जाता? जो स्कूलों, कॉलेजों में पढ़ाया नहीं जाता। जो लोगों के साथ दफ़्न हो जाता है या जल जाता है। लेकिन वह इतिहास हमें उन लोगों के बारे में तो कुछ बताता है। यह इशारा तो करता ही है कि तुम जहाँ पैदा हुए हो उस मिट्टी को, उस धरती को कभी भूल नहीं सकते। तुम्हारा अतीत तुम्हारे अन्दर छिपा बैठा रहता है। अतीत चीते की तरह झाड़ियों में छिपा बैठा रहता है और जब भी उसे मौक़ा मिलता है वह बिजली की तरह तुम्हारे ऊपर गिरता है, तुम उसे रोक नहीं पाते।

ऐसा ही कुछ मेरे साथ यानी इन पंक्तियों के लेखक के साथ घटा है। जैसा कि मैं पहले कह चुका हूँ मेरा मक़सद कुछ ऐसी बातें आपके सामने लाना है जो किस्सा-कहानी नहीं हैं। नीचे जो मैं लिख रहा हूँ वह भी अपने ऊपर बीती है।

1947 में जब हिन्दुस्तान का बँटवारा हुआ तो मेरी उम्र चौदह साल थी। मेरा परिवार बुलन्दशहर ज़िले के डिबाई क़स्बे में रहता था। इस क़स्बे की एक गली को सैयदवाड़ा कहा जाता था। वहीं हम लोग रहते थे। चारों तरफ़ मारकाट मची थी। हमारे क़स्बे और शहर में कुछ न था, लेकिन लोगों के दिमाग़ों के अन्दर उथल-पुथल चल रही थी। अचानक एक दिन मेरठ से मेरे मामू आए और बताया कि पूरा ख़ानदान पाकिस्तान जा रहा है। दिल्ली से स्पेशल ट्रेन चल रही है जिसे मिलेट्रीवालों की हिफ़ाज़त में भेजा रहा है। इससे पहले गई ट्रेनों में बड़ी मारकाट हुई थी, लेकिन इस ट्रेन के साथ ऐसा नहीं होगा। मामू ने कहा कि बड़ी मुश्किल से मैंने इस ट्रेन के दस टिकट हासिल कर लिये हैं, अगर तुम लोग चलना चाहो तो चलो। हमारे अब्बा और अम्मा ने सोचा कि पूरा ख़ानदान ही जा रहा है तो हम लोग यहाँ रहकर क्या करेंगे? हमने भी बिस्तर बाँध लिया। डिबाई में हम लोगों के साथ ही रिश्ते के एक चचा रहते थे। उनके हवाले घर किया और हम लोग ज़रूरी सामान लेकर तड़के दो इक्कों पर सवार होकर इस तरह निकले कि हमारे जाने की किसी को ख़बर न हो। इक्कों से हम अलीगढ़ आए। वहाँ से दिल्ली पहुँचे। दिल्ली के पास फरीदाबाद रेलवे स्टेशन से स्पेशल छूटनी थी। हम वहाँ गए। मेरी माँ ने मेरी बनियान में पाँच हज़ार रुपए सी दिए थे। छोटे भाई के कपड़ों के साथ भी पैसे सिए थे। अब्बा की शेरवानी के अस्तर में पैसे सिए गए थे।

स्टेशन पर ट्रेन आई तो अजीब-सी लगी। हर चार-पाँच डिब्बों के बीच एक खुली हुई बोगी लगी थी जिसमें आर्मीवाले रेत के बोरे लगाए, छोटी-छोटी बैरकों में तैनात थे। गार्ड के डिब्बे के पीछे भी एक आर्मी का मोर्चा-जैसा डिब्बा था और इंजन के आगे भी एक इसी तरह का डिब्बा लगाया गया था। सवारी डिब्बों की खिड़कियों पर लकड़ी के तख़्ते जड़े हुए थे।

डिब्बे में छप्पन लोगों के बैठने की जगह थी लेकिन उसमें एक सौ छप्पन लोग बैठे थे। यह बता दिया गया था कि गाड़ी पाकिस्तान आने से पहले नहीं रुकेगी, इसलिए जितना जो इन्तज़ाम कर सकता है, करके बैठे। बेहिसाब सामान ले जाने की इजाज़त नहीं थी। जो लोग फालतू सामान ले जाना चाहते थे, उन्हें छोड़ दिए जाने की धमकी दी जाती थी।

ट्रेन रवाना हुई। कब रात हो गई, पता ही नहीं चला। जो लोग खिड़कियों के पास बैठे थे, वे झिर्रियों से आँखें लगाए कुछ देखकर बता देते थे। अक्सर स्टेशनों के नाम सुनने में आ जाते थे लेकिन गाड़ी वहाँ रुकती नहीं थी। कुछ देर बाद, आधी रात के आसपास गाड़ी रुक गई। मिलेट्रीवालों ने ट्रेन के दोनों तरफ़ मोर्चे लगा लिये। आसपास में अचानक तेज रोशनी दिखाई पड़ी और गोलियाँ चलने की आवाज़ें आने लगीं। लोगों ने बताया कि आर्मीवाले फ़सादियों को भगा रहे हैं। पाँच-छह घंटे गाड़ी वहीं खड़ी रही। उजाला हो गया तो पता चला कि इंजन यह देखने के लिये आगे चला गया है कि रेल की पटरियाँ तो उखड़ी हुई नहीं हैं? इंजन वापस आया। ट्रेन में फिर लगा और ट्रेन चली, लेकिन रफ़्तार बहुत ही धीमी थी। जैसे फूँक-फूँककर क़दम रख रही हो।

डिब्बे के अन्दर उठने की तो छोड़िए, पहलू बदलने की भी जगह न थी। शुरू-शुरू में तो काफ़ी चीख़-पुकार थी लेकिन फिर इस तरह सन्नाटा छा गया जैसे कोई ज़िन्दा ही न हो। दिल्ली से लाहौर तक का सफ़र अड़तालीस घंटे में तय हुआ था।

अब जो कुछ मेरी ज़िन्दगी में हो रहा था, सपना था। रात में मुझे डिबाई के सपने आते थे। मैं लाख चाहता था कि रात में डिबाई के सपने न आएँ, लेकिन यह नामुमकिन था। सालों गुज़र चुके थे लाहौर आए। शादी हो गई थी। बच्चे हो गए थे लेकिन डिबाई के सपने आना बन्द नहीं हुए। मैं किसी से कुछ कह भी नहीं सकता था। मैंने बीवी को समझा दिया था कि घबराने की कोई बात नहीं है, मुझे डरावने ख़्वाब दिखाई देते हैं। वह बेचारी मेरी बात को सच समझी थी और मुझसे हमदर्दी रखने लगी थी।

साल-पर-साल गुज़रते रहे। यहाँ तक कि मैं बूढ़ा होने लगा। मतलब साठ के ऊपर का हो गया, लेकिन मुझे यही लगता था कि मैं डिबाई में रह रहा हूँ। यह वही गली है। इसी गली में शियों की मस्जिद है। आगे चलकर पंडित राम आसरे का घर है। लाहौर की किसी गली से गुज़रते हुए मुझे पंडित राम आसरे की आवाज़ सुनाई पड़ जाती।

मैं काँपने लगता हूँ। यार, ये क्या है? मुझे चामुंडा के मन्दिर के ऊपर पीपल के ऊँचे-ऊँचे पेड़ों के पत्तों के खड़खड़ाने की आवाज़ सुनाई देती है और फिर किसी

डाल से कोई बन्दर धम्म से मन्दिर की छत पर कूदता है और मेरा कलेजा दहल जाता है। या अल्लाह, मैं क्या करूँ?

दिन में तो फिर भी किसी तरह अपने को क़ाबू में रखता, लेकिन रात होते ही, और सोते ही, मैं कुछ नहीं कर सकता। एक पुरानी फ़िल्म चलने लगती है, जिसमें रोज़ नया होता है। आज सुइया के पुल पर हम लोग आम खा रहे हैं। महेश गुठलियाँ पानी में फेंक रहा है। पता नहीं कैसे, वह नाले में गिर पड़ा। हम सबने उसे नाले से निकाला। चामुंडा से बाहर निकले तो तेज़ लू चल रही है और ऐसी गर्मी थी जिसमें चील तक अंडा छोड़ देती है। हम चार दोस्त क़र्बला तक आए और गेट के नीचे बैठकर गोटियाँ खेलने लगे। आज महेश बहुत हारा। वह रोने लगा तो मैंने उसे गुड़ दे दिया, जो मैं अम्मा से छिपाकर अपनी जेब में रखकर लाया था।

रोज़ रात को एक पुराना सपना नए तरह से दिखाई देता है।

सत्तर साल पार कर जाने के बाद भी सबकुछ ऐसा ही रहा तो मुझे ख़याल आया—यह पूरा जनम तो 'इस' संसार में बिता लिया। अब दूसरा जनम जाने कहाँ होगा तो क्यों न वह जगह देखी जाए जहाँ जीवन भर रहा हूँ। लाहौर में तो मैं रहा ही नहीं।

हिसाब-किताब देखा, पैसा-वैसा तो ठीक ही है। दोनों बच्चे पढ़-लिख गए हैं। शादियाँ हो गई हैं, बच्चे हो गए हैं। पूरी तरह सेटल हैं, लेकिन मैं 'सेटल' नहीं हूँ। तो मैं अपने को 'सेटल' करने का काम शुरू कर सकता हूँ।

भारत के वीज़ा के लिये अप्लाई किया। वजह बतानेवाले कालम में लिखा 'अपने को सेटल' करना। इस पर वीज़ा आफ़िसर बहुत हँसा। बोला, "जनाब... कोई समझ में आनेवाली वजह लिखिए। बिजनेस करना, शादी में जाना है, कोई गमी हो गई है। वग़ैरा...वग़ैरा...?"

मैंने लिखा, 'क्या ग़मी हो सकती है?' वह फिर चिढ़ गया और मुझसे पूछे बग़ैर लिख दिया 'ग़मी हो गई है।'

रात अपने बेडरूम में लेटकर मैं देर तक भारत के वीज़े को देखता रहा और डरता रहा। एक अजीब तरह का डर जिसे बताया नहीं जा सकता। भारत के साथ लड़ाइयाँ, भारत के ख़िलाफ़ नफ़रत-भरा 'प्रोपेगेंडा'। भारत में हिन्दू-मुस्लिम फ़सादात. ..सबकुछ आँखों के सामने घूमने लगा, लेकिन फिर ख़याल आया मैं भारत कहाँ जा रहा हूँ, मैं तो डिबाई जा रहा हूँ जिसे मैं सोते में अब भी देखता रहता हूँ, जहाँ की आवाज़ें मुझे चाहे-अनचाहे सुनाई देती रहती हैं। चामुंडा के मन्दिर के बराबर पीपल के पेड़ पर बन्दरों की कें...कें...कें...मेरे कानों में कहीं भी गूँज जाती है, लेकिन डिबाई जाने के लिये भारत जाना पड़ेगा। भारत में मुझे कोई पकड़ न ले? मुझ पर

पाकिस्तानी जासूस होने का इल्ज़ाम तो लगाया ही जा सकता है। मुझे मुसलमान समझकर भी नुकसान पहुँचाया जा सकता है। हिन्दू-मुस्लिम फ़साद हो गया तो मैं भाग भी न पाऊँगा। जिस-जिस हिन्दू को पता चलेगा कि मैं पाकिस्तानी हूँ वह नफ़रत से मेरी तरफ़ देखेगा। मैं बुढ़ापे में यह सब बर्दाश्त कर पाऊँगा? अगर नहीं तो फिर मैं क्यों जा रहा हूँ? तो क्या न जाऊँ?...लगा किसी ने सिर पर एक भारी पत्थर मार दिया हो। चामुंडा के मन्दिर की छत पर बन्दर कूदने लगे...आम के बाग़ में कुँजड़ों का खटहरा चीखने लगा...मैं जाऊँगा, जरूर जाऊँगा...क्यों कोई मुझे मारेगा? क्या मेरे चेहरे पर लिखा है कि मैं मुसलमान हूँ? मैं दाढ़ी नहीं रखता, मेरे माथे पर घट्ठा नहीं है। मैं कट्टर मुसलमानोंवाले कपड़े नहीं पहनता...कोई मुझे क्यों पहचानेगा कि मैं मुसलमान हूँ।

इतने सालों के उतार-चढ़ाव के बाद अब भारत में मैं सिर्फ़ साजिद रहमान को ही जानता हूँ। वह मेरी रिश्ते की एक बहन का सबसे छोटा बेटा है और अलीगढ़ युनिवर्सिटी में पढ़ाता है। मैंने उसे अपने भारत आने का प्रोग्राम लिखा और उसका जवाब आया कि वह मुझे लेने एयरपोर्ट आएगा और मैं जहाँ-जहाँ जाना चाहता हूँ, वहाँ-वहाँ ले जाएगा। मैंने उसे जवाब दिया था कि मैं सिर्फ़ डिबाई जाना चाहता हूँ, और कहीं नहीं जाना चाहता। सिर्फ़ एक दिन डिबाई में गुजारकर वापस चला आऊँगा। डिबाई में इसलिए नहीं रुकना चाहता कि वहाँ रहूँगा कहाँ?

दिल्ली हवाई अड्डे पर उतरते ही मुझे अनायास लगने लगा था कि मैं सतर्क हो गया हूँ। मैं हर काम अपने पूरे होशोहवास में करने की कोशिश कर रहा हूँ। ये नहीं कि कोई मेरे ऊपर निगाह रख रहा है और ये भी नहीं कि मैं किसी भी ग़लती पर पकड़ा जा सकता हूँ पर यह ज़रूर है कि मुझे सावधान रहना चाहिए। मैं इमीग्रेशन की लाइन में बड़ी शालीनता से खड़ा हुआ। एक-दो लोग मेरे आगे आकर खड़े हो गए थे, लेकिन मैंने कोई एतराज़ नहीं किया था। जब मेरा नम्बर आया तो मेरा दिल धड़क रहा था, लेकिन मैं चेहरे पर पूरी गम्भीरता और विश्वास के भाव सँजोए हुए था, फिर मुझे लगा कि ये भाव कहीं मेरे अन्दर के डर को न रेखांकित कर दें। इसलिए मैं मुस्कराने लगा, पर अन्दर से काँप रहा था। मुझे लगता ज़रूर कुछ-न-कुछ गड़बड़ हो जाएगी और मुझे वापस लौटाया जा सकता है, लेकिन जब मेरी बारी आई और सिख पुलिस अफ़सर ने मेरा पासपोर्ट और क़ागज़ हाथ से लिये तो मेरी जान ही निकल गई। सिख, सुना था, मुसलमानों से बहुत नफ़रत करते हैं। उन्हें दंगों वग़ैरह में बहुत मारा गया था। क़त्लेआम किया गया था। मैं सन्नाटा मारे खड़ा रहा, सिख अफ़सर ने मेरे काग़ज़ देखकर ठप्पे लगाए। क़ायदे से मुझे आगे बढ़ जाना चाहिए था, लेकिन मैं कुछ सेकंड के लिये वहाँ खड़ा-का-खड़ा रह गया, फिर ख़याल आया

कि मैं क्या कर रहा हूँ? यह तो पहले अपने आपको 'गिल्टी' साबित करने जैसा काम है। मैं तेज़ी से आगे बढ़ गया।

दिल्ली हवाई अड्डे के बाहर मुझे साजिद मिल गया। उसके साथ एक साहब और मिले जिनका तआरुफ़ यह कहकर कराया गया कि यह डॉ. शर्मा हैं और हिन्दी के लेक्चरर हैं। मैं कुछ पसोपेश में पड़ गया लेकिन जल्दी ही यह बात मेरी समझ में आ गई कि साजिद ने बड़ी अक़्लमन्दी का काम किया है।

होटल में सामान-वामान रखने के बाद साजिद ने मेरा पासपोर्ट देखा और एक बहुत बड़ी ग़लती का पता चला। मैंने दिल्ली और अलीगढ़ का वीज़ा लिया था। साजिद ने बताया कि डिबाई तो बुलन्दशहर ज़िले में है और मुझे बुलन्दशहर का वीज़ा लेना चाहिए था। मेरे हाथों के तो तोते ही उड़ गए या अल्लाह यह मैंने क्या कर डाला! मैं यह क्यों समझे बैठा था कि डिबाई अलीगढ़ ज़िले में है? वजह यह रही होगी कि हम लोग अलीगढ़ होते हुए ही डिबाई से लखनऊ आया-जाया करते थे। यही वजह थी कि मैं डिबाई को अलीगढ़ ज़िले में समझ बैठा था।

"अब क्या किया जाए?" मैंने साजिद से पूछा।

सूरते-हाल पता चली कि अब दिल्ली में नया वीज़ा लगना तो क़रीब-क़रीब नामुमकिन है और यह हो ही नहीं सकता कि बुलन्दशहर का वीज़ा लगवाने इस्लामाबाद जाऊँ? रास्ता यह है कि मैं...मैं काँप गया और बेसाख़्ता नहीं-नहीं कहने लगा। सत्तर साल की उम्र में, एक अच्छी-ख़ासी हैसियत का आदमी होने के बाद अपने को जेल की सलाखों के पीछे खड़ा देखकर घबरा गया।

"यह मैं नहीं करूँगा।"

"अंकलजी...घबराने की कोई बात नहीं है?" डॉ. शर्मा बोले और मैं हैरत से उनका चेहरा देखने लगा। उनके चेहरे पर विश्वास और दोस्ती थी। ये दोनों मुझे समझाते रहे कि कुछ न होगा, लेकिन मेरी परेशानी कम नहीं हुई। मैं न तो 'नहीं' कह सकता था और न 'हाँ'।

"अंकल, आपको देखकर कौन कह सकता है कि आप पाकिस्तानी हैं?" डॉ. शर्मा ने कहा।

"मैं तो कह ही रहा हूँ कि चलिए।" साजिद ने कहा।

"मैं सब सँभाल लूँगा। यह कैसे हो सकता है कि आप पचास साल बाद अपना गाँव देखने आए हैं और बिना देखे चले जाएँ?"

मैं टुकुर-टुकुर शर्मा की तरफ देखने लगा। जैसे तोता जाल में फँसने के बाद चिड़ीमार को देखता है।

"आपको कुछ न होगा।"

"देखो बेटा, मेरे दिल के दो ऑपरेशन हो चुके हैं।"

"सर, मैं आपसे कैसे कहूँ कि कुछ न होगा...मेरे मामा लखनऊ में डी.आई.जी. हैं। मेरे पिताजी रिटायर्ड चीफ़ इंजीनियर हैं...मेरा भाई आई.आर.एस. में है। आप भी अंकल...।" शर्मा ने पूरे यक़ीन से कहा।

तय यह पाया कि मैं आराम करूँ, फिर थाने जाकर रिपोर्ट करूँ। अपने को 'कम्पोज़' करूँ—लाहौर फ़ोन करके बेग़म साहिबा से बात कर लूँ और फिर सो जाऊँ।

सबकुछ मेरे लिये नया है। पचास साल पहले की यादें ख़त्म हो चुकी हैं। रास्ते, इमारतें, पेड़-पौधे, पुल और नदी-नाले लगता है सब नए हैं।

मैं गाड़ी की पिछली सीट पर साजिद और शर्मा के साथ बैठा हूँ। ड्राइवर के बराबर वाली सीट पर एक बावर्दी सिपाही बैठा है। यह शर्मा जी का कमाल है। उन्होंने मेरा विश्वास बढ़ाने के लिये इस सिपाही का इन्तज़ाम किया है। अब हम पुलिस की हिफ़ाज़त में हैं। हमें कौन रोक सकता है? अगर पुलिस ने रोका भी तो पुलिस का सिपाही, डी.आई.जी. आर.के. शर्मा का नाम लेगा और हम आगे बढ़ जाएँगे।

गाड़ी हिचकोले खाती गुज़र रही थी। मैं सबकुछ इस तरह देख रहा था कि ज़िन्दगी में दोबारा यह सब न देख पाऊँगा।

"अब हम डिबाई आ गए हैं।" शर्मा ने कहा।

मैंने इधर-उधर देखा। ये तो नहीं है। एक कच्ची सड़क बड़े नीले तालाब के पास से मुड़ती थी। सड़क के दोनों तरफ़ देसी आम के बड़े-बड़े पेड़ थे। आगे थाना था। खपरैल की इमारत के सामने पीपल का पेड़ था। उसके तने के पास एक छोटी-सी मूर्ति रखी रहती थी। बाईं तरफ़ दारोग़ाजी की घोड़ी बँधी रहती थी, जिसे कभी किसी ने कहीं और न देखा था। दारोगाजी जब निकलते थे तो बड़ी शान से लखनऊ का कुर्ता-चूड़ीदार पाजामा पहनते और टोपी लगाते थे। उनके पीछे पूरी वर्दी में दो सिपाही हाथ बाँधे चला करते थे। दारोग़ाजी को वर्दी में शायद ही किसी ने देखा हो। दारोग़ाजी ठाकुर रामसिंह की हवेली तक आते थे और कुछ देर बैठकर लौट जाते थे। थाने के बाद इसी सड़क पर सरकारी अस्पताल था। वह भी नज़र नहीं आ रहा है।

"यह डिबाई है?" मैंने हिचकिचाते हुए पूछा।

"हाँ अंकल, यह डिबाई है।"

"वह पक्का तालाब कहाँ है?"

"सामने आप दुकानें देख रहे हैं...उनके पीछे छिप गया है। वैसे भी अब तालाब में कम ही पानी है। पिछले साल यहाँ बारिश नहीं हुई है...सूखा पड़ा है।"

एक जगह गाड़ी रोक दी गई। सिपाही और ड्राइवर को गाड़ी के पास छोड़ दिया गया और हम लोग आगे बढ़े। अब हम पुराने क़स्बे की तरफ़ जाने लगे।

"अंकल, यहाँ किस मोहल्ले में आपका घर था?" शर्मा ने पूछा।

"सैयदबाड़ा।"

हम पूछते-पूछते सैयदबाड़ा आ गए।

"यही है वह मोहल्ला?" साजिद ने पूछा।

मैं इधर-उधर देखने लगा। कुछ पता नहीं चला क्योंकि पुरानी निशानियाँ ग़ायब हो चुकी थीं।

"पता नहीं।" मैं धीरे से बोला और अपने आप पर शर्म आने लगी। आगे बढ़ साजिद ने दो-एक लोगों से पूछा और सबने यही बताया कि यही सैयदबाड़ा है। एक पतली-सी गली के दोनों तरफ़ मकान बने थे। अब यह तय हो गया कि सैयदबाड़ा यही है। मैं इस गली में इन दो लोगों के साथ अपना मकान तलाश करने लगा। मेरे दिल में एक ऐसी हलचल, ऐसा तूफ़ान और ऐसी बेचैनी थी जिसे बताया नहीं जा सकता। लगता था कि मुझे अपने ऊपर क़ाबू ही नहीं है। पूरी गली देख डाली पर मुझे अपना मकान नहीं मिला। जहाँ मैं पैदा हुआ था। जहाँ बचपन और लड़कपन बीता था।

"अंकल और कोई निशानी याद है?" शर्मा ने पूछा जब हम तीनों हताश एक जगह खड़े थे।

"गली में शियों की मस्जिद थी...हमारा घर मस्जिद से आठवाँ मकान था।" मैंने कहा।

शियों की मस्जिद जल्दी ही मिल गई।

"यह वही मस्जिद है।" साजिद ने कहा।

"हाँ, वही है।" मैंने खुद अपनी आवाज़ को काँपते महसूस किया। मस्जिद का लोहे की सलाखोंवाला दरवाज़ा बन्द था। पूछा तो बताया गया कि सामने वाले घर में चाबी है। साजिद चाबी ले आए। ताला खोला गया। हम मस्जिद में आ गए। मुझे पहली बार लगा कि मैं डिबाई में हूँ। ये लोग मुझसे कुछ कह या पूछ रहे थे लेकिन मुझे सुनाई नहीं दे रहा था।

जाड़े की सर्द रात तेज़ ठंडी हवा चल रही है। आधी रात ओले पड़े हैं लेकिन दादी फज्र की नमाज़ के लिये चार बजे उठ गई हैं।

'शज्जू...ऐ शज्जू...उठो...नमाज़ का वक़्त हो गया है।' मैं बिस्तर पर बेख़बर सो रहा हूँ।

'शाकिर...उठो...तुम्हीं ने तो कहा था कि...मुझे मस्जिद में अज़ान देनी है। उठो...।'

मैं बिस्तर पर बेख़बर नहीं...कसमसा रहा हूँ।

गली में सर्द हवा के तेज़ झोंके...मैं लिहाफ ओढ़े हूँ...मस्जिद के ठंडे पानी से वज़ू कर रहा हूँ।

'अल्लाह हो अकबर...।' ठिठुरती हुई आवाज़ कहाँ तक पहुँच रही होगी मुझे भी नहीं मालूम।

"यह मस्जिद वही है।" शर्मा ने पूछा।

"वही है।" मैंने कई बार पूछने पर जवाब दिया।

"लेकिन...वह हौज कहाँ है जहाँ पानी होता था?" आसपास के लोग आ गए हैं। वे बताते हैं जब से नल लगा है, हौज बन्द करा दिया गया है।

"...और यह लोहे का दरवाज़ा?"

"हाँ, पहले लकड़ी का था...हर दो-चार साल बाद बदलना पड़ता था।"

मस्जिद के सेहन से आसमान का उतना ही टुकड़ा दिखाई देता है। अब भी मस्जिद उसी तरह सफ़ेद चूने से पोती जाती है—जैसे उस ज़माने में। ये दर, ये दीवारें, ऊपर की छत, मीनारें और मिम्बर। मैं ख़ामोशी से यह सब नहीं देख रहा था। मेरे अन्दर आवाज़ों का जमघट था। आवाज़ें—दादी की-दरुद शरीफ़ पढ़ने की आवाज़, अब्बा की मर्सिया पढ़ने की आवाज़, अम्मा की खाना खा लेने की पुकार, आपा की गुड़िया की शादी के गाने की आवाज़।

साजिद और शर्मा कुछ अलग खड़े थे। वह चाहते थे कि मैं दिल भर कर वह सब सोच लूँ, जो सोचना चाहता हूँ। हमने मस्जिद से निकलकर घर गिनना शुरू किए। आठवाँ घर मेरा होना चाहिए।

"यही है आठवाँ घर।" शर्मा ने कहा।

"पहचान रहे हैं आप?"

"नहीं, ये नहीं है।" मैं घर को ऊपर से नीचे देखता हुआ बोला।

"अंकल और कोई पहचान याद है गली की?" शर्मा ने पूछा।

"गली के नुक्कड़ पर छज्जू हलवाई की दुकान हुआ करती थी।"

छज्जू हलवाई की दुकान तलाश करने में कोई मुश्किल नहीं हुई। मैं हैरान हो गया। पता नहीं क्यों अब तक वैसी ही है ये दुकान—जैसी हुआ करती थी। धुएँ से काली दीवारें सामने बड़ी-सी कड़ाही, तख़्त पर मिठाइयों के थाल...दुकान पर एक आदमी बैठा जलेबियाँ बना रहा था।

"क्यों भाई, आप छज्जू हलवाई के कौन हैं।" शर्मा ने पूछा।

"मेरे दादाजी थे।" वह बोला।

"यहाँ इस गली में विकार हुसैन साहब का घर है?"

"वही जो पाकिस्तान चले गए थे?"

"हाँ-हाँ, वही।"

"उधर पाँचवाँ घर है।"

"वहाँ अब कौन रहता है?'

''सराफ बाबू रहते हैं।'

हम घर गिनते आगे बढ़ने लगे।

''यही है रामलाल सराफ।'' दरवाज़े पर लगी नेम प्लेट पढ़कर साजिद ने बताया।

''यही घर है अंकल?

तीन दर गली में खुल रहे हैं। उनके बराबर सदर दरवाज़ा...तीन सीढ़ियाँ...हाँ, हाँ यही है...यही है...मैं घबराकर गली में आगे बढ़ गया। शर्मा और साजिद दरवाज़े पर खड़े रहे।

''आइए, अन्दर से तो देख लीजिए।'' साजिद ने कहा।

''बस देख लिया...देख लिया।'' मैं रुका नहीं आगे बढ़ता चला गया। लगा कि एवरेस्ट फ़तह करके वापस लौट रहा हूँ। मैं पीछे मुड़कर भी नहीं देखना चाहता था।

मैं आगे बढ़ता चला गया, मेरा सीना धौंकनी की तरह चल रहा था। मुझे न कुछ दिखाई दे रहा था और न सुनाई दे रहा था। मैं बस आगे निकल जाना चाहता था। अब मेरे अन्दर हिम्मत नाम की कोई चीज़ न बची थी। मैं यह बर्दाश्त ही नहीं कर सकता था कि हर रात सपने में आने वाला मकान मेरे सामने मौजूद है। यह कैसे हो सकता है कि कल्पना सजीव हो उठी हो। मेरे अन्दर डर और ख़ुशी के जज़्बे एक साथ मिल गए थे। मुझे लगता था बस अब हो चुका...बस अब देख लिया। यह भी लगा कि वह सब अब कहाँ मिलेगा जिसकी तलाश में मैं आया हूँ। वह अब कहीं है तो मेरे अन्दर है। मुझे वह सब अपने अन्दर ही देखना चाहिए। मेरे पैर रुक ही नहीं रहे थे।

मेरे पीछे से साजिद की आवाज़ आई।

''चलिए, वे लोग आपको बुला रहे हैं।'

''कौन?''

''सराफ साहब...शर्मा ने उनसे बात कर ली है।''

मैं रुक गया। मैंने चेहरे से ढेर सारा पसीना पोंछा।

''नहीं, अब वापस चलो।"

''इतनी दूर आ गए हैं...मकान मिल गया है तो अन्दर से भी देख लीजिए।''

''देख लिया...।''

''वे लोग बुरा मानेंगे।''

''कौन?''

''सराफ साहब...उन्हें शर्मा ने आपके बारे में बता दिया है।''

सदर दरवाज़े पर एक अधेड़ उम्र आदमी कुर्ता-पाजामा पहने खड़े थे। उनके गले में सोने की एक मोटी-सी चेन थी। उनसे मुझे मिलवाया गया। उन्होंने बड़ी गर्मजोशी

के साथ हाथ मिलाया और सदर दरवाज़े से हम अन्दर दाख़िल हुए। बाईं तरफ वाली बैठक में आ गए। बैठक सजी हुई थी। उन्होंने तीनों बाहरी दरवाज़े खोल दिए। मैं छत की तरफ़ देखने लगा।

साजिद और शर्मा के लाख छिपाने के बाद भी सराफ साहब को ये पता लग गया कि मैं पाकिस्तान से आया हूँ। ज़ाहिर है विकार हुसैन का बेटा और साबिर हुसैन का भतीजा पाकिस्तान से ही आया होगा। यह मकान मेरे चचा साबिर हुसैन ही बेचकर गए थे, क्योंकि पूरे ख़ानदान में उन्होंने ही सबसे बाद हिजरत की थी।

"आपने छत बदलवाई है?"

"हाँ, पहले लकड़ी की धन्नियाँ थीं...मैंने दस साल पहले स्लेप लगवा दिया था।" सराफ बोले। पानी आया, चाय आई, नाश्ता आया, घर के बच्चे सबकुछ ला रहे थे। सराफ साहब की मेहरबानी से मैं मुत्तासिर हो गया। "भाईजी, आज भी ये आपका ही घर है, जब तक चाहें, जितने दिन चाहें आराम से रहिए। हमें आपकी सेवा करके अच्छा ही लगेगा।" सराफ बोले। मैं कमज़ोर हो गया था कि ख़ामोश था। डर था कहीं रोने न लगूँ। सराफजी ने अपनी बहू को बुलाया। उसने मेरे पैर छुए तो मैं अपने आँसू रोक नहीं पाया।

"जी, भगवान की कृपा से भरा-पूरा घर है। मेरे दो बेटे हैं। बड़े की शादी हो गई है। दो बच्चे हैं। दूसरा बेटा दिल्ली में है। मोटर पार्ट्स का काम है उसका। मेरी यहाँ हार्डवेयर की दुकान है। बड़ा बेटा सँभालता है। मैं तो अब कम ही बैठता हूँ। घुटनों ने मजबूर कर दिया है।" सराफ ने तफ़सील से अपने पूरे ख़ानदान के बारे में बताया।

"अन्दर से घर देखेंगे?" शर्मा ने मुझसे पूछा।

वह शायद समझ गया था कि मैं जो चाहता हूँ, वह कह नहीं पा रहा हूँ। रँगा-चुना साफ़-सुथरा आँगन, तीन तरफ़ बरामदे...बिलकुल वही...आँखें बन्द किए बग़ैर सपना देख रहा हूँ और सपने में भी ये न सोचा था कि एक दिन यहाँ आ सकूँगा।

"इधर से...इस कमरे से बाहर आने का एक छोटा दरवाज़ा हुआ करता था?" मैंने सराफ साहब से पूछा।

"हाँ, हाँ है...आइए।" हम कमरे में आ गए।

"इसी कमरे में मैं पैदा हुआ था।" मैंने कहा।

"वाह जी, वाह...यह तो हमारे लिये बड़ी बात है।" सराफ बोले। मकान अन्दर से देखकर फिर बैठक में आ गए। अब मेरा गला कुछ खुल गया था। मैंने कहा, "उधर लकड़ी की एक चौकी होती थी जिस पर अब्बा नमाज़ पढ़ा करते थे। यहाँ, इधर कपड़े वाली दो कुर्सियाँ और सरपत वाली तीन कुर्सियाँ होती थीं।"

मैं यह सब उन लोगों को नहीं बता रहा था, अपने को फिर से याद दिला रहा था।

कुछ देर बाद मैंने सराफ साहब से पूछा, "यहाँ चामुंडा का मन्दिर है।"

"हाँ-हाँ जी है।" वह बोले।

"मैं देखना चाहता हूँ।" मैंने गिड़गिड़ाकर कहा।

"हाँ-हाँ, क्यों नहीं?"

"गाड़ी है हमारे पास...पक्के तालाब पर खड़ी है।"

"तब तो और अच्छा है... ।"

"और छुइया का पुल भी देखना है।" मैंने कहा और सराफ साहब हँसने लगे, "हाँ-हाँ जी, ज़रूर।" एक बरसाती नाले पर बने पुल को देखने की दिली ख्वाहिश पर हँसी आना अजीब लगा होगा।

"और कर्बला...ठाकुर साहब की हवेली।"

"हाँ-हाँ आपको सब दिखाएँगे।" वह बोले।

हमारे लिये छुइया की पुलिया गाँव की आख़िरी हद हुआ करती थी। हमें वहाँ जाने की मनाही थी, क्योंकि वह सुनसान और वीरान जगह थी। नीचे से नाला बहता था जो बरसात में इतना बढ़ जाता था कि बाढ़ आ जाती थी और गाँव के लड़के मछली पकड़ने निकल पड़ते थे। हम बड़ी हसरत से उन लड़कों को मछली पकड़ने के लिये जाते देखा करते थे।

मैं, सुरेश, अमीन, प्रभाकर और महेश दोपहर में सबकी नज़रों से बचकर छुइया आते थे। सुरेश कमल के फूल तोड़ने की कोशिश में एक बार नाले में गिर पड़ा था और हमने बड़ी मुश्किल से उसे निकाला था। प्रभाकर अपने घर से गुड़ और चने ले आता था...मैंने सोचा सराफ साहब से सुरेश, प्रभाकर और महेश के बारे में पूछूँ, लेकिन फिर डर और घबरा गया...लगा पता नहीं क्या बातें पता चलें और पता नहीं, उनमें से कितनी अच्छी हों और कितनी अच्छी न हों, इसलिए इन दोस्तों की यादें अपने दिल में ही महफ़ूज़ रखूँ।

मैंने झुककर छुइया को देखा। मुझे अपना अक्स ग्यारह साल के उस लड़के का लगा जो इस पुलिया पर बैठकर देसी आम चूसा करता था और गुठलियाँ छुइया में फेंका करता था, शायद बरसों से छुइया आम की उन गुठलियों के लिये तरस रही है। छुइया के उस पार सड़क के दोनों तरफ़ आम के बड़े-बड़े बाग़ हैं।

"आम के ये बाग़ बहुत पुराने हैं।" मैंने सराफ साहब से कहा।

"हाँ, बहुत पुराने हैं...बाग़ देखेंगे?"

मुझे लेकर ये लोग बाग़ आ गए। डॉ. शर्मा ने दो-चार सीकलें ले लीं। मुझे आफर कीं, मैंने मना कर दिया और वे बड़े मज़े में खाने लगे।

चामुंडा के मन्दिर के सामने गाड़ी रुकी।

"यह मन्दिर...इतना बड़ा... ।" मैं कुछ कहना चाहता था लेकिन सराफ बात पूरी करने से पहले बोले, "मन्दिर तो अब भी छोटा ही है...पुजारी के लिये दो कमरे बनाए गए हैं।"

हम मन्दिर के अहाते में आ गए। पीपल के वही पुराने और लहीम-शहीम पेड़। मैं उनके पत्तों को हवा में हिलता देखता रहा। हर पत्ते पर मेरा नाम लिखा है। उन पत्तों पर भी जो अभी आजकल में ही निकले हैं, जिनका रंग पीला है और जो कमसिन लड़की के होंठों-जैसे मुलायम हैं।

मन्दिर की छत और पीपल के पेड़ों पर बन्दरों की पूरी सेना मौजूद है। हम तपती दोपहरों में घर वालों को चकमा देकर यहाँ आ जाते, तब यह मन्दिर सुनसान हुआ करता था। देवी बहुत सुकून से यहाँ आराम करती थी। हम यहाँ चबूतरे पर बैठ जाते थे और तालाब से तोड़े सिंघाड़े खाते थे। बन्दर ललचाई नज़रों से हमें देखते थे, जैसे कह रहे हों–'यार सब खाए जा रहे हो...एक-आध तो हमें भी दे दो... ।' इसी मन्दिर के चबूतरे पर हाथ गुलेल बनाया करते थे। निशाना साधने की प्रैक्टिस किया करते थे, पर हमारे निशाने शायद ग़लत लग गए हैं, तब ही तो मैं बेवतन हो गया हूँ...महेश और प्रभाकर के साथ देवी के दर्शन करता था, अब मुझे याद नहीं, लेकिन उस ज़माने में पूजा की लाइनें याद हो गई थीं जो मोहन पढ़ा करता था।

हमें देखकर पुजारी बाहर आ गए। उन्होंने दर्शन कराए और कहने लगा कि कमरों की छतों पर स्लैप तो डल गया है लेकिन गिट्टी नहीं पड़ी है। कोई श्रद्धालु अगर बीस हज़ार रुपए दे दे तो गिट्टी पड़ सकती है। सराफ साहब ने कहा, "ये मेहमान हैं...आप बाद में मुझसे बात करना।" कर्बला के आसपास कुछ नए घर बन गए हैं, लेकिन कर्बला का फाटक वही है। फाटक के कँगूरे, चौद्दी वही है। मीनारों पर काली काई भी वैसी है। अन्दर की तरफ़ दीवार में बनी ताक भी उसी तरह काली है जैसे मैंने देखी थी।

मुझे लाहौर में जो सपने आते थे, वे कितने सच होते थे। सपने में एक-एक 'डिटेल' हुआ करती थी। चामुंडा के मन्दिर में आरती, मोहर्रम का जुलूस, छुरियों का मातम, मोहर्रम की सुबह ताज़ियों का ठंडा किया जाना। चार बजे शाम को फ़ाक़ा शिकनी...मैं अपने सपनों को ही साकार देख रहा था। एकटक, एक नज़र में सबकुछ भर लेना चाहता था।

"मैं कर्बला का चक्कर लगाना चाहता हूँ।" मैंने कहा।

"हाँ, हाँ चलिए," शर्मा मेरे साथ हो लिये। हम गन्दी नालियों और कूड़े के ढेर से बचते-बचते कर्बला का चक्कर लगाने लगे।

"वहाँ तो मोहर्रम बड़े ज़ोर-शोर से मनाया जाता होगा?" शर्मा ने पाकिस्तान के मोहर्रम के बारे में पूछा, मैंने कोई जवाब नहीं दिया, क्योंकि कोई सही जवाब मेरे दिमाग़ में नहीं आ रहा था, फिर ख़याल आया कि कुछ-न-कुछ तो कहना ही चाहिए। मैंने धीरे से 'हाँ' कहा और कर्बला के दूसरे फाटक पर वह जगह देखने लगा जहाँ मैं अलम खड़े कराता था। जहाँ अब्बाजान ताबूत रखते थे और जहाँ ताज़िए टिकाए जाते थे। मैं वहाँ गया और मैंने उस जगह को छुआ तो लगा अब्बाजान, बड़े ख़ालू, बने चच्चा और अम्मा को छू लिया हो।

सबकुछ देखकर वापस आए तो सराफ साहब के घर खाना तैयार था। मैंने दिल में सोचा, इस एहसान का बदला तो मैं चुका भी न पाऊँगा, क्योंकि सराफ साहब पाकिस्तान क्यों आएँगे? मैंने सोचा, काश मैं अपने साथ कोई तोहफ़ा रख लेता और सराफ साहब की बहू को दे देता, फिर ख़याल आया कि बहू को तो पैसे भी दिए जा सकते हैं। मैंने बहू को बुलाकर उसे पाँच सौ रुपए दिए...सराफ साहब बहुत रोकते रहे, लेकिन मैं नहीं माना। वापस जाने के लिये हम लोग सराफ साहब के घर से निकलकर गली में आ गए। एक छोटी-सी दुकान पर शर्मा ने सिगरेट ख़रीदी। दुकानदार को पैसे देने लगा तो उसने लेने से इनकार कर दिया। पूछने पर कि पैसे क्यों नहीं ले रहा है, उसने गली के दूसरी तरफ़ ख़ड़े एक आदमी की तरफ इशारा कर दिया। मतलब यह था कि वह मना कर रहे हैं।

मैं उनके पास गया। कोई पैंसठ-सत्तर साल उम्र रही होगी। चेहरे पर लम्बी दाढ़ी, माथे पर सिजदा करने का निशान। दुबला-पतला जिस्म। कुर्ता और तहमद पहने इन बुज़ुर्ग से पूछा तो बोले, "मैं तुझसे पैसा लूँगा, पता नहीं कितने साल बाद तो तू आया है। तू मुझे न जानता होगा लेकिन मैं तुझे अच्छी तरह जानता हूँ। तेरे बाप को भी जानता था, तेरा चचा मेरे साथ घूमता था।" मैं हैरान खड़ा रह गया।

इससे पहले कि मैं अपनी आपबीती ख़त्म करूँ, आप लोगों को सिर्फ़ एक छोटा-सा प्रसंग और बताना चाहूँगा। लाहौर में मेरे दोस्त हैं अकरम अहमद। वह लखनऊ से लाहौर आए थे। पहली बार जब मुझसे मिले और पता चला कि हम दोनों मोहाजिर हैं, तो बोले, "चलिए साहब, अपने देश की कुछ बातें हो जाएँ।"

"अपने देश की?"

"हाँ-हाँ...हिन्दुस्तान की बातें।" वह राज़दारी से बोले। मैं हैरत से देखने लगा।

"आपने सुना नहीं? कहते हैं..." वे शेर जैसा कुछ सुनाने लगे "आँखें हैं इस देश में मेरी, दिल मेरा उस देश में है। दिन में पाकिस्तानी हूँ मैं, रात में हिन्दुस्तानी।"

आँखों देखी नहीं, कानों सुनी बता रहा हूँ। वैसे आँखों, कानों पर कितना यक़ीन किया जा सकता है यह मुझे नहीं मालूम लेकिन आँखों देखी के मुक़ाबले कानों सुनी को तो कम ही महत्त्व दिया जाता है। सो आप चाहें तो मेरी बात पर कम ही ध्यान

दीजिएगा। लेकिन इतना जान लीजिए कि इसमें कोई मिलावट नहीं है अगर मुझे अपने कानों पर विश्वास है तो आपको भी कुछ-न-कुछ तो होना चाहिए।

खुलकर तो नहीं बताऊँगा पर इतना समझ लीजिए कि मेरा सम्बन्ध एक ऐसे पेशे से है जो शिक्षा, ज्ञान, विज्ञान आदि से सम्बन्धित है। यह भी बताता चलूँ कि ज्ञानियों के प्रति मेरे मन में न कोई आस्था और न श्रद्धा है। इतना ज्ञान हासिल करने के बाद भी संसार की हालत अगर ऐसी है तो इस ज्ञान का क्या अचार डालना है? कहीं पढ़ा था कि ज्ञान और विज्ञान की बहुत-सी दुर्लभ उपलब्धियाँ प्राप्त हो जाने के बाद भी मनुष्य की असलफ़ता का रहस्य कुछ छोटे-छोटे स्वार्थों में छिपा हुआ जिसे जानते सब और मानते बहुत कम हैं। बहरहाल मैं विस्तार में नहीं जाऊँगा और सीधा अपने कानों की सुनी पर आऊँगा क्योंकि उसके बिना मेरी बात पूरी नहीं होगी।

मुझे एक कॉन्फ्रेन्स में दक्षिण अमेरीकी देश सूरीनाम की राजधानी पारामारिबो जाने का मौक़ा मिला था। कॉन्फ्रेन्स से तो कोई बहुत लगाव नहीं था लेकिन सूरीनाम देखने का शौक था। सोचा इसी बहाने एक नया देश देख लूँगा।

पारामारिबो के एक बड़े होटल में कॉन्फ्रेन्स हो रही थी। मैं कॉन्फ्रेन्स हाल से अक्सर बाहर निकल आता था और शहर में टहलता-घूमता रहता था। समन्दर का किनारा, लकड़ी के बने हुए पुराने यूरोपीय शैली के मकान, सीधे रास्ते, तरह-तरह के सुन्दर फूल और आते-जाते लोग, सबकुछ बहुत अच्छा लगता था। शाम होते-होते आसमान पर काले बादल छा जाते थे। काले बादलों के पीछे से सूरज की लाल रोशनी इस तरह नज़र आती थी जैसे किसी ने आसमान पर ख़ून फैला दिया हो। यह दृश्य मुझे काफ़ी डरावना लगता था। मैं सोचता था आज से डेढ़ सौ साल हिन्दुस्तान से जो मज़दूर यहाँ लाए गए होंगे उन्हें आसमान पर फैला हुआ ख़ून कैसा लगता होगा? वैसे तो उन लोगों की ज़िन्दगी ही ख़ून-म-ख़ून हुआ करती थी लेकिन शाम होते-होते जब विशाल जंगलों के साए घने हो जाते होंगे और आसमान पर लाल ख़ून फैल जाता होगा तो वे क्या सोचते होंगे।

कॉन्फ्रेन्स की बकवास सुनने से ज़्यादा दिलचस्पी यह थी कि सूरीनाम के गाँव देखे जाएँ। शहर तो पूरा घूम चुका था। लेकिन गाँव जाऊँ तो कैसे जाऊँ? किस गाँव में जाऊँ? किसके घर जाऊँ? गाँव में मैं अकेला गया तो लोगों की क्या प्रतिक्रिया होगी? कॉन्फ्रेन्स वालों से गाँव की बात की तो टाल गए। बोले बाद में देखेंगे! मैं जानता था कि बाद में कुछ होने वाला नहीं है।

एक रात होटल के स्वीमिंग पूल के किनारे बैठा बीयर पी रहा था। चारों तरफ हरियाली थी। पूल के अन्दर दूधिया रोशनी का इंतिज़ाम किया गया जिसमें नीला पानी अपनी बहार दिखा रहा था। हल्का-हल्का संगीत बज रहा था। इतने में एक

अधेड़ उम्र आदमी को अपनी तरफ़ आते देखा। उनके पीछे एक महिला भी चली आ रही थी। कुछ समझ में नहीं आया ये लोग कौन हैं और मेरे पास क्यों...पास आते ही सज्जन ने अपना परिचय दिया। उन्होंने कहा–"माई नेम इज़ डॉ. रहमान, मैं यहाँ मैडीकल प्रैक्टिस करता हूँ। ये मेरी वाइफ हैं नफीसा रहमान। यहाँ एक कॉलेज में पढ़ाती हैं। आप हिन्दुस्तान से आए हैं।"

"हाँ, मैं दिल्ली से आया हूँ।"

वे दोनों बैठ गए।

"हम लोग हिन्दुस्तान से आए लोगों से मिलकर ख़ुश होते हैं। हमारे पुरखे वहीं से तो आए थे।"

"बहुत अच्छा...मैं तो यहाँ के लोगों से मिलना ही चाहता था लेकिन कोई मौक़ा नहीं मिल रहा था।"

बातचीत होने लगी। हिन्दुस्तान के बारे में पूछते रहे। मैं उनसे सूरीनाम के बारे में जानकारियाँ लेता रहा। धीरे-धीरे जब लगा कि लोग अच्छे हैं तो मैंने दिल की बात उनसे कह डाली–"देखिए, ऐसा है कि मैं सूरीनाम के गाँव देखना चाहता हूँ। शहर तो देख ही लिया है।"

"अरे, तो इसमें क्या प्रॉब्लम है...हम लोग आपको ले जाएँगे...आपके पास कब टाइम होगा?"

"गाँव जाने के लिये मेरे पास टाइम-ही-टाइम रहेगा...आप लोग बताइए?"

"मैं एक बजे तक अपने क्लीनिक में बैठता हूँ उसके बाद चल सकते हैं।"

"कल?"

"हाँ, कल।"

मैं खुश हो गया।

अगले दिन बिल्कुल ठीक वक़्त पर और ठीक जगह पर डॉ. रहमान और नफीसा रहमान आ गए। उन्होंने अपनी शानदार गाड़ी में बिठाया और जल्दी ही शहर के बाहर आ गए। यह देखकर हैरत हुई कि सड़क कच्ची थी और जगह-जगह गड्ढे थे।

"ये रास्ता ऐसा क्यों है?" मैंने पूछा।

"बस है।" वे दोनों मुस्कुरा दिए। मैं समझ गया कि इन बातों पर बातचीत नहीं करना चाहते।

इधर-उधर हरियाली और सिर्फ़ हरियाली थी। एक आम का पेड़ दिखाई दिया जिस पर आम लदे हुए थे।

"यहाँ आम होता है?"

"हाँ, होता है लेकिन हिन्दुस्तान जैसा आम नहीं है। खाएँगे आप?"

"नहीं-नहीं..."

"घर चलकर खिलाएँगे..." नफीसा रहमान बोलीं।

कच्चे रास्ते पर चलते हुए हम एक बड़ी शानदार कोठीनुमा इमारत के सामने पहुँचे।

डॉ. रहमान हँसकर बोले—"पहले आपको अपनी ससुराल दिखाता हूँ।"

नफीसा रहमान हँसने लगीं और बोलीं—"यहाँ मेरे भाई रहते हैं।"

गाड़ी, शानदार और आधुनिक पश्चिमी ढंग से बनी कोठी के अहाते में घुसी। सामने तीन लम्बी लक्ज़री कारें खड़ी थीं। कुछ दूर पर बड़े-बड़े ट्रैक्टर खड़े दिखाई दिए। उसके आगे एक बहुत बड़ा शेड बना हुआ था जिममें खेती-किसानी से मुत्ताल्लिक मशीनें ही होंगी। कोठी के पीछे दूर तक—जहाँ तक नज़र जाती थी, फैले हुए धान के खेत थे। पहली नज़र में ही अंदाज़ा हो गया कि नफीसा रहमान के भाई बहुत धनवान आदमी हैं।

हम अन्दर ड्राइंगरूम में आए जहाँ दो लड़कियाँ खाने की मेज़ सजा रही थीं। दोनों ने बहुत आधुनिक क़िस्म की पश्चिमी ड्रेस-स्कर्ट और टॉप पहन रखा था। पता चला कि वे दोनों नफीसा की भतीजियाँ हैं। उनमें एक डॉ. रहमान के पास आई और बोली—"हम कर बाथरूम म गिर गइन...हमार हाथ पिरात है।" यह भाषा सुनकर मैं बेहोश होते-होते बचा। इतनी आधुनिक और सम्पन्न लड़कियाँ ऐसी भाषा बोल रही हैं? हमारे यहाँ तो शायद यह मुमकिन नहीं है।

कुछ देर में नफीसा के भाई, अमजद आ गए जो अपने व्यवहार और वेशभूषा में बहुत सहज लगे। उन्हें देखकर कोई कह ही नहीं सकता था कि वे खरबपति होंगे। मैंने सोचा हमारे देश में तो अगर कोई सौ-पचास करोड़ भी कमा लेता है तो अपने को 'सिकन्दर' समझने लगता है।

"आपको अपने दादा की फोटो दिखाऊँगा...जो सूरीनाम आए थे।"

अमजद मुझे लेकर ड्राइंगरूम के एक कोने में आए। यहाँ दीवार पर कुछ पुरानी तस्वीरों के बीच उन्होंने एक तस्वीर की तरफ़ इशारा किया। बिल्कुल सौ फ़ीसदी पूर्वी उत्तर प्रदेश का कोई मामूली किसान या खेतिहर मज़दूर नज़र आ रहा था। सौ फ़ीसदी, हू-ब-हू एक छोटा और ग़रीब किसान। मैं हैरत में पड़ गया।

"ये कब आए थे?"

"1898 में।"

"कहाँ से?"

"आजमगढ़ से।"

मैं सोचने लगा कि अगर 1898 में एक साधारण छोटा किसान-मज़दूर सूरीनाम न आया होता तो क्या आज उसकी तीसरी पीढ़ी इतनी सम्पन्न होती जितने अमजद

हैं? क़यास से कहा जा सकता है–बिल्कुल नहीं। लेकिन क्यों? यह माना कि नए देश में तरक़्क़ी करने के ज़्यादा रास्ते होते हैं पर क्या पुराने देश में उसके चौथाई भी नहीं होते? क्या वजह है कि हमारे किसान या कहना चाहिए ग़रीब किसान सैकड़ों पुश्तों से एक-सा जीवन बिताते आए हैं। उनकी ज़िन्दगी में सम्पन्नता या सम्पन्नता का थोड़ा-सा अंश क्यों नहीं है? मुझे याद आया कि क़रीब तीस-चालीस साल पहले जब मैं गाँव में था तो वहाँ एक अजीब बात देखी थी। अगर कभी किसी ग़रीब किसान या दलित की अच्छी फ़सल हो जाती थी। वह ज़्यादा पैसा कमा लेता था तो गाँव के सम्पन्न लोग और ऊँची जाति के लोगों को यह बहुत बुरा लगता था। वे योजनाएँ बनाने लगते थे कि ग़रीब या दलित की जेब से पैसा कैसे निकाला जाए। हमें नहीं मिल सकता तो कोई बात नहीं पर बर्बाद ज़रूर होना चाहिए। उसके खलिहान में आग लगा देने की बात होती थी। उस पर पुलिस के ज़रिए झूठा इल्ज़ाम लगाकर मुकदमा चलवा देने पर सोचा जाता है। सौ-सौ तरीके के जतन किए जाते थे कि ग़रीब और दलित सम्पन्न न हो सके। इस काम में सत्ता भी सहयोग करती थी। इसका क्या मतलब है कि हमारा समाज यथास्थितिवादी समाज है! जो जैसा है वह वैसा ही रहे, यही सम्पन्न लोग चाहते हैं। क्या ज्ञातिवादी ढाँचा भी इसमें कोई 'रोल प्ले' करता है?

"जी, क्या कहा आपने?" मैं चौंक गया क्योंकि अपने ख़यालात में डूबा था और डॉ. रहमान ने कुछ कहा था।

"मेरे दादा रहमतुल्लाह मुंशी रहमान के साथ आए थे।" उन्होंने कहा।

"मुंशी रहमान ख़ाँ?" मैंने पूछा।

"हाँ, सूरीनाम के बाहर कम ही लोग उन्हें जानते हैं। लेकिन यहाँ सब जानते हैं।"

"क्या मतलब...क्या करते हैं?"

"मुंशी रहमान ख़ाँ गुज़र गए हैं। वे पोयट थे...हिन्दुस्तानी में शायरी करते थे। दोहे वग़ैरा लिखते थे। उनका सबसे बड़ा कारनामा उनकी 'ऑटोबायोग्राफी' है।"

"अच्छा...मतलब आत्मकथा?"

"जी...हाँ...वे परमिट पर आए मजदूर थे जिन्होंने उस ज़माने की ज़िन्दगी, समाज और लोगों पर लिखा है...मैं अपने दादाजान के साथ मुंशी जी के पास जाया करता थे। वे हमें अपनी ज़िन्दगी के दिलचस्प क़िस्से सुनाते थे। कभी शायरी भी सुनाते थे। यू.पी. के हमीरपुर जिले के थे।"

"क्या उनकी किताब छप गई है?"

"नहीं...सुना है छपनेवाली है...हिन्दी में लिखी है उन्होंने।"

"अच्छा, उर्दू में नहीं है...क्या उर्दू नहीं जानते थे मुंशी जी?"

"जानते थे...लेकिन उन्हें हिन्दी और रामचरितमानस से बड़ा प्यार था। रामलीला देखने के सिलसिले में ही सूरीनाम के एजेंटों के चक्कर में फँसे थे।" डॉ. रहमान हँसने लगे।

"काफ़ी दिलचस्प कहानी मालूम पड़ती है।" मैंने कहा।

"हाँ, है।"

मैं उनकी तरफ़ देखने लगा। डॉ. रहमान बोले–"मुंशी रहमान ख़ाँ अपने ज़माने के मिडिल पास थे। स्कूल में टीचर थे लेकिन आ फँसे और गिरमिटिया मज़दूर बन गए।"

"वो कैसे?"

"उस ज़माने में बाहर मज़दूर भेजने वाली कम्पनियों के एजेंट लोग बहला-फुसलाकर 'श्रीराम टापू' भेजने का काम करते थे।"

"श्री राम टापू?"

"हाँ, सूरीनाम का नाम श्रीराम टापू रख दिया था।" वे हँसने लगे और बोले–"वैसे हिन्दुस्तानी, नामों को अपने मुताबिक़ ढालने में माहिर हैं जिसका सुबूत यहाँ मिलता है। मिसाल के तौर पर 'जॉन डेवी' नाम के जहाज़ का नाम 'जानदेवी' रख दिया गया था।"

"वाह..."

"सबसे मज़ेदार क़िस्सा तो वे है जब एक औरत रहमान चाचा के पीछे पड़ गई थी।"

"औरत? क्या औरतें भी मज़दूरी करने आती थीं?" मैंने पूछा।

"दो तरह की औरतें आती थीं। पहली तो वे जो अपने परिवारों के साथ आती थीं और दूसरी वो जो एक तरह से, घर से निकाली हुई या बाज़ारू टाइप की होती थीं। बाज़ारू क़िस्म की एक औरत ने यह दावा पेश कर दिया था कि वह रहमान ख़ाँ की बीवी है और 'प्लानटेशन' पर रहमान ख़ाँ को मजबूर कर दिया था कि इसी औरत के साथ एक कमरे में रहें।"

"फिर?"

"बड़ी मुश्किल से रहमान चाचा जान बचाकर भागे थे।" वे हँसने लगे फिर बोले–"वे अगिया बैताल का क़िस्सा भी सुनाते थे जिसने उनके दोस्त सुभान की जान ले ली थी।"

"ये कैसे?"

"वे कहते थे, यह सब उनका देखा हुआ है। 'स्क्रीपी' प्लानटेशन में उनके साथ सुभान नाम का एक आदमी काम करता था। उसने रात में देखा कि नदी में एक नाव चली आ रही है जिसे आग का गोला चला रहा है। सुभान ने ग़लती यह की

कि बात मैनेजर साहब को बता दी। उसके बाद सुभान ऐसा बीमार पड़ा कि उठ न सका...मरने से पहले सुभान ने रहमान चाचा से कहा था कि वह मरने के बाद एक बार उनसे मिलने आएगा। और मरने के बाद वह हिस्स बनकर रहमान चाचा से मिलने आया था।"

"कमाल है भाई?"

"देखिए...ये सब वो बताते थे। कहते थे कि सुभान के मरने के बाद वो जंगल में अकेले घूमा करते थे ताकि सुभान को उनसे मिलने में दिक़्क़त न हो। एक दिन घने जंगल के अन्दर एक हिरन उनके सामने आकर खड़ा हो गया। रहमान चाचा समझ गए कि वह सुभान है। उन्होंने हिरन को सलाम किया और पूछा कि तुम सुभान हो?...ज़रा ही देर में हिरन चौकड़ी भरता जंगल में ग़ायब हो गया।"

"तो हिरन सुभान था?"

"वो यही कहते थे...देखिए, यहाँ अफ्रीका से आए काले मज़दूरों में जादू-टोना, टोटका बहुत 'कॉमन' था। और हिन्दुस्तान में तो आप जानते ही हैं।...पाँच साल गिरमिटिया लेबर के तौर पर रहने के बाद रहमान चाचा आज़ाद हो गए थे। उनकी यहाँ शादी हो गई थी। बच्चे हो गए थे। इसलिए यहाँ बस गए। उनकी यहाँ इज़्ज़त भी बहुत थी। उन्हें लोग गुरुजी या मुंशीजी कहकर बुलाते थे। रामायण का पाठ करने के लिये उन्हें बुलाया जाता था। संस्कृत भी जानते थे सभी तरह के गायत्री मन्त्र उन्हें पता थे। समझ लीजिए कि यहाँ पंडित भी थे और मौलवी भी।"

"ये काफी दिलचस्प बात है। मेरा भी अनुभव यही रहा है कि पिछली पीढ़ियों के मुक़ाबले हमारी पीढ़ी के लोग दूसरे धर्मों के बारे में ज़्यादा नहीं जानते...अब अलगाव बढ़ गया है।" मैंने कहा।

"उस ज़माने में सूरीनाम का हिन्दुस्तानी समाज बहुत निराला था, 'कास्ट' के बन्धन नहीं थे, धर्म के बन्धन नहीं थे...मतलब इतनी कट्टरता नहीं थी जो आजकल है।" डॉ. रहमान ने कहा।

"तो मुंशी जी के साथ आगे का क्या हुआ था?" मैंने पूछा।

"हाँ, याद आया...एक बार रहमान चचा की बीवी पर एक औरत ने काला जादू कर दिया था।" वे बोले।

"क्यों?"

"वह औरत लावल्द थी...मतलब उसके कोई बच्चा नहीं होता था। उसने रहमान चचा से उनका एक लड़का माँगा। रहमान चचा और उनकी बीवी ने इनकार कर दिया। वह औरत अपने पति के साथ पड़ोस में रहती थी। एक दिन उसने कॉफी में कुछ मिलाकर रहमान चचा की बीवी को पिला दिया। तब से उनकी तबीयत ख़राब रहने लगी। इतनी ख़राब हुई कि अस्पताल ले जाना पड़ा लेकिन डॉक्टरों ने जवाब

दे दिया। तब रहमान चचा एक 'ब्लैक विच डॉक्टर' के पास गए जिसने बड़ी जतन से प्रेतात्मा को रहमान चाचा की बीवी के जिस्म से निकालकर एक बोतल में बन्द किया और बोतल रहमान चचा को दी और कहा कि इसे नदी या समन्दर में अन्दर तक जाकर फेंक आओ और वापस आते वक़्त मुड़कर मत देखना। रहमान चचा ने यही किया था।"

"आप डॉक्टर हैं...क्या इन बातों पर आपको यक़ीन है?"

डॉ. रहमान सोच में पड़ गए फिर बोले—"कुछ तो ऐसा है जो मेरी समझ में नहीं आता...लेकिन मैं कुछ कह नहीं सकता।"

"मुंशी रहमान ख़ाँ की आत्मकथा..."

वे बात काटकर बोले—"'जीवन प्रकाश' नाम रखा था उन्होंने।"

"कहाँ मिलेगी?"

"देखिए, यहाँ...किसी म्यूज़ियम में या...पता नहीं...बहरहाल किसी 'ऑर्गेनाइज़ेशन' के पास है...'मैन्यूस्क्रिप्ट' है।"

"उसे छपवाया क्यों नहीं जाता?"

"मेरे ख़्याल से 'डच' में उसका ट्रांसलेशन हो रहा है।"

"और हिन्दी में क्यों नहीं छप रही?"

"मैं...नहीं बता सकता। लेकिन वे जो क़िस्से सुनाया करते थे...वे सब होंगे उनकी आत्मकथा में...क्रिमिनल क़िस्म के मज़दूरों के क़िस्से...बताते थे एक मैनेजर की उँगली एक मज़दूर ने काट डाली थी..."

"अच्छा?"

"हाँ, काफी 'टेन्स' 'रिलेशनशिप' भी रहा करती थी। मारपीट, पैसा काट लेना...जेल में बन्द कर देना...ये सब आम बातें थीं। एक किसी फ़क़ीर के बारे में बताते थे जो गिरमिटिया बनकर आया था। लेकिन 'क्रिमिनल' था। उसने अपने मैनेजर पर हमला कर दिया था...उसके बाद कुछ लोगों की चालाकियों, 'कांसपिरेसी' के क़िस्से...उल्टा-सीधा पैसा कमाने की होड़..."

"'फ्री' होने के बाद मुंशी रहमान कहाँ रहे?" मैंने पूछा।

"अरे, आपने 'लॉ फोंड्रो' वाली बात भी बताई?" नफीसा रहमान मेज पर खाने के बर्तन हटाते हुए बोलीं।

"कौन सी?"

"अरे वही, साँप वाली।"

"हाँ...वो भी बड़ी अजीब और यक़ीन न आनेवाला वाक़या है...बट रहमान चाचा यूज़ टु से...हंड्रेड परसेंट करेक्ट है।" डॉ. रहमान ने कहा।

"क्या है?"

"'लॉ फोंड्रो में ज़मीन ख़रीदकर रहमान चचा ने मकान बनवाया था। उससे पीछे उनकी ज़मीन थी जहाँ 'वेजीटेबुल्स' और 'राइस' 'ग्रो' करते थे। उस ज़माने में रहमान अंकल के तीनों बेटे बड़े हो गए थे। सुलेमान भाई तो जवान थे...एक दिन उनके खेतों में किसी पड़ोसी ने एक बड़ा मोटा साँप देखा। उसने साँप पर हमला किया लेकिन साँप को मार न सका...किसी तरह साँप भाग गया। आफ्टर दिस... वो आदमी, जिसने साँप को मारने की कोशिश की थी, अन्धा हो गया। छः महीने तक इलाज कराता रहा, कुछ नहीं हुआ। उसके बाद 'ब्लैक मैजिक' जानने वाले ने उसे ठीक कर दिया। ओ.के. आफ्टर दिस...वह साँप कई बार दिखाई दिया। लोग खेतों में जाने से डरने लगे। एक दिन रहमान चाचा खेतों में घास काट रहे थे। उनके हाथ में भारी तेज़धार वाली खुखरी थी। अचानक उन्होंने एक मोटे से साँप को देखा जो रेंगता हुआ झाड़ियों में जा रहा था। उन्होंने सोचा मौक़ा अच्छा है। साँप का सिर झाड़ी के अन्दर जा चुका है। धड़ बाहर है। वे एक ही वार में उसके दो टुकड़े कर सकते हैं। फिर ख़्याल आया कि दुखी राम...इस साँप पर हमला करने की वजह से अन्धा हो गया था...लेकिन वे मौक़ा न चूकना चाहते थे। उन्होंने पूरी ताक़त से साँप पर वार किया। साँप बहुत तेज़ आवाज में फुफकारा और उसका आधा धड़ कट गया। आवाज़ सुनकर सुलेमान भाई वहाँ पहुँचे। साँप के कटे हुए हिस्से को नाले में फेंक दिया गया। रहमान चचा ने कहा अब साँप ज़िन्दा न रहेगा और कुछ दिनों में मर जाएगा। अब इसके बाद जो हुआ...एंड व्हाट एवर रहमान चाचा, यूज़ टु से...वह बहुत अजीब हैं..."

"क्या?"

"उनके दोनों पैरों में तेज़ खुजली शुरू हो गई...यूरिन पास करने में प्रॉब्लम होने लगी, पेट में दर्द वग़ैरा शुरू हो गया...उनको खुजली की बीमारी हो गई...उनके खेतों की पैदावार घटने लगी और उसमें से...यानी चावल, सब्ज़ियों वग़ैरा से एक अजीब तरह की 'बैड स्मेल' आने लगी। रहमान चाचा वाज़ वेरी सीरियस एंड एडमिटेड इन द हॉस्पिटल...लेकिन डॉक्टर्स कुछ न कर सके...लगा कि वो मर जाएँगे...उसके बाद उन्हें बताए बग़ैर उनके बेटों ने एक बड़े मशहूर 'विच डॉक्टर' से बात की। कमाल की बात यह थी कि वह फ्री इलाज करता था...उसने मन्त्रों से इलाज शुरू किया और धीरे-धीरे 'इविल स्प्रिट' का असर कम होने लगा और रहमान चाचा ठीक होने लगे। लेकिन एक प्रॉब्लम ये हो गई कि 'इविल स्प्रिट' ने उनके पेट को अपना घर बना लिया। यानी उनकी भूख इतनी बढ़ गई कि वे चार-पाँच लोगों का खाना खाने लगे और उसके बाद भी दो-चार घंटे बाद उन्हें फिर भूख लगने लगती थी। 'विच डॉक्टर, ने इसका भी इलाज किया..."

"ये सब उन्होंने आपको बताया था?"

"हाँ...हाँ...बहुत 'डिटेल' में बताया था...मैं तो...शॉर्ट में बता रहा हूँ।"

"यक़ीन नहीं होता।"

"किसी को न होगा...पर क्या किया जाए।"

"उसके बाद क्या हुआ?"

"रहमान चाचा...ख़ूब जिए...मतलब ही हैड लांग लाइफ...मेरे ख्याल से...एबव नाइनटी..."

"ओहो!"

"रहमान चाचा की 'ऑटोबायोग्राफी' में आई एम श्योर...एक बड़ी सोशल प्रॉब्लम भी आई होगी।" डॉ. रहमान बोले।

"क्या?"

"यू सी...जब हिन्दुस्तान से लोग यहाँ आए तो उनमें हिन्दू-मुसलमान वाली कोई फीलिंग नहीं थी। सब हिन्दुस्तानी थे...मतलब सब अपना-अपना धरम मानते थे और दूसरे धर्म का सम्मान करते थे...पर उसके बाद यहाँ बड़ा अजीब हुआ।"

"क्या?"

"हिन्दू-मुस्लिम के बीच 'डिवाइड' बढ़ती चली गई।" वे बोले।

"कैसे?"

"कुछ ऐसे लोग इंडिया से आए...जो कट्टर...मतलब 'फैनेटिक' थे...उन्होंने यहाँ की इंडियन सोसाइटी को बहुत नुकसान पहुँचाया...इसका सबसे बड़ा शिकार हुए रहमान चाचा...क्योंकि वे इस 'यूनिटी' के सबसे बड़े सिम्बल थे...जो मुसलमान गायत्री मन्त्र का जाप करता हो, रामकथा सुनाता हो...मिलाद शरीफ़ पढ़ता हो...क़ुरान पढ़ता हो...उसे आप क्या कहेंगे...इन फैक्ट मैं जब पैदा हुआ तो मेरे कान में क़ुरान शरीफ़ उन्होंने ही पढ़ा था और अब्बा ने मेरा नाम उनके नाम पर रखा था।"

"तो आपका नाम मुंशी रहमान ख़ाँ के नाम पर 'रहमान' रखा गया था।"

"जी हाँ...मेरे वालिद को उनसे बड़ी अक़ीदत थी।"

"क्या आपकी फैमिली भी हमीरपुर से आई थी?"

"नहीं..."

"फिर कहाँ से?"

डॉ. रहमान हँसने लगे। लगा कि इस हँसी के पीछे बहुत कुछ पोशीदा है।

"आप..."

वे मेरी बात काटकर बोले—"तीन जनरेशन्स से हमारे ख़ानदान में बच्चों को दो लाइनें याद कराई जाती थीं। इन लाइनों में ये था कि हम कौन हैं, कहाँ से आए थे?"

"वाह! तो बड़ी दिलचस्प बात है।"

"वो लाइनें मेरे अब्बा को याद थीं। मेरे तीनों चचाओं को याद थीं...मैं जब बच्चा था तो दादी मुझे भी सोने से पहले वे लाइनें सुनाया करती थीं...मुझे भी याद हो गई हैं।"

"वो लाइनें क्या हैं?"

"लाइनें हैं—जापराना गविन्दाना मेरी मलक हरायाना।"

"इनका मतलब क्या है?"

"इसमें हमारी जाति, गाँव, घर, इलाक़े का पता है।"

"मैं तो कुछ नहीं समझा?"

"मैं भी पहले नहीं समझता था।"

"फिर कैसे समझे?"

"लम्बी कहानी है।"

"मुझे पूरी दिलचस्पी है।" मैंने कहा।

"शुरू करूँ।"

"हाँ-हाँ, ज़रूर।"

"उससे पहले कॉफी?"

"साथ-साथ चलेगी।"

नफीसा मुस्कराती हुई कॉफी बनाने चली गई। उनकी मुस्कुराहट ने कहानी में मेरी दिलचस्पी और बढ़ा दी।

"सुनिए...दादा और वालिद साहब तो चाहते हुए भी वतन न जा सके। उन दोनों के सामने मजबूरियाँ और ज़िम्मेदारियाँ थीं। शायद पैसा भी कम रहा हो और शायद हिम्मत भी न पड़ती हो। उस ज़माने में पानी के जहाज़ से सफ़र करना भी कितना तक़लीफदेह रहता होगा। बहरहाल मैं एम्सड्रम से डॉक्टरी पढ़कर आया तो आते ही मेरी प्रैक्टिस चमक गई। नफीसा से शादी हुई। मकान बनवाया। गाड़ी ले ली। एक दिन मेरे दिमाग़ में ख़्याल आया कि क्यों न वह जगह देखी जाए जहाँ से हमारे दादा सूरीनाम आए थे।"

नफीसा कॉफी लेकर आ गई थी। बोली—"मैंने ही कहा था आपसे?"

"हाँ...हाँ, तुम्हीं ने कहा था।" हम दोनों हँसने लगे।

"अच्छी बातें हमेशा बीवियाँ ही कहती हैं।" मैंने कहा।

"ये तो मानता हूँ।" डॉ. रहमान बोले।

"खैर, कहानी को आगे बढ़ाइए।"

"तो हुआ ये कि हमने हिन्दोस्तान जाने की ठान ली। पता हमारे पास था।"

"अच्छा, वही दो लाइनें?"

"जी हाँ...तो हमने मुम्बई की फ्लाइट पकड़ी और वहाँ पहुँच गए। एयरपोर्ट पर अपनी लाइनें सुनाईं तो किसी की समझ में कुछ न आया। हम बहुत अपसेट हो गए।"

"आप तो लौट आना चाहते थे..." नफीसा बोलीं।

"हाँ, मैंने सोचा कि अब क्या हो सकता है? लौट जाते हैं।"

"लेकिन नफीसा ने एक तरक़ीब बताई।"

"देखिए, फिर वही...औरतें ज़्यादा अच्छा सोचती हैं।" मैंने कहा।

–"थैंक यू...सुनिए, मैंने कहा कि हिन्दोस्तान का एक बड़ा 'मैप' ख़रीद लो और उसमें वो 'वर्ड' तलाश करो जो तुम्हारी लाइनों में आते हैं। मुमकिन है कोई रास्ता निकले।" नफीसा बोलीं।

"फिर हम लोगों ने होटल में 'चेकइन' किया...और एक बड़ा-सा नक्शा ख़रीदकर लाए। लाइनों में जितने भी लफ़्ज़ थे उन सबको नक़्शे पर तलाश करते रहे। रात को दो बज गए और फिर अचानक हमें एक ऐसा 'लफ़्ज़' मिला जो हमारी लाइनों में है।"

"कौन-सा लफ़्ज़?"

"हराना,"

"हराना...ये क्या है?"

"ये है हरियाना।" उन्होंने कहा।

"ये आप कैसे समझे?"

"मुझे याद था कि अब्बा इसे हरयाना बोलते थे...हम..."

"फिर?" मेरी उत्सुकता बढ़ रही थी।

"फिर हमने...वहाँ से फ्लाइट पकड़ी और दिल्ली आ गए।"

"वाह! क्या जुस्तुजू थी।"

– "हाँ, हम तो कमर बाँधकर निकले थे।"

"दिल्ली एयरपोर्ट पर हमने टैक्सी वाले से कहा कि हरियाना चलो। वह हमारा मुँह ताकने लगा और बोला–"हरियाना में कहाँ जाना है?"

हमने कहा–"हरियाना।"

अब तो तमाम टैक्सीवाले जमा हो गए। सबको मैंने अपनी दो लाइनें सुनाईं। किसी की समझ में कुछ नहीं आया। हम टैक्सी वालों में घिरे खड़े थे कि इतने में एक जवान टैक्सी वाला बोला–"चलो जी...ढूँढ़ लेंगे...आओ बैठो।"

"हम लोग उसकी टैक्सी पर बैठ गए। टैक्सी चल दी। वह हमें लेकर गुड़गाँव आया। वहाँ मैंने कुछ लोगों को अपना गीत सुनाया। किसी की समझ में हरियाना के अलावा कुछ नहीं आया। फिर हम चल दिए और पहुँचे झझर। वहाँ भी कोई कुछ

न बता सका। टैक्सी ड्राइवर ने कहा लोहारू में ज़रूर कुछ पता लगेगा। वह समझ गया था कि हम मुसलमान हैं और अपने पुरखों का गाँव खोज रहे हैं। लोहारू में रात हो गई। टैक्सी वाला हमें एक ढाबे में लाया। ढाबे वाले ने पता नहीं टैक्सी वाले से क्या कहा वह हमें सीधा पुलिस स्टेशन ले गया। उसने पुलिस को पूरा मामला बताया। पुलिसवालों ने हमें होटल जाने की सलाह दी और कहा कि सुबह इस 'प्रॉब्लम' पर बात करेंगे।

"ओफ्फोह...पूरा दिन निकल गया।" मैंने कहा।

"न खाना...न पानी।" नफीसा बोलीं।

"फिर क्या हुआ?" मैंने पूछा।

"आपकी कॉफी ठंडी हो गई है।" नफीसा ने डॉ. रहमान से कहा।

"मैं दूसरी बना लाती हूँ..." वे उठ गईं।

अगले दिन हम पुलिस स्टेशन गए। वहाँ अपना गाना सुनाया और बताया कि 1898 के आसपास हमारे पुरखे हरियाणा से सूरीनाम चले गए थे। इन दो लाइनों में हमारा पता है। हम अपना गाँव तलाश करने आए हैं। पुलिस वालों ने हमारा गाना सुना...बार-बार सुना...मेवी शब्द से अन्दाज़ा लगाया कि यह इलाक़ा मेवात का है। फिर यह भी पता चला कि लोहरू से नहीं बल्कि मेवात के इलाक़े से लोग सात समन्दर पार गए थे...टैक्सी वाला हमें नूह ले आया। यहाँ भी हमने पुलिस का सहारा लिया। थाने में दस-बीस, सत्तर-अस्सी साल के बूढ़े बुला लिये गए और मैंने अपना गाना सुनाया। एक बार, दो बार, तीन बार, दस बार, पन्द्रह बार...और फिर इन बूढ़ों के बीच बातचीत होने लगी। मेरी समझ में कुछ नहीं आ रहा था। पुलिस वाले कुछ पूछ रहे थे। मुझसे एक बार फिर गाना सुनाने के लिये कहा गया। पहला 'वर्ड' जो निकला वो जानते हैं क्या था?

"क्या?" मैंने बेसब्री से पूछा।

"उन्होंने मुझसे पूछा कि तुम पठान हो?"

"मैंने कहा—हाँ।"

फिर उन्होंने कहा—"तुम्हारे गाने में 'जपरान' जो है...वह जात पठान है।"

"वाह...ये खूब...रही।" मैंने कहा।

"उसके बाद गाँव का नाम इन्दाना पता चला।"

"वो कैसे?"

"'गोविन्दाना।' से...मतलब गाँव इन्दाना।"

"तो आप अपने गाँव पहुँच गए।"

"हाँ, अब घर पता लगाना था। ये आसान था...पूछना था यहाँ पठानों के घर कहाँ हैं?"

"तो क्या पता चला?"

"बताया गया इंडिया के पार्टीशन से पहले इस गाँव में एक पठान फैमिली रहती थी...वो पाकिस्तान चली गई है।"

"अरे...इतनी तलाश के बाद..."

"फिर हम उस घर में गए।"

"वहाँ कोई रहता था?"

"हाँ, पाकिस्तान जाने से पहले...वह घर गाँव के किसी आदमी को बेच दिया गया था।"

"घर कैसा लगा?"

डॉ. रहमान हँसने लगे।

"बहुत अच्छा..."

"पुराना था।"

"हाँ, काफी पुराना।"

"क्या किया वहाँ?"

"सदर दरवाज़ा...जो बहुत पुराना लग रहा था। छूकर देखा...सोचा कभी हमारे दादा ने इसे छुआ होगा।"

"तो काफी 'सेंटीमेंटल' हो गए।"

"जी हाँ..."

"और सबसे बड़ी बात तो ये थी कि सौ साल के बाद...गाँव और घर मिल गया था।" नफीसा बोलीं।

"आपने तस्वीरें लीं?"

"हाँ, पूरे गाँव पर वीडियो फिल्म बनाई...घर को तो हर 'एंगिल' से शूट किया।"

"और?"

"और दादा के बारे में सोचा जो इस घर की एक झलक पाने के लिये ज़िन्दगी भर तरसते रहे...अब्बा के बारे में सोचा जो यहाँ आने का सपना ही देखते गुज़र गए...और पता नहीं कैसा लगा..." डॉ. रहमान ख़ामोश हो गए।

पारामारिबो में मैं जितने दिन रुका क़रीब-क़रीब रोज़ डॉ. रहमान से मुलाक़ात होती थी। आखिरी मुलाक़ात से पहले उन्होंने अपने हरियाणा के गाँव वाली फ़िल्म भी दिखाई थी।

मैं अमरीकी महानता और नीचता का पूरी तरह क़ायल हूँ। कई बार अमरीका गया हूँ। मेरे बहुत अच्छे और पुराने दोस्त स्टीव पूलस यह सिद्ध करने के लिये काफ़ी है कि अमरीका में बहुत अच्छे लोग भी रहते हैं और अमरीकी सरकार की नीतियाँ यह सिद्ध करने के लिये काफ़ी हैं कि अमरीकी सारी दुनिया में नीचता के काम करता

रहता है। ख़ैर मक़सद अमरीकी महानता और नीचता पर लेख लिखना नहीं बल्कि अपनी बात को, जो मैंने पिछले पन्नों में साफ़तौर पर लिख दी है, और पुख़्ता करने के लिये एक वाक़या सुनाना चाहता हूँ।

सन् 1974 में मैं पहली बार अमरीका गया था। यह वह ज़माना था जब अगर कोई भारतीय अमरीका की धरती पर पैर रख देता था तो लौटकर वापस नहीं आता था। मुझसे भी कई भारतीय दोस्तों ने कहा था कि तुम कुँवारे हो, जवान हो, पढ़े-लिखे हो, तुम्हें धुप्पल से अमरीका का वीज़ा मिल गया। इसे मौक़े का फ़ायदा उठाओ और लौट कर मत जाओ। यहाँ बस जाने के कई तरीके हैं। पहला और सबसे आसान तो यह है कि कुछ अमरीकी लड़कियाँ अच्छी बड़ी रक़म लेकर विदेशी से शादी कर लेती हैं। विदेशी को नागरिकता मिलने के बाद तलाक़ ले लेती हैं। दूसरा रास्ता यह है कि किसी वकील को दो हजार डॉलर दो, वह तुम्हारा केस डाल देगा और तुम मज़े से यहाँ रहते रहो। बाद में नागरिकता मिल जाएगी। मुझे ये दोनों प्रस्ताव पसन्द नहीं आए थे।

सन् 1974 में विदेश जाने वाले लोगों को आठ पाउंड के बराबर विदेशी मुद्रा मिलती थी। मुझे भी वही मिली थी। वीज़ा के लिये मित्र स्टीव पूलस ने काग़ज़ात बनवाकर भेज दिए थे। तो मैं आठ पाउंड लेकर संसार के सबसे धनी देश जा रहा था। पेरिस से जहाज़ बदला तो बराबर की सीट पर एक अमरीकी सज्जन बैठे थे और तरह-तरह की ड्रिंकस का आर्डर दे रहे थे। एयर होस्टेस मेरी सीट के ऊपर कुछ रंगीन क्लिप लगा देती थी और उन्हें ड्रिंकस दे देती है। न्यूयॉर्क पहुँचने से पहले एयर होस्टेस मेरे पास आई और ज़ाहिर है अंग्रेज़ी में बोली—"आपको सत्तर डॉलर देने हैं।"

मैं यह सुनकर आसमान से गिरा पर पास बैठे अमरीकी सज्जन खजूर का पेड़ बन गए और बोले—"नहीं, ये बिल मेरा है।" उन्होंने भुगतान कर दिया तो मैंने चैन की साँस ली और उनसे कहा—"मैं तो डर गया था क्योंकि मेरे पास सिर्फ बीस पाउंड हैं और..."

"आपके पास सिर्फ बीस पाउंड हैं।" उन्हें आश्चर्य हुआ।

"हाँ, हमारे देश में इतनी ही विदेशी मुद्रा मिलती है।"

ख़ैर बातचीत के दौरान मैंने बताया कि न्यूयॉर्क से मुझे फ़्लाइट बदलनी है। मेरा दोस्त डेटरॉयट में रहता है वहाँ जाना है।

सज्जन ने कहा—"अगर आपको फ़्लाइट दूसरे एयरपोर्ट से मिलेगी तो आप टैक्सी कैसे करेंगे?"

मैं चिन्ता में पड़ गया तो वे बोले—"कोई बात नहीं, मैं आपको छोड़ दूँगा।"

ख़ैर तो बख़ैरियत पहुँच गया और कुछ दिनों के बाद मैंने अमरीका का भ्रमण करने की ठानी। मित्र स्टीव पूलस ने कुछ पैसे का प्रबन्ध कर दिया था। चूँकि पैसा

कम था इसलिए बस से सफ़र करता था। रातें बसों में गुज़ारता था और दिन में घूमता था। स्टोर से ब्रेड और मक्खन लेकर खा लेता और ठंडा पानी पीकर ऊपर वाले का शुक्र अदा करता था। इस यात्रा के दौरान जो अमरीका के एक कोने यानी न्यूयॉर्क से सैन्फ्रांसिस्को और दूसरे कोने यानी न्याग्रा फाल से मियामी तक की थी, बड़े रोचक अनुभव हुए। वे सब आपको सुनाने बैठ जाऊँगा तो आप ज़रूर यह किताब पढ़ना बन्द कर देंगे और मुझे गालियाँ देंगे और मैं कुछ न कर सकूँगा। इसलिए मैं चाहता हूँ कि आप अपनी गालियों को किसी और के लिये सुरक्षित रखिए।

दक्षिणी अमरीका में 'डिज़्नी लैंड' देखकर मैं मियामी की तरफ़ जा रहा था। बस में बराबर की सीट पर एक हिन्दुस्तानी लगने वाला नौजवान बैठा था। उससे बातें होने लगीं। वह पाकिस्तानी निकला। उसे जब पता चला कि मैं इतनी तंगी में घूम रहा हूँ तो उसके अन्दर हमदर्दी पैदा हो गई। उसने पूछा—"मियामी में तुम कहाँ ठहरोगे?"

"ये तो मुझे भी नहीं मालूम।" मैंने बताया।

"अरे, इतना बड़ा शहर...इतना महँगा शहर..."

"बस अड्डे पर ही रात गुज़ार सकता हूँ। मेरे पास पन्द्रह दिन का बस पास है।"

"फिर भी...कहीं..."

"मेरे पास उतने पैसे नहीं हैं।" मैंने अपनी मजबूरी बताई।

"मैं वहाँ कुछ पाकिस्तानी स्टूडेंट्स को जानता हूँ जो फ़्लैट लेकर रहते हैं। तुम चाहो तो उनके साथ एक-दो रातें बिता सकते हो।"

अन्धा क्या चाहे, दो आँखें। मैं फ़ौरन तैयार हो गया। अगले स्टॉप पर उसने अपने दोस्तों को फ़ोन किया और मियामी में मेरे ठहरने का इंतिज़ाम हो गया।

अच्छा था कि फ़्लैट बस अड्डे के पास था। मैं खोजता-खोजता पहुँच गया। तीन बेफ़िक्रे, पस्त, जवान थे। ज़रूर पैसे वाले घरों के रहे होंगे जब ही अमरीका में पढ़ रहे थे। बहरहाल उन्होंने कहा—"कोई फ़िक्र नहीं...तुम यहाँ रहो...हम लोगों के अपने-अपने कमरे हैं, तुम लिविंग रूम में सोफे पर लेट जाना।" मुझे लगा स्वर्ग मिला है। इससे पहले एक बार मैंने एक रात एक ऐसे घर में बिताई थी जो एक किराएदार ने ख़ाली कर दिया था और दूसरा किराएदार आया नहीं था। एक मित्र ने वहाँ ठहरा दिया था। मकान में कुछ नहीं था। लकड़ी के फर्श पर अख़बार बिछाकर मैंने बड़ी प्यारी नींद ली थी। जबकि यह पता था कि मकान में बाहर से ताला बन्द कर दिया गया है और अगर कोई मुसीबत आई तो मैं बाहर भी नहीं निकल सकूँगा। लेकिन मैं बेफ़िक्र था क्योंकि मुसीबतें घबराने वालों के पास ही आती हैं।

दिन भर मियामी शहर और उसके आसपास के इलाक़ों में आवारागर्दी करता रहा। शाम को फ़्लैट आया। तीनों दोस्त बैठे ज़ोर-ज़ोर से ठहाके लगा रहे थे। मैं भी

शामिल हो गया। इन तीन दोस्तों में, लहजे और हाव-भाव से दो पंजाबी लगते थे। तीसरा मोहाजिर था। कुछ देर के बाद दोनों पंजाबी उठ गए और बोले—"तुम आराम करो...खाना खाओ...अमजद चिकन पका रहा है...हम लोग आते हैं।" यह कहकर वे दोनों चले गए।

अमजद किचन में चिकन पकाने में जुट गया। इससे पहले उसने एक नेक काम यह किया कि मेरे सामने बीयर का एक कैन रख दिया। शराब के नशे के बारे में मेरे वही ख़्यालात हैं जो मिर्ज़ा असद उल्लाह ख़ाँ 'ग़ालिब' के थे। इसलिए मैंने तहे-दिल से अमजद का शुक्रिया अदा किया। वह किचन में चला गया। मैंने सोचा यार, मैं इस तरह, साहबों की तरह लिविंग रूप में बैठकर बीयर पीना और टी.वी. देखना अच्छा नहीं लग रहा क्योंकि अपने अमजद भाई किचन में चिकन से सिर फोड़ रहे हैं। मैं अपना कैन लेकर किचन में आ गया।

"मैं तुम्हारी कुछ मदद करूँ।"

"नहीं, सब किया-कराया है। मसाला तैयार है। बस धोकर चिकन को चढ़ाना है।"

"मैं धो दूँ।"

"नहीं...अरे नहीं...हो जाएगा।"

"रोटी डाल दूँ?"

"अरे, आप रोटी डालना जानते हैं?"

"हाँ...मैं तो दमपुख़्त पुलाव तक पका सकता हूँ।" मैंने झूठ बोला।

"ये क्या होता है?"

"पुलाव है जो वाजिद अली शाह खाते थे।"

कैसे पकता है?

"ये तो यार शाही 'सीक्रेट' है। मुझे तो इसलिए मालूम है कि मेरे पुरखे वाजिद अली शाह के बावर्ची थे।" मैंने फिर झूठ बोला।

"अरे वाह...तो आप लखनऊ के हैं।"

"हाँ, यही समझ लो।"

मसालों की खुशबू उड़ने लगी।

"तो कल पकाओ...वो क्या कहते हैं?"

"दमपुख़्त।"

"हाँ, दमपुख़्त।"

"यार, तीन दिन लगते हैं।"

"क्या मतलब?"

"हाँ भाई, दमपुख़्त पुलाव तीन दिन में पकता है।"

"ओ माई गॉड...तीन दिन। ये कैसे?"

"देखो यार, मसालों को मिलाया जाता है...उनका एक-दूसरे से 'रिएक्शन' होता है...आठ घंटे...वो गले मिलते हैं...उसके बाद गोश्त...हाँ, गोश्त ताज़ा होना चाहिए।"

"यहाँ ताज़ा गोश्त तो नहीं मिलेगा।"

"बस, तब तो पक चुका दमपुख़्त..." मैंने हाथ उठा दिए। मैं किसी तरह के बहाने की तलाश में था।

वह मसाला भूनने लगा। बीयर का नशा हम दोनों पर रंग दिखाने लगा।

"सुनो।" मैंने उससे कहा।

"क्या?"

"जो दमपुख़्त वाली बात मैंने बताई है—यह झूठ है।"

"वो तो मैं समझ ही गया था।"

हम दोनों हँसने लगे।

"तुम्हारे दोस्त कहाँ गए?" मैंने पूछा।

"इंडिया के कुछ सिख भी यहाँ पढ़ते हैं...उन्हीं के फ़्लैट पर जाते हैं ये लोग।"

"अच्छा?"

"हाँ...जब तक पंजाबी में गल्लां नहीं कर लेते...इन दोनों को चैन नहीं आता।"

मैंने सोचा भाषाएँ देशों की सीमाओं को तोड़ देती हैं। यह बात सीमाएँ बनाने वाले क्यों नहीं जानते? सीमाएँ बनाने वाले लालची, स्वार्थी और बेशर्म लोग होते हैं।

अपने इन विचारों के बारे में मैंने अमजद को नहीं बताया। किचन में चिकन पक जाने की ख़ुशबू बस गई थी। हम दोनों दो-दो कैन बीयर ख़त्म करके तीसरा शुरू कर चुके थे। दुनिया बदल चुकी थी। रंग, रूप और गन्ध अपने चरम पर पहुँच गए थे।

"तुम कहाँ के हो अमजद?" मैंने पूछा।

"कहाँ के?"

"मतलब...कहाँ से...'बिलांग' करते हो?"

"पाकिस्तान।"

"पाकिस्तान में कहाँ से?"

"कराची।"

मुझे लगा कि वह मेरे यह सब पूछे जाने से खुश नहीं है। लेकिन मैं अड़ा हुआ था। बीयर का नशा कह लें या हक़ीक़त जानने की तमन्ना।

"मतलब...कराची में कहाँ?"

"नज़िमाबाद में कोठी है हमारी।"

नाज़िमाबाद का नाम सुनते ही अचानक घंटियाँ बज उठीं। मैं सन् 1952-53 में पहुँच गया। गर्मियों की दोपहर में हम लोग तहख़ाने में लेटते थे। एक नौकर पैर में, छत से टँगे पंखे की डोरी खींचता था तो सबको हवा लगती थी। तहख़ाने के हल्के से ठंडे माहौल में पंखे की थपकियाँ देती है और हम सबकी आँखें झपक जाती थीं। मई-जून की तपती दोपहरें गुज़र जाती थीं।

उत्तर प्रदेश के एक छोटे से शहर फतेहपुर को कौन जानता होगा? लेकिन इससे फ़र्क़ भी क्या पड़ता है। वह हमारा शहर है, जहाँ मैं पैदा हुआ, पला, बढ़ा और जवान हुआ। ये सब इस शहर में हो रहा है और ज़माना है क़रीब 1952-53 का।

हम लोग पैर से झलने वाले पंखे की हवा की थपकियाँ खा रहे होते तो अक्सर कोई नौकर यह आवाज़ देता हुआ अन्दर आता था–"पाकिस्तान से ख़त आया है।"

हमारी माँ जो गर्मी की दोपहर में किसी भी क़ीमत पर अपनी नींद में ख़लल नहीं डालना चाहती थीं, अचानक उठ जाती थीं। हम सब जाग जाते थे। हम जानते थे कि कराची से हमारे वसी मामू का ख़त आया है।

ख़त हाथ में लेते ही अम्मा की आँखों में आँसू आ जाया करते थे। पता नहीं, ये ख़ुशी के आँसू होते थे या दुःख के आँसू। वसी मामू पूरे ख़ानदान की मर्ज़ी के ख़िलाफ पाकिस्तान चले गए थे। सबको रोता-बिलखता छोड़कर उन्होंने ट्रेन पकड़ी थी और लगता था हमेशा-हमेशा के हम सब जुदा हो गए हों।

वसी मामू के ख़त अम्मा ऊँची आवाज़ में बार-बार पढ़ती थीं और हम सब लोगों को उसकी एक-एक लाइन याद होती जाती थी। इन्हीं ख़तों से एक बार पता चला था कि नाज़िमाबाद में वसी मामू ने घर बनवा लिया है। उनके घर का पता था ए-2/34 नाज़िमाबाद।

इतनी दूर अमरीका में नाज़िमाबाद का नाम कितना पीछे ले गया। अमजद, अमरीकी फ्लैट में किचन, उसकी ख़ुशबू सब पीछे छूट गया। अतीत हमें और आपको कभी छोड़ता नहीं। चीते की तरह ऊँची घास में छिपा, शिकार का इंतिज़ार करता रहता और मौक़ा मिलते ही बिजली की तरह झपट पड़ता है।

"नाज़िमाबाद में क्या आप लोग ईदगाह ग्राउंड के पास रहते हैं?" मैंने पूछा।

"ईदगाह ग्राउंड?"

"हाँ...ईदगाह ग्राउंड।" मैंने कहा।

"क्या आप वहाँ कभी गए हैं?"

"वो...दरअसल ये है...कि हमारे मामू...ने वहाँ मकान बनवाया था। वो ईदगाह ग्राउंड के पास है।"

इस बीच वो एक बड़ी 'डिश' में निकालकर 'पीता ब्रेड' सेंक रहा था। 'पीटा ब्रेड' की ख़ुशबू गेहूँ की रोटी की सुगन्ध से मैच कर रही थी।

"आओ, हम लोग तो खा ही लेते हैं। वो दोनों पता नहीं कब आएँ। दस बज रहा है।" अमजद ने कहा।

मुझे क्या प्रॉब्लम हो सकती थी। हम दोनों खाने बैठ गए।

"तो तुमने ये नहीं बताया कि तुम लोग कराची कहाँ से गए थे।"

वह ख़ामोश हो गया। चिकन चबाता रहा। कुछ बोला नहीं। मैं इंतिज़ार करता रहा। लगा शायद वह मेरी बात का जवाब नहीं देगा। लेकिन आख़िरकार बोला, "इंडिया से।"

यह सुनकर मेरी जान जल गई। 'इंडिया'। यार लोग इंडिया को क्या समझते हैं? किसी ने इण्डिया देखा भी है?

"यार इंडिया तो बर्मा से लेकर वज़ीरिस्तान तक हो गया...तुम्हारा इंडिया से मतलब क्या है?"

मेरे सवाल से वह कुछ परेशान लगा और फिर कुछ सँभल कर बोला– "यू.पी. से।"

"यू.पी. मतलब कुमाऊँ से लेकर बुन्देलखंड तक?"

वह और ज्यादा गम्भीर हो गया। हमने खाना शुरू कर दिया था।

धीरे-धीरे बातचीत का 'टेंशन' खाने में शामिल हो रहा था।

"यार...पता नहीं, तुम जानते हो या नहीं जानते...यू.पी. का एक छोटा-सा ज़िला है जहाँ से मेरे अब्बा कराची आए थे।" वह बोला।

"उस जगह का कोई नाम तो होगा?"

वह हँसने लगा।

"ज़ाहिर है...बेनाम नहीं है।"

"तो नाम बताओ न यार।"

"कानपुर और इलाहाबाद के बीच में है फतेहपुर।"

मैं सन्नाटे में आ गया। ये तो वही शहर है जहाँ मैं पैदा हुआ था। बचपन बीता था। नौजवानी गुज़री थी। जहाँ अब भी मेरा घर है। अब्बा, अम्मा हैं। रिश्तेदार हैं। मैं ख़ामोश हो गया। बस धीरे-धीरे खाने की आवाज़ें आती रहीं। मेरे दिमाग़ में फतेहपुर की फ़िल्म चलने लगी। इतनी दूर परदेश में अपने वतन की याद का क्या मज़ा है, पहली बार महसूस किया।

"नहीं जानते न?" अमजद बोला।

"क्या?"

"फतेहपुर के बारे में?"

"अरे यार, मैं वहीं का हूँ...वहीं पैदा हुआ...वहीं घर है मेरा।"

"अच्छा।" उसके चेहरे पर अजीब से भाव आए। लगा कुछ 'नर्वस' सा हो गया है। फिर लगा हिम्मत बटोर रहा है। मैं ख़ामोश था। 'बॉल' अब उसके 'कोर्ट' में था। मेरी ख़ामोशी रंग ला रही थी। मैं उसे पूरा मौक़ा देना चाहता था।

"फतेहपुर के रहने वाले हैं आप?"

"हाँ।"

वह फिर खामोश हो गया।

"शहर जी.टी. रोड के किनारे बसा है?" अमजद ने पूछा।

"हाँ।" मैंने संक्षिप्त उत्तर दिया।

"चौक वहाँ की सबसे बड़ी बाज़ार है?"

"हाँ।"

"लाला बाज़ार नाम का कोई मोहल्ला है?"

"हाँ, है।"

"दलालों की मस्जिद है।"

"हाँ, लाला बाज़ार में है।"

"वहाँ कोई लल्लू मियाँ थे?"

"पठान ज़मीदार थे। अपने ज़माने के नामीगिरामी आदमी थे।"

"सैयदवाड़ा मोहल्ला भी है?"

"हाँ।"

"वहाँ जाने के लिये लाला बाज़ार से गली जाती है।"

मैंने कोई जवाब नहीं दिया। वह बिल्कुल ठीक कह रहा था। उसके सवाल के जवाब में मैंने सवाल पूछा।

"क्या तुम कभी फतेहपुर गए हो?"

"नहीं।" उसने साफ़ जवाब दिया।

"फिर तुम्हें...मतलब ये सब बातें..." मैंने जानबूझकर जुमला अधूरा छोड़ दिया।

"मैं वहाँ कभी नहीं गया।" उसने फिर दोहराया।

"तो ये सब बातें?"

"सुनी हैं।"

"किसने सुनाई हैं?"

"अब्बा जान पाकिस्तान आए तो मैं दो साल का था। मुझे कुछ याद नहीं है।" वह बोला।

"फिर?"

"दादी...बचपन में मुझे जो कहानियाँ सुनाया करती थीं...सब फतेहपुर की होती थीं...वहाँ जो हमारा घर था...उसका पूरा नक़्शा है मेरे दिमाग़ में...घर के आसपास क्या था...मोहल्ला कैसा था...कौन-सी गली कहाँ जाती थी...तालाब कहाँ था...ये सब मेरे ज़ेहन में है।" वह ख़ामोश हो गया।

"उन कहानियों में लल्लू मियाँ होते थे। डब्लू ख़ाँ होते थे। हाजी वदूद होते थे...नौकर बकरीदी होता था...खाना पकाने वाली बुआ नसीबन होती थी...कुआँ होता था...रइयत भिश्ती और जमादारिन कमला...यही सब किरदार कहानी बनाते थे...ये सब फतेहपुर के मोहल्लों में घूमते थे...बाज़ारों में ख़रीदारी करते थे...बरदाही बाज़ार में दलाल उन्हें ठगते थे...मोहर्रम में पलंग उठता था...ईदगाह में नमाज..." वह लगातार बोलता रहा और सुनता रहा।

फिर मैं वही कहूँगा—कभी मन माटी हो जाता है तो कभी माटी मन हो जाती है। एक-दो नहीं, हज़ारों प्रसंग हैं जो हमारे-आपके चारों तरफ़ बिखरे पड़े हैं। हम कभी उन सबको सँजो लेते हैं, कभी भूल जाते हैं।

आदमी और आदमी के बीच या आदमियों और माटी के बीच जो रिश्ते हैं उन्हें सत्ता बिगाड़ती रहती है। पहले यह काम राजशाही करती थी आज यह काम लोकशाही कर रही है। बेमक़सद तो नहीं बल्कि कुछ लोगों के मक़सद पूरी करने वाली राजनीति उखाड़-पछाड़ में सबकुछ भूल जाती है या कहना चाहिए उसे उन बातों से कोई मतलब ही नहीं रहता जो हमारे-आपके लिये बहुत अर्थपूर्ण है।

हमारे देश में यह होता रहा है। संसार के दूसरे देशों में भी यह होता रहा है कि धरती को धन समझकर बाँटा जाता रहा है। 1947 में हमारे देश को भी बाँटा गया था। यह बँटवारा ख़ूनी बँटवारा था। हमारे बड़े-बड़े नेता बँटवारे पर तो तैयार हो गए थे लेकिन उन्होंने ये सोचने की तकलीफ़ नहीं उठाई थी कि इस बँटवारे का असर आम आदमी पर क्या पड़ेगा। वैसे माफ़ कीजिएगा मैं राजनीतिज्ञों के बारे में बहुत अच्छी राय नहीं रखता। देश को आज़ाद कराने से पहले दूरदर्शी नेताओं ने इतना तो सोचा ही होगा कि आज़ादी के सत्तर साल बाद क्या होगा? भविष्य द्रष्टा होने के कारण उन्होंने यह सब देख लिया होगा जो हम आज देख रहे हैं। अगर उन्होंने यह सब देख लिया था वह क्यों किया जिसके लिये उनकी सराहना की जाती है।

बहरहाल बात शुरू हुई थी हिन्दुस्तान के बँटवारे से तो उसी पर लौटकर आते हैं। हमारे बहुत अच्छे मित्र और हिन्दी के जाने-माने लेखक और कला समीक्षक प्रयाग शुक्ल 1946 में चार साल के थे। वे अपने परिवार के साथ कोलकाता या उस ज़माने में कहे जाने वाले कलकत्ता में रहते थे। वहाँ उनके पिताजी का बहुत अच्छा कारोबार था। सुरेन्द्र नाथ बनर्जी रोड पर बड़ी-सी कोठी थी। उस ज़माने में कलकत्ता की सबसे

बड़ी और महँगी बाज़ार सर हॉग मार्केट में तीन दुकानें थीं। लाइट हाउस सिनेमा हाल में एक बड़ा शोरूम था।

1946 में वहाँ हिन्दू-मुस्लिम दंगे शुरू हो गए और यह बसा-बसाया परिवार उखड़ने लगा। 16 अगस्त को मुस्लिम लीग ने 'डायरेक्ट एक्शन डे' मनाया। यह हिन्दुओं के नरसंहार दिवस में बदल गया। किराए पर खड़े किए गुंडों और अपराधियों ने 72 घंटे के अन्दर 4000 हिन्दुओं को मौत के घाट उतार दिया। एक लाख लोग बेघर हो गए। यह आग नोआखाली तक पहुँची और हिन्दू आबादी बर्बाद कर दी गई। एक अनुमान के आधार पर पचास हज़ार हिन्दुओं की हत्या कर दी गई। बिहार और उत्तर प्रदेश में भी भयानक दंगे शुरू हो गए। ऐसे हालात में परिवार के दूसरे सदस्यों के साथ चार साल के प्रयाग को उत्तर प्रदेश के ज़िला फतेहपुर के क़स्बे हुसैनगंज के गाँव तिवारीपुर भेज दिया गया। यहाँ हुसैनगंज के 'हुसैन' और तिवारीपुर के 'तिवारी' शान्ति से रह रहे थे। इसका सीधा मतलब यही निकलता है कि 'हुसैनों' और 'तिवारियों' के बीच कुछ ऐसा न था कि वे एक-दूसरे के ख़ून के प्यासे हो जाते। यह तो सोची-समझी राजनीति थी जिसने अपने लाभ के लिये नरसंहार कराया था। यही वजह है कि हत्यारे एक बुज़ुर्ग और अनुभवी प्रोफ़ेसर मुजीब रिज़वी से जब कोई पाकिस्तान जाने के लिये कहता है तो वे जवाब देते हैं कि मैं पाकिस्तान उस वक़्त जाऊँगा जब पाकिस्तान के लोग मुहम्मद अली जिन्ना की क़ब्र खोदकर उनकी हड्डियाँ बाहर निकालकर उनका अपमान करेंगे और मानेंगे कि यह वही आदमी था जिसने इस 'सब-कांटीनेंट' के मुसलमानों और हिन्दुओं को सबसे ज़्यादा नुकसान पहुँचाया है।

बहरहाल प्रयाग चार साल की उम्र में फतेहपुर के तिवारीपुर गाँव में आ गए। प्रयाग के दादा पंडित राजाराम शुक्ल ज़मींदार थे। एक ज़माने में उन्होंने भी कलकत्ता में व्यापार किया था। उन्होंने लाखों कमाए थे। गाँव में उनका इतना बड़ा मकान था कि उसमें चालीस-पैंतालीस लोग रहते थे। बच्चों की गिनती शाम को होती थी। पूरे दिन बच्चों को गाँव में खेलने-कूदने और घूमने-फिरने की पूरी आज़ादी थी। प्रयाग यानी प्रेम दादा, दादी, ताऊ, ताई, चचेरे, ममेरे भाइयों, चाचाओं वग़ैरा-वग़ैरा के साथ बड़े होने लगे जैसे शहर से लाकर गाँव में कोई पौधा लगा दिया गया हो और उसने गाँव की मिट्टी को अच्छी तरह पकड़ लिया हो। पौधे को सींचने का काम बहुत लोग करते थे लेकिन उन सबमें प्रमुख थे चार वर्षीय त्रिलोकी रमण द्विवेदी अर्थात तिलोकी जी यानी प्रेम प्रयाग के पक्के दोस्त बन गए। तिलोकी कलकत्ता से आए बालक प्रेम को गाँव की गली-गली घुमाने लगा।

उर्दू में प्रसिद्ध कवि और हम सब लोगों के दोस्त, बहु प्यारे इंसान शहरयार ने 'वक़्त की डोर' का बिम्ब अपने एक शेर में इस्तेमाल किया है। तो 'वक़्त की डोर'

को इन दोनों ने यानी प्रेम और तिलोकी ने काफ़ी ढील दे रखी थी इसलिए वक़्त की पतंग आकाश में बादलों को छूने लगी थी।

पूरी-पूरी दोपहरें तितलियाँ पकड़ने के चक्कर में गुज़र जाती थीं।

"देखो प्रेम साँस रोक के जावा करो...तितलियन के पास?"

"काहे?

"इनका पता चल जात है कि कौनो पकरे आ रहा है।" तिलोकी बोला।

"हौव!"

रात में जुगनू पकड़ने का काम और मुश्किल था। लेकिन कभी दो चार जुगनू पकड़कर उन्हें चादर के अन्दर छोड़े देते थे। ऐसा लगता था जैसे आकाश के तारे ज़मीन पर उतर आए हों।

घिरकर जब बादल आते थे तो प्रेम चुपके से तिलोकी के घर चला आता था। दोनों छिपकर सिर पर बोरियाँ डाले निकल जाते थे। उनकी मंज़िल सतपेड़ा हुआ करती थी जहाँ पर एक लाइन से सात अलग-अलग तरह के आम के पेड़ लगे थे और बारिश में सीकल टपकती थी। अगर तिलोकी को सीकल मिल जाती थी तो वह उसे प्रेम को दे देता है।

"काहे, तुम खाओ।"

"तुम खा लेव...तुम तो कलकत्ता चले जहियो...वहाँ कहाँ मिली सीकल?"

घनघोर काले बादल बरसते थे, बिजली चमकती थी। दिन का रंग काला पड़ने लगता था लेकिन ये दोनों धान के खेतों की मेंड़ों से होते बड़े तालाब तक निकल जाते थे जहाँ सफ़ेद बगले एक पाँव उठाए किसी योगी की तरह खड़े दिखाई देते थे। कमल के लाल फूल तोड़ने के जुगाड़ में लगे तिलोकी की प्रेम मदद किया करता था। कभी-कभी तिलोकी फिसलकर गिर जाता था तो प्रेम उसे उठाता था।

"चोट तो नाहीं लागी?"

"नाहीं...पैर मुड़ गया रहे।"

दूर तक फैले खेतों, आमों के बाग़ों से गुज़रते दोनों शाम होने से पहले गाँव लौटते थे।

जाड़ों की नम, ओस से भीगी मेड़ों से होते हुए ये दोनों गेहूँ के खेतों के बीच लगी पुराही पर चले जाते और भाप देते पानी से नहाते।

"चलो प्रेम...गुड़ बन रहा है...चल के देखी।" प्रेम तिलोकी के साथ गुड़ के कढ़ाव के पास पहुँच जाता। दोनों को खुरचन खाने को मिलती।

प्रेम के संसार में सरसों के खेत, झांकड़, लकड़ियाँ और पत्ते जमा करके बूट भूजना, तोते पकड़ने की कला, जामुन और महुआ का स्वाद, निंबकौली का मज़ा, तलाब में डुबकियाँ लगाना, कोयल को चिढ़ाना अनायास आता चला गया।

"कु कू...कु कू..." कोयल बोलती तो उसी आवाज़ में प्रेम बोलता। कोयल जवाब देती।

"जानते हो, का कह रही है?" तिलोकी बोला।

"का?"

"कहत है...इस जानत हन...तुम कोयल नहीं हो...मनई हो।"

"पर कइसे...समझ लियो।"

"हम जानत हैं...पंछी की बोली।"

"सब पंछी की?"

"नाही...बस कोयल और तोता की भासा।"

प्रेम और तिलोकी ने लोटा-डोर ले लिया है। वे अपना लोटा और डोर एक झोले में रख लेते हैं और आसपास के गाँवों की यात्रा पर निकल जाते हैं। कुएँ की जगत पर बैठकर सत्तू बनाते हैं। खाते-पीते हैं। सोचते हैं कि गाँव से बहुत दूर निकल आए हैं। बहुत लम्बी यात्रा कर ली है। एक बार दोनों खेतों, खेतों और गइला-गइला होते गंगा जी तक पहुँच गए थे। गंगा जी को देखकर दोनों ने वन्दना की थी।

तिलोकी बहुत ध्यान-ज्ञान की बातें प्रेम को बताता था– प्रेम नाग नाथ से सामना हो जाए तो पहले हाथ जोड़कर नमस्ते करना। उसके बाद उनके ऊपर अँगोछा डाल के पैर चले जाना समझे?

प्रेम यानी प्रयाग शुक्ल छह साल गाँव में रहे और फिर पिताजी ने उन्हें कलकत्ता बुलवा लिया। गाँव से कलकत्ता पहुँचे प्रेम की समझ में कुछ न आता था। न तो घर समझ में आता था जो सुरेन्द्र नाथ बनर्जी रोड पर था और न ही शहर समझ में आता था। घर में सब अजनबी लगते थे। बड़े भाई साहब चन्द्रभूषण शुक्ल का रंग-ढंग अनोखा था। वे बिल्कुल साहब थे। सूट-टाई-बूट पहनते थे। फर्राटेदार अंग्रेज़ी बोलते थे। रौबीला चेहरा था। बड़ी-बड़ी मूँछें रखते थे। दाढ़ी सफाचट्ट थी। लम्बे-चौड़े थे। चलते थे तो लगता ज़मीन को कुचल रहे हों। घर में पिता जी को छोड़कर किसी से बात नहीं करते थे। उनके लिये मक्खन, टोस्ट और अंडे का नाश्ता बनता था। नाश्ता करते हुए अंग्रेज़ी का अख़बार पढ़ते थे उसके बाद ऑफ़िस चले जाते थे। वे प्रेम की तरफ़ निगाह उठाकर भी नहीं देखते थे और प्रेम उनके सामने आने से बचता था। उसे बहुत डर लगता था उनके सामने आने से।

चन्द्रभूषण भाई साब के बारे में उसने अजीब-अजीब कहानियाँ सुनीं। बताया कि वे अंग्रेज़ों के साथ स्कूल में पढ़े हैं। छुरी-काँटे से खाना खा लेते हैं। शाम को क्लब जाते हैं जहाँ मेम साब लोगों के साथ नाचते हैं। बड़े-बड़े अफ़सरों से उनका मिलना-जुलना है और अंग्रेज़ों के साथ याराना है। ये सब बातें सुनकर प्रेम और डर

गया था। फिर प्रेम की बहनें लगातार कहती थीं; पिताजी ने भी एक बार उससे कहा था कि छह साल गाँव में रहने की वजह से वह बिल्कुल गँवार हो गया है। वह गाँव की भाषा बोलता है जिसका शहर में बहुत बुरा मानते हैं।

प्रेम को तिवारीपुर की याद आती थी। अपने मित्र तिलोकी की याद आती थी। वह रात बिस्तर में लेटा-लेटा सोचा करता था कि पिता जी ने उसे कलकत्ता क्यों बुला लिया?

फिर एक भरी बरसात की सुबह प्रेम को बड़े मुंशी जी अपने साथ ले गए और उसका नाम स्कूल में लिखवा दिया। धीरे-धीरे प्रेम प्रयाग शुक्ल में बदलने लगा। उसकी दुनिया फैलती गई। उसे पता चला कि ज्ञानेन्द्र भाई रेस खेलते हैं, क्लब में पैसा लगाकर ताश खेलते हैं, मार्केट में सट्टा खेलते हैं। इसके अलावा पिता जी के पूरे कारोबार को वही देखते हैं।

धीरे-धीरे प्रयाग शुक्ल और चन्द्रभूषण शुक्ल का सम्पर्क बढ़ने लगा। वह कभी-कभी अंग्रेज़ी पढ़ने बड़े भाई के पास चला जाता था जो मूड हुआ तो पढ़ा देते थे, नहीं तो टाल देते थे। प्रयाग को कभी-कभी वे दुकानों पर ऑफ़िस भी ले जाते थे। बताते थे कि माल कहाँ से आता है? कैसे बिकता है। मुंशी, मुनीम और सेल्समैन क्या करते हैं?

कभी-कभी भाई साहब जब अच्छे मूड में होते थे तो तिवारीपुर की बात भी कर लिया करते थे। यह क्षण प्रयाग के लिये सबसे मूल्यवान हुआ करता था। प्रयाग को यह जानकर ख़ुशी होती थी कि वह तिवारीपुर के बारे में भाई साहब से ज़्यादा जानता है। भाई साहब का बचपन भी तिवारीपुर में ही गुज़रा था। भाई साहब कभी-कभी मौज में होते थे तो अवधी में ही बात शुरू कर देते थे।

"कस प्रेम गाँव म तुम सतपेड़ा का आम खाए हो?"

"काहे नहीं भाई साब...भला बताओ...य कौनो पूछे की बात है!"

"य बात है तो बताओ...सतपेड़ा में पहला पेड़ कौन-से आम का है?" भाई साहब ने पूछा।

"पहिला आम का पेड़?"

"हाँ...हाँ बताओ..." भाई साहब ने चुनौती दी। उन्होंने कहा—"हमें गाँव गए ग्यारह साल हो गए हैं पर अभी सब याद है...तो बताओ पहला पेड़?"

"दशहरी का है।" प्रेम बोला।

"सही बात है। और दूसरा?"

"सफ़ेदा है।"

"वाह, बिल्कुल सही। और तीसरा..."

"तीसरा गुलवा है।"

“अरे वाह मेरे वीर...” भाई साहब उछल पड़े—“चल सातों का नाम बता दे तो तुझे ‘लाइट हाउस’ में पिक्चर दिखाऊँगा।”

“पूछिए?” प्रयाग बोले।

“चौथा कौन-सा है?”

“फजरी।”

“ठीक...और बताओ पाँचवाँ?”

“अब एक साथै बता दूँ?” प्रयाग बोले।

“चलो ठीक है, बताओ।”

“चौथा है तोतापरी, पाँचवाँ है जलाई, छठा है हाथीफूल, सातवाँ है चौसा...”

“अरे वाह, प्रेम वाह...मान गया...सच बताऊँ...मुझे ये सब नाम पता न थे।” भाई साहब ईमानदारी से बोले।

निर्मम और कृपालु और निर्लिप्त और बेगाने और सुखी और दुःखी और बधिर और मूक समय का पहिया चलता रहा। प्रयाग ने बी.ए. पास किया। भाई साहब और पिता जी का व्यापार उसी तरह चल रहा था कि अचानक एक दिन पता चला कि जिस पार्टी पर पिताजी की बड़ी देनदारी थी, उसका दीवाला निकल गया है। पार्टी को पच्चीस लाख अदा करने थे और फिर वह पैसा उनको दिया जाना था जिनसे पिताजी ने माल ख़रीदा था। स्थिति भयानक थी। पूरे घर में सन्नाटा खिंच गया। भाई साहब और पिता जी कमरे में कई घंटे बातचीत करते रहे। खाना-पीना सब भूल गए। घर में और किसी ने भी कुछ नहीं खाया था जबकि पूरा खाना तैयार था। पिता जी के कमरे का दरवाज़ा खुला था बड़ी बहनों और प्रेम को अन्दर बुलाया गया था।

“तुम लोग कल ही गाँव चली जाओ...परसों हवेली नीलाम हो जाएगी।” पिताजी ने बहनों से कहा था और बड़े मुनीम को यह ज़िम्मेदारी सौंपी कि बहनों को तिवारीपुर पहुँचा दें। बहनों के चले जाने के बाद उन्होंने प्रेम से कहा—“अब मेरे पास तुम्हें देने के लिये कुछ नहीं है...पर तुम बी.ए. पास कर चुके हो...अब तुम्हें जो करना है, अपने बूते करना है। समझे?”

“जी...” प्रयाग ने कहा।

“देखो...मैं भी परसों गाँव चला जाऊँगा...पर तुम गाँव में जाकर क्या करोगे...मेरी उम्र में गाँव जाना ठीक है...पर तुम्हारी उम्र में? तुम्हारे सामने पूरी ज़िन्दगी पड़ी है...समझे?”

“जी।” प्रयाग ने कहा।

“ये लो..पाँच हजार रुपए हैं...जब तक तुम्हें कोई काम न मिलेगा...तुम्हारे काम आएँगे...” उन्होंने नोटों का एक बंडल प्रयाग की तरफ़ बढ़ा दिया था। प्रयाग ने बंडल ले लिया था।

"अब जाओ...खाना खाओ...इतना दुःख मत करो...बड़े-बड़े साम्राज्य डूब गए...खाना-पीना तो नहीं छूटा।" वे बोले।

प्रयाग उठकर चले आए। घर में पूरी रात कोई नहीं सोया। सुबह बहनों को गाड़ी पकड़कर गाँव जाना था।

प्रयाग आँखें बन्द किए बिस्तर पर पड़े थे और तीनों बहनें चुपके-चुपके, धीरे-धीरे उनके बिस्तर के पास आती थीं, उन्हें कुछ क्षण एकटक निहारती थीं और चली जाती थीं। वे समझ रही थीं कि प्रयाग सो रहे हैं।

बहनों और पिताजी के चले जाने के बाद घर में सन्नाटा हो गया था। नौकरों ने अपने आप आना बन्द कर दिया था। दो लोगों का खाना पकाने के लिये कितने नौकर आते?

ज़िन्दगी में पहली बार सुबह-सुबह भाई साहब यानी चन्द्रभूषण शुक्ल प्रयाग के पास आए। प्रयाग इतनी हैरत में पड़ गया कि घिग्गी बँध गई।

"सुनो प्रयाग..." वे बोले और रुक गए।

"जी।" प्रयाग उनकी तरफ़ देखने लगा।

"सुनो...ऐसा है..." वे फिर रुक गए। प्रयाग उनकी शक्ल देखने लगा।

"ऐसा है कि तुमने..." वे फिर रुक गए। पता नहीं क्या बात है जो भाई साहब कहना चाहते थे। चन्द्रभूषण शुक्ल ने फिर साहस जुटाया और बोले—"तुमने सट्टे का नाम सुना है?"

"सुना तो है, पर ठीक से नहीं जानता।"

"देखो...एक रुपए के सौ रुपए मिलते हैं..."

"एक के सौ?" प्रयाग ने हैरत से कहा।

"हाँ।"

"कैसे?"

"अगर 'गोटें' फिट बैठ गईं तो..." वे फिर चुप हो गए। कुछ देर बाद बोले, "बाबू परेशान हैं...हमें उनकी मदद करनी चाहिए।"

"हाँ...हाँ, क्यों नहीं।"

"तो सुनो...एक रास्ता है।"

"क्या?"

"तुम्हे बाबू ने जो पैसे दिए हैं..." वे चुप हो गए।

प्रयाग समझ गया और बोला, "ठीक है भाई साहब...उन्हें सट्टे पर लगा दीजिए।"

"देखो...मेरा दिल कहता है...एक के सौ हो जाएँगे।"

"ठीक है भाई साहब।"

"तो लाओ...पैसे मुझे दे दो।"

प्रयग ने वही गड्डी, जो पिताजी ने दी थी, भाई साहब को दे दी। उन्होंने गड्डी अपनी जेब में रख ली।

रात की गाड़ी से पिताजी फतेहपुर चले गए। देर रात गए भाई साहब लौटे। उनकी हालत कुछ ऐसी थी कि देखते ही बात समझ में आ गई। प्रयाग रात भर भाई साहब के कमरे से खट्‌ट-पट्‌ट जैसी आवाज़ें सुनता रहा। सुबह जब वह उठा तो भाई साहब के कमरे में एक पर्चा रखा था। उसमें लिखा था–"प्रेम, मैं तुमसे माफी माँगता हूँ। मैं जा रहा हूँ...संन्यास ले रहा हूँ...साधु जीवन ही अब रास्ता बचा है...मुझे माफ़ करना...एक सौ तीन रुपए...सामने पड़े हैं, इन्हें ले लेना।"

जिसका कोई नहीं होता उसका भी कोई होता है। प्रयाग शुक्ल को कुछ दोस्तों की मदद से हैदराबाद में नौकरी मिल गई। चार साल वहाँ रहे। इस दौरान तिलोकी के माध्यम से उन्हें गाँव के समाचार मिलते थे। पिताजी गुज़र गए थे। बहनों की शादियाँ हो गई थीं। चाचा जी जीवित थे।

पाँचवे साल प्रयाग दिल्ली आ गए। दिल्ली में दो ही साल हुए थे कि उन्हें तिलोकी की एक लम्बी चिट्‌ठी एक दृश्य की तरह प्रेम पर खुलती चली गई। उसकी आँखों के सामने वह सबकुछ जो लिखा था साकार होने लगा–गाँव की रात, वह भी जाड़े की रात...चारों तरफ़ सन्नाटा...तेज़...हवा...बिजली गाँव में आ तो गई है, पर नई दुल्हन की तरह मौक़े पर ज़्यादा जाती है। अँधेरे में कुछ कुत्ते भौंकने लगते हैं। फिर कुत्तों के भौंकने की आवाज़ लगातार बढ़ जाती है। फिर लगता है गाँव के सारे कुत्ते राम प्रसाद तिवारी के ट्यूबवेल पर पहुँच गए हों। वहीं से गाँव की आबादी शुरू होती है। कुत्तों के भौंकने से गाँव में जाग पड़ गई। पंडित राधेश्याम ने अपनी बन्दूक़ में गोलियाँ भर लीं। जिनके पास जो हथियार थे उन्होने निकाल लिये। लगा कि गाँव में डाका पड़ने वाला है। कुछ साहसी टॉर्च लेकर बाहर निकले। रामप्रसाद के ट्यूबवेल के पास कुत्ते जमा होकर भौंक रहे थे। और सामने से एक छाया चली आ रही थी। टॉर्च की रोशनी पड़ी तो लगा कोई...शायद साधु है...लम्बे-फटे हुए गेरुए रंग के कपड़े...लम्बी दाढ़ी, जटाएँ और हाथ में कमंडलु लिये गिरता-पड़ता वह आगे बढ़ रहा था। कुत्तों के भौंकने और टॉर्च की रोशनी का उस पर कोई असर नहीं पड़ रहा था। कुत्तों को हटाकर बलवीर यादव आगे बढ़ा और पूछा–"बाबा...कहाँ जाना है?"

"तिवारीपुर..." बाबा ने कहा।

"तिवारीपुर तो यही है।"

"तिवारीपुर में किसके यहाँ जाना है।" धर्मपाल ने पूछा।

"तिवारीपुर में...पंडित बैजनाथ शुक्ल के घर..."

“पंडित बैजनाथ...”

“हाँ...पंडित राजा राम शुक्ल के बेटे...”

“आप...बाबा...”

बाबा जवाब ने दे सका। वह ज़मीन पर गिर पड़ा। उसे उठाया गया और लोग पंडित बैजनाथ के घर ले आए। पंडित जी को गुज़रे तो छह साल हो चुके थे, उनके छोटे भाई पंडित सीताराम घर के मुखिया थे। उनको जगाया गया। उन्होंने बाबा को लालटेन की रोशनी में ध्यान से देखा। चेहरे पर चोटों के कुछ नए और कुछ पुराने निशान थे। दाढ़ी पूरे चेहरे का आधा हिस्सा ढके थी। जटाएँ फैली हुई थीं। शरीर पर एक फटा हुआ लम्बा कुर्ता और लुंगी थी। सीताराम देर तक देखते रहे फिर बोले, ‘जाने कौन है? हो सकता है भाई साहब का कोई जानने वाला हो। पर जब तक जागे नहीं पता कैसे चलेगा?’

बाबा के ऊपर फटी पुरानी कथरी और बोरे डाल दिए गए। बाहर वाली कोठरी में पैरे और भूसे के ढेर से थोड़ा अलग करके उन्हें लिटा दिया गया।

सुबह होते-होते सीताराम के घर के सामने गाँव के सभी बुज़ुर्ग आकर बैठ गए। सबको जिज्ञासा थी कि यह बाबा कौन है और पंडित बैजनाथ शुक्ल को क्यों पूछ रहा था। सुबह बाबा उठा। वह हड्डियों का ढाँचा मात्र था। बाबा को तेज़ बुख़ार था। गाँव में अंग्रेज़ी दवाइयों का प्रचलन हो गया था। दूध पीने के बाद बाबा को क्रोरोसिन की दो गोलियाँ दी गईं तो बाबा की हालत कुछ सुधरी और वह बोलने के लायक हुआ।

“आप कौन हैं बाबा जी?”

“मैं...पंडित बैजनाथ शुक्ल का पुत्र चन्द्रभूषण शुक्ल हूँ।” बाबा ने साफ़-साफ़ कहा।

गाँव में ये सबको पता था कि चन्द्रभूषण साधु हो गया है। और उसने संन्यास ले लिया है। बाबा पूरे परिवार के बारे में बताने लगा तो लोगों को विश्वास हो गया कि वह सच बोल रहा है।

बाबा ने बताया कि संन्यास लेने के बाद वह हरिद्वार चला गया था। वहाँ से दक्षिण चला गया और फिर असम के दारंग ज़िले के कामाख्या दिनेश मठ में चले गए थे। इस मठ में उनका बड़ा सम्मान हुआ था। मठाधीश उन्हें अपना प्रिय मानने लगे थे। दूसरे लोगों को लगा था कि मठाधीश का पद उन्हें ही मिल जाएगा। इसलिए वहाँ बाबा के दूसरे चेलों ने उनको खाने में ज़हर दे दिया था। ज़हर से वे मरे तो नहीं पर कुछ दिन के लिये सबकुछ भूल गए थे और इधर-उधर भटकते फिरते थे। जहाँ जो मिल जाता था, खा लेते थे। इसी तरह वे फिर दक्षिण पहुँचे। वहाँ धीरे-धीरे सबकुछ याद आने लगा और पुरानी स्मृतियाँ लौट आईं।

चिट्ठी में त्रिलोकी ने लिखा था—"तुम्हारे भाई बहुत बीमार थे...उनका इलाज कराया गया पर डॉक्टर-वैद्य सब कहते थे कि वे बचेंगे नहीं। मरने के दिन जब चल-फिर भी नहीं सकते थे तो सतपेड़ा जाने की ज़िद करने लगे। उन्हें चारपाई पर उठाकर हम लोग सतपेड़ा ले गए। घंटे-दो-घंटे चारपाई पर वहीं लेटे रहे। फिर हमें इशारा किया कि अब वापस ले चलो। हम उन्हें घर लाए और चारपाई नीचे रखी तो वे नहीं रहे थे। उनका क्रियाकर्म कर दिया गया है। उनकी तेरही पच्चीस जनवरी को है। तुम आ सको तो आ जाओ।"

प्रेम तेरही में गाँव गए थे। पुश्तैनी मकान के तीन कमरों की छतें गिर गई थीं। बैठक की छत भी बरसात में टपकने लगी थी और उस पर पानी के बड़े-बड़े धब्बे पड़ गए थे। चाचा जी के पास मकान ठीक कराने के लायक साधन नहीं थे। ज़मीदारी तो कब की जा चुकी थी। सीलिंग में ज़मीन निकल गई थी। बीस एकड़ बची ज़मीन बटाई पर दी हुई थी। परिवार बड़ा था। बड़ा लड़का इलाहाबाद से एम.ए. कर रहा था। छोटे को भी ख़र्च भेजना पड़ता था। वह इंजीनियरिंग पढ़ रहा था। चाचा जी दो लड़कियों की शादी में कर्ज़दार हो गए थे, प्रेम दो दिन गाँव में रहा। तिलोकी उसके साथ बराबर हुआ करता था।

तब से लेकर अब तक प्रेम के जीवन में बहुत से बदलाव आ चुके हैं। आज वे यानी प्रयाग शुक्ल देश के जाने-माने कला समीक्षक और कवि हैं। उनका बड़ा मान-सम्मान है। उनकी कई पुस्तकें प्रकाशित हो चुकी हैं। अयोवा के अन्तर्राष्ट्रीय लेखन कार्यक्रम में भाग ले चुके हैं। उनकी बीस किताबें छप चुकी हैं। वे बड़े-बड़े अख़बारों में काम कर चुके हैं। कला प्रदर्शनियों के आयोजन के सिलसिले में देश के विभिन्न महानगरों में जाते हैं। अब उनकी उम्र पैंसठ पार कर चुकी है। उनके बाल सुनहरे-रूपहले हो गए हैं। समय ने उनके चेहरे पर अपने को कई तरह से दर्ज किया है। उन्हें कई राष्ट्रीय सम्मान मिल चुके हैं। दिल्ली से कोलकाता लगातार जाते रहते हैं। जब कभी ट्रेन से जाते हैं तो फास्ट ट्रेनें फतेहपुर स्टेशन से गुज़रती हैं लेकिन वहाँ रुकती नहीं।

प्रेम यानी प्रयाग शुक्ल का कहना है कि रात का चाहे दो बजा हो चाहे तीन बजा हो, उन्हें चाहे जितनी गहरी नींद आई हो, चाहे वे जितना थके हों लेकिन दिल्ली-हावड़ा लाइन पर यात्रा करते हुए रात में अचानक उनकी आँख खुल जाती है। देखते हैं। कोई छोटा-सा स्टेशन गुज़र रहा है। पूछते हैं कि कौन-सा स्टेशन है तो बताया जाता है फतेहपुर है। प्रयाग शुक्ल बताते हैं यह हमेशा होता है यानी फतेहपुर स्टेशन पर उनकी आँख खुल जाती है। आँख खुलने का मतलब है—तिलोकी, लबालब भरे तालाब, विशाल झीलें, गेहूँ और गन्ने के खेत, आकाश पर छाए घने बादल और मूसलधार बारिश, आम के बाग़ों की ख़ुशबू, निंबकौली का

स्वाद, सरसों के खेत, आग पर चढ़े बड़े-बड़े कढ़ाव, जुगनू, तितलियाँ, गिलहरियाँ, नागनाथ, पेड़ के नीचे क़ालीन की तरह बिछा महुआ, आम की सीकल और सतपेड़ा...तोते एक झुंड बनाकर फर्राहट से उड़ते हैं और प्रयाग शुक्ल प्रेम में तब्दील हो जाते हैं।

फतेहपुर स्टेशन से गुज़रते हुए प्रयाग शुक्ल की आँख क्यों खुल जाती हैं? फतेहपुर तो यह नहीं बता सकता और न उससे यह पूछा जा सकता है। प्रयाग शुक्ल के पास इसका जवाब नहीं है। जब उनसे यह पूछा जाता है तो अतीत को याद दिलाती एक फीकी-सी मुस्कुराहट उनके चेहरे पर आ जाती है।

चहार दर

कालबेल पर उँगली रखने से पहले सायमा के कानों में जो आवाज़ें पड़ीं वो उसके लिए नई थीं। न तो उसने लाहौर में ऐसी आवाज़ें सुनी थीं और न लंदन में ही कभी इस तरह की आवाज़ें सुनने का मौक़ा मिला था। ये ज़रूर है कि हिन्दी फ़िल्मों में कुछ ऐसे सीन देखे थे कि इन आवाज़ों का मतलब समझ में आ गया था। लेकिन फ़िल्म में सुनी गई आवाज़ें और 'रीयल लाइफ़' में सुनी गई आवाज़ों में फ़र्क़ होता है और यही वजह थी कि सायमा के हाथ कालबेल तक जाते-जाते रुक गए। लेकिन ऐसा तो नहीं हो सकता कि वो हमेशा-हमेशा इस दरवाज़े पर खड़ी रहेगी। उसके हाथ में पते का जो पर्चा था उसके मुताबिक़ वो सही घर के सामने खड़ी थी। कालबेल पर उसने उँगली रख दी। घर के अन्दर घंटी बजने की आवाज़ गूँज गई। अन्दर से आनेवाली आवाज़ें अब भी बाहर आ रही थीं।

"आप?" दरवाज़ा खोलनेवाली एक अधेड़ उम्र औरत ने पूछा।

"मैं सायमा खान हूँ...लाहौर से अब्दुल रज़्ज़ाक साहब ने भेजा है।"

"आइए...आइए...अन्दर आइए..." वह पीछे हटते हुए बोली और उसके चेहरे के भाव बदल गए।

ड्राइंग रूम में पहुँचकर सायमा ने इधर-उधर निगाहें दौड़ाईं। और फिर जल्दी ही उसे लगा कि घर का जायज़ा लेने का ये तरीक़ा शायद अच्छा न समझा जाए।

सामनेवाले दरवाज़े से कोई आता दिखाई दिया। सायमा घबराकर खड़ी हो गई। उसे ये अन्दाज़ा लगाते तो देर न लगी कि यही महेश उपाध्याय हैं लेकिन उसे ये उम्मीद न थी वो ऐसे नज़र आएँगे। गर्दन और सीने पर एक सफ़ेद रंग की डोरी जैसी फूल रही थी। ऊपर का जिस्म नंगा था। माथे पर सफ़ेद और लाल, पता नहीं, कैसा पेस्ट लगा था।

उपाध्याय उसे देखकर कुछ घबरा गए। वापस जाने के लिए मुड़ने ही वाले थे कि अधेड़ उम्र औरत ने, जो ज़ाहिर था उनकी बीवी थी, उनकी तरफ़ कुर्ता बढ़ा

दिया। कुर्त्ता पहनने के बाद भी महेश उपाध्याय कुछ 'कान्फीडेंट' नहीं महसूस कर रहे थे।

"ये सायमा खान हैं...लाहौर से रज़्ज़ाक भाई ने भेजा है।"

"हाँ-हाँ बैठो...मुझे रज़्ज़ाक का ई-मेल मिल गया था और मैंने जवाब भी दे दिया था। तुम कब आईं?"

"जी, मैं आज सुबह की फ्लाइट से।"

"कहाँ ठहरी हो?"

"जी बसंत इंटरकांटीनेंटल में।"

"ठीक है...होटल ठीक है...तो अब बताओ...स्टोरी क्या है?" सायमा अपना बैग खोलने लगी।

"भई, चाय-वाय का कुछ करो न?"

"आपके कहने से पहले ही पानी रख दिया है।"

"जी, मैं नाश्ता करके आई हूँ।"

"इसका ये मतलब नहीं कि चाय न पियोगी।" उपाध्याय जी ने इत्मीनान से सायमा खान को देखा। चेहरा चीख़-चीख़कर पंजाबी होने का एलान कर रहा है। रंग खिलता हुआ सुर्ख। क़द पाँच फुट से ज़्यादा ही होगा। सुडौल जिस्म। लड़की को ख़ूबसूरत ही नहीं, बहुत ख़ूबसूरत कहा जाएगा। चालीस साल पत्रकारिता के मैदान की खाक छाननेवाले महेश उपाध्याय के लिए ये समझना भी मुश्किल न था कि लड़की सिर्फ़ पढ़ी-लिखी ही नहीं बल्कि ज़ेहीन भी है। बुद्धि और सुन्दरता का काम्बीनेशन बहुत 'डेडली' होता है। लड़की एक ख़ास उम्र, मतलब जवान और समझदार लोगों के लिए चुनौती है...सायमा ने बैग से एक काग़ज निकालकर उनकी तरफ़ बढ़ा दिया। काग़ज पर नज़र डालने से पहले उपाध्याय साहब ने पूछा, "ये बताओ, रज़्ज़ाक के क्या हाल हैं?"

"जी, ठीक है...आपको बहुत याद कर रहे थे।"

"हाँ, हम लोग तीन साल बी.बी.सी. में साथ रहे हैं। एक ही फ्लोर पर उर्दू और हिन्दी सर्विसवालों के दफ़्तर हुआ करते थे। इसके अलावा नसीम भाभी हमें अक्सर खाने पर बुलाया करती थीं।"

चाय की ट्रे रखते हुए मिसिज़ उपाध्याय ने कहा, "सिराज तो अब बड़ा हो गया होगा?"

"जी, टेक्साज़ में हैं...सिटी बैंक में।"

"वेरी गुड, ये हमारी बीवी है...ये तो तुम समझ ही गई होगी...इन्हें तुम भाभीजान कह सकती हो...वैसे इनका नाम सुधा है।"

"सुधा भाभी।" सायमा ने हँसकर कहा।

"अमृतसर के बाज़ारों की 'इनसाइक्लोपीडिया' है...वैसे माईन स्कूल में कैमिस्ट्री पढ़ाती हैं।"

"मैं जी काम के अलावा अमृतसर की पुराने बाज़ारों के बारे में भी कुछ लिखना चाहती हूँ।" सायमा ने कहा।

"ज़रूर लिखो..." उपाध्याय कागज़ को देखते हुए बोले।

"तुमने लाहौर में ही पढ़ाई की है?" सुधा ने सवाल किया।

"हाँ जी, लाहौर के फॉरमैन क्रिस्चियन कॉलेज से बी.ए. करने के बाद सिटी यूनिवर्सिटी लंदन से जर्नलिज्म से एम.ए. किया है।"

कागज़ मेज़ पर रखते हुए महेश उपाध्याय ने आँखें मलीं। और बोले, "देखो ये स्टोरी यहाँ के अख़बारों में छपी है। पी.टी.आई. के जसवीर कोहली से मेरी बात भी हुई थी जिसने ये स्टोरी फाइल की थी...जितना छपा है उससे ज़्यादा अभी तक तो कुछ पता नहीं चला है।"

"यही वजह है कि मैं स्टोरी करने आई हूँ।" सायमा ने कहा।

"ठीक है...ज़रूर करो...तुमने दिल्ली में पाकिस्तान हाई कमीशन से बात की है?"

"हाँ जनाब, वहाँ मैं गई थी। हाई कमीशनवाले यही कह रहे हैं कि उनके रिकार्ड के मुताबिक़ शेर अली नाम का कोई आदमी पाकिस्तान से भारत नहीं आया है...इस्लामाबाद में भी भारत का हाई कमीशन यही कह रहा है कि शेर अली नाम के किसी आदमी को वीज़ा नहीं दिया गया है।" सायमा बोली।

"तब तो बात साफ़ है, शेर अली ने ग़ैर कानूनी तौर पर बार्डर क्रास किया होगा...।"

"जनाब, रज़्ज़ाक साहब इसे 'ह्यूमन इंटरेस्ट स्टोरी' के तौर पर देख रहे हैं...ये ठीक है कि शेर अली ने ग़ैर कानूनी तौर पर बार्डर क्रास किया था...लेकिन वह यहाँ आया क्यों था? क्या किया होगा उसने? और फिर वह कैसे मरा?"

"अमृतसर पुलिस तो यही कहती है कि उसकी लाश अजनाला से आगे बार्डर एरिया के गाँवों को जानेवाले रास्तों के किसी चौराहे पर मिली थी।"

"गाँव के लोगों ने कोई बयान दिया है?" सायमा ने पूछा।

"नहीं। गाँववाले इस आदमी को नहीं जानते...उनका कहना है कि ये आदमी इधर का नहीं है।" उपाध्याय जी ने बताया।

"ये कैसे हो सकता है?"

"अब तक सिर्फ़ यही इंफारमेशन है। ठीक है, तुम स्टोरी करो...देखें क्या निकलता है।"

"मुझे आपकी मदद की ज़रूरत पड़ेगी।"

"मैं...तुम्हारी पूरी मदद करने के लिए तैयार हूँ लेकिन इस उम्र में मेरे लिए बार्डर एरियाज़ के गाँवों के चक्कर लगाना मुमकिन नहीं होगा...अमृतसर के अन्दर तुम जहाँ चाहोगी...मैं..." उपाध्याय जी ने जुमला अधूरा छोड़ दिया।

"लेकिन मेरा काम तो अजनाला और आसपास के गाँवों में ही होगा।" सायमा ने कहा।

"देखो, एक रास्ता निकल सकता है...यहाँ यूनिवर्सिटी में जर्नलिज़्म कोर्स के लड़के लड़कियाँ प्रोजेक्ट करते हैं...मैं तुम्हें वाई.पी. रंधावा से मिला देता हूँ...वे डिपार्टमेंट के हेड हैं...बड़े ख़ुशमिज़ाज और खुले दिल के आदमी हैं...वे तुम्हें स्टूडेंट्स से मिलवा देंगे जो तुम्हारी पूरी मदद करेंगे..."

"थैंक यू! सो मच सर।"

"लेकिन आज नहीं...आज मैं दिल्ली जा रहा हूँ...परसों लौटकर वापस आऊँगा...दो दिन तुम अमृतसर के कूचे और गलियाँ देख डालो...ये समझो की अंग्रेज़ों ने मुल्क तो बाँट दिया लेकिन जुबान और तहज़ीब नहीं बाँट सके।"

"आई एम सॉरी उपाध्याय साहब...हिन्दुस्तान का बँटवारा...सौ फ़ीसदी सही हुआ था...यहाँ दो नेशनलटीज़ थीं..."

"बड़ी पुरानी बहस है...मैं डिटेल में नहीं जाना चाहता...हाँ, इतना ज़रूर कहूँगा कि नेशन की बुनियाद किसी मज़हब के ऊपर नहीं रखी जा सकती...अगर इस्लाम पाकिस्तान के लिए 'सीमेंटिंग फोर्स' होता तो बांग्लादेश न बना होता।" उपाध्याय जी ने मुद्दे पर ज़ोर दिया।

"देखिए, मज़हब की बुनियाद पर तो इज़राइल भी बनाया गया था...और ऐसे मज़हब की बुनियाद पर जो इस इलाक़े से सदियों पहले ग़ायब हो चुका था...लेकिन इज़राइल आज तक है...और अच्छी तरह है।" सायमा बोली।

"इजराइल को नए सिरे से बनाया गया था...हिन्दुस्तान को बाँटा गया था...और देखो, अगर धर्म की बुनियाद पर ही मुल्क बनते तो आज दुनिया में तीन-चार ही मुल्क होते...ईसाई मुल्क होता, मुस्लिम मुल्क होता और एक छोटा-सा हिन्दू मुल्क होता।" उपाध्याय जी बोले।

"मैं सिर्फ़ मज़हब की बात नहीं कर रही हूँ बल्कि..."

सायमा की बात काटकर उपाध्याय बोले, "मेरे ख़्याल से ये बहस तो हम करते रहँगे...चलो नाश्ता कर लो। तुम्हारी भाभी जान ने मेज़ पर नाश्ता लगा दिया है और मुझे इशारे कर रही हैं।"

"लेकिन नाश्ता तो मैंने कर लिया है।"

"तो खाना समझकर खा लेना।"

नाश्ता करते हुए उपाध्याय जी ने कहा, "उस शेल्फ़ में अमृतसर के बारे में तमाम किताबें रखी हैं...वैसे मैं जानता हूँ तुम डब्लू. डब्लू. डब्लू. जनरेशन की हो...अब तक तुमने अमृतसर पर पूरी दुनिया की वेबसाइटस् खंगाल डाली होंगी।"

प्रोफ़ेसर वाई.पी. रंधावा सिर्फ़ मुँह से नहीं, पूरे शरीर से ठहाके लगाते हैं। इस तरह के बेबाक और ईमानदार क़हक़हे लगानेवाले सायमा ने लाहौर में भी देखे हैं। लेकिन योरोप इनसे कुछ ख़ाली है। लंदन के लाहौरी ढाबे में कभी-कभी खाना-वाना खाने के दरम्यिान इस मसले पर गुफ्तुगू भी हो जाया करती थी। बात अक्सर यहाँ से शुरू होती कि यार 'ये बंदे हँसते क्यों नहीं?' इसके बारे में सब अपनी-अपनी राय देते। कोई कहता यार यहाँ ठंड रहती है न। मुँह खोलकर हँसेंगे तो सर्दी लग जाएगी। दूसरी राय सामने आती—अरे यारो, ये बात नहीं है, अरे, हँसने के बाद कोई सच्ची बात कही जाती है न। ये बंदे कभी सच्ची बात ही नहीं करते।' कोई और राय देता—यार इनके दिल ही नहीं हैं। दिमाग़ से कोई थोड़ी हँसता है।'

प्रोफ़ेसर रंधावा के आफ़िस में सायमा को इतने ठहाके सुनने पड़े कि सारा तकल्लुफ ख़त्म हो गया। ऐसे आदमी से कोई क्या तकल्लुफ करेगा जो बात-बात पर क़हक़हे लगाने के बहाने ढूँढ़ता हो।

"चलो जी, चिंता दी कोई गल्ल नइ...काम हो जावेगा।"

"रंधावा जी, इनको अपने स्टूडेंट्स से मिला देंगे।"

"अजी मिल लेगी स्टूडेंट्स से, कहीं भाग्गे नइ जा रहे...पहले चा तो पी लो। उपाध्याय साब।" उन्होंने ठहाका लगाया।

चाय देनेवाला चपरासीनुमा आदमी से प्रोफ़ेसर रंधावा ने कहा, "मुण्डयाँ नूं एधर भेज दे।"

हमारे चाय पीते ही चार पाँच लड़के अन्दर आ गए।

ओए मुण्डयों, कुड़ियों को भी लाओ...ए लाहौर तों आई है...तुम लोगों को फील्ड वर्क कराएगी...पर ऐसा है उपाध्याय जी, क्लास में ही चलो...सब से बात हो जाएगी। हमारे लिए तो जी बड़ी ख़ुशी की बात है तुसी लाहौर तों आए हो...देखो जी अमृतसर से दिल्ली साढ़े चार सौ किलोमीटर दूर है और लाहौर पचास...बताओ? पड़ोसी दिल्ली हुआ कि लाहौर...और जी हमारी ज़बान वही जो लाहौर की, वही खान-पान, वही तौर तरीका, वही तारीख और वही कल्चर..."

प्रो. रंधावा बहुत देर तक लाहौर और अमृतसर के नज़दीकी रिश्तों के बारे में बोलते रहे। मुझे शायद ये बहुत अच्छा नहीं लगा रहा था। लगता है नजदीकियाँ कहीं 'आईडेंटिटी' को ख़त्म न कर दें...इसलिए मैं चुप रही। जबकि रंधावा चाहते थे कि

मैं हाँ में हाँ मिलाती रहूँ। उन्हें कुछ हैरत भी हो रही थी...'हम एक हैं', 'हम एक हैं' की तकरार होती रही। मैं ख़ामोशी से सुनती रही। मेरा पक्का यक़ीन है कि हम एक नहीं हैं। हम दो हैं...और रहेंगे...

उसे बड़ी राहत मिली जब कोर्स के लड़के लड़कियों ने उससे कैन्टीन चलने के लिए कहा। वह फौरन तैयार हो गई कि वहाँ पिछली पीढ़ीवाले 'नॉस्टेल्जिया' से तो छुट्टी मिल जाएगी।

...चाय पीने के बाद सायमा यूनिवर्सिटी में इधर-उधर अकेली घूमती रही। अक्सर वो सोचती है कि 'यूनिवर्सिटीज़' है क्या? ये एक जैसी क्यों होती हैं? यहाँ जो आ जाते हैं और जो नहीं आते हैं उनमें इतना फ़र्क़ क्यों होता है? यहाँ की दुनिया बाहर की दुनिया से इतनी अलग क्यों है? मुल्कों के सबसे ज़ेहीन लोग यहाँ आते हैं, पढ़ते हैं और पढ़ाई खत्म करने के बाद यहाँ पढ़ाने लगते हैं। और उम्र भर इस माहौल में—साफ़-सुथरे, एकेडिमिक माहौल में ज़िन्दगी गुज़ार देते हैं। उन्हें शायद यह एहसास भी नहीं होता कि उनके मुल्कों की जो हक़ीक़त है वो इस 'एकेडेमिक दुनिया' से बिल्कुल अलग है। क्या ज़ेहीन लोगों को यूनिवर्सिटी 'हज़म' कर लेती है? क्या 'स्टेटस' को बनाए रखने के लिए यूनिवर्सिटी प्रतिभाओं को कुंठित कर देती है? ये तो वैसा ही हुआ जैसे 'मिडिल एजेज़' में पढ़े-लिखे लोगों को हुकूमत की तरफ़ से जागीर मिल जाती थी ताकि पढ़े-लिखे अक्लमन्द लोग आराम से खाते-पीते रहें और दीगर कुछ न सोचे, न उसमें दख़ल दें जो उनके चारों तरफ़ हो रहा है।

...होटल के कमरे में नावक़्त सो गई और शाम को ही आँख खुली।

आज अमृतसर में पहला दिन बहुत कामयाब गुज़रा। शहर तो अभी न के बराबर देख पाई हूँ। हाँ, आते-जाते इधर-उधर देखने का मौक़ा मिला और ज़ेहन में सिखों की पगड़ियाँ चिपक कर रह गई हैं। जिधर देखो उधर पगड़ियाँ। यहाँ लाहौर की तरह शलवार कमीज़ का रिवाज नहीं है। एक भी आदमी सलवार कमीज़ में नहीं नज़र आया।...और फिर रिक्शे...जिन्हें आदमी खींचते हैं, बहुत बुरे लगे। पहले पाकिस्तान में भी चलते थे। जरनल अय्यूब ने बन्द करवा दिए थे। चलो, आर्मीवाले भी कभी-कभी कोई अच्छा काम कर देते हैं।

मिस्टर उपाध्याय कैसे लगे? शायद अपनी जवानी के दिनों में अच्छे दिखते होंगे। हाँ, उतने ही सुलझे हुए लगे जितने आमतौर पर भारतीय 'इंटेलेक्चुअल' होते हैं। लेकिन पाकिस्तान के वजूद को ही ग़लत मानते हैं। 'टु नेशन थ्योरी' को ही बकवास समझते हैं। मैं ऐसे लोगों से लंदन में ख़ूब मिल चुकी और बहस कर चुकी हूँ इसलिए

मुझे ये नया नहीं लगा। आज तो बात आई-गई हो गई लेकिन लगता है कभी-न-कभी ये बहस छिड़ेगी। मैं उसके लिए पूरी तरह तैयार हूँ।

प्रोफ़ेसर रंधावा दिल के साफ़ और हँसने-हँसानेवाले आदमी हैं। उन्होंने ज़िन्दगी का बुनियादी राज़ हासिल कर लिया है कि बड़ी-सी-बड़ी प्राब्लम को अगर एक ठहाके में उड़ाया जा सके तो ज़िन्दगी बहुत खुशगवार हो सकती है। प्रो. रंधावा शायद ये भी समझते हैं कि ज़िन्दगी और उसके मसलों को बहुत सीरियसली लेने की ज़रूरत नहीं है। उनके लिए जान खपाना कहाँ की अक़्लमन्दी है। इस तरह के लोग पाकिस्तानवाले पंजाब में भरे पड़े हैं। लगता है, ये इस खित्ते की ख़ूबी है। लेकिन क्या इसे ख़ूबी ही माना जाएगा? पता नहीं। दरअसल सवाल करना आसान होता है और सवालों के जवाब मुश्किल हो जाते हैं। बेचारे बाटनी के प्रोफ़ेसर हैं लेकिन वाइस चांसलर ने मॉस कम्युनिकेशन का इंचार्ज बना दिया है। यही वजह है कि फैकल्टी बाहर से आती है। बताया गया कि अख़बारों के लोग आकर पढ़ाते हैं। ये वैसे अच्छा ही है।

लड़के-लड़कियों के साथ कैन्टीन में चाय पीना अच्छा लगा। घने पेड़ों के नीचे पत्थर की बेंचों पर बैठकर बातें करने से ये फ़ायदा हुआ कि सब लोगों के बारे में कुछ-न-कुछ पता चला। वैसे तो ये सभी स्टोरी में मदद करने का वायदा कर रहे हैं लेकिन देखो होता क्या है?

अल्का सोनी बड़ी प्यारी लगी है। ख़ूब तेज़ तर्रार है और काफ़ी बातूनी है। लगता है खुलकर बात करने की आदी है और कुछ दिल में नहीं रखती। उसके दो भाई लंदन में रहते हैं। पिछली गर्मियों में लंदन गई थी और ज़ाहिर है कि जब उसे पता चला कि मैं लंदन में पढ़ चुकी हूँ तो वह ख़ुश हो गई। मुझे ये भी लगा कि वह पढ़ाई में अच्छी है। काफ़ी 'एवेयर' है और ख़ासतौर पर पॉलिटिक्स में काफ़ी दिलचस्पी लेती है। लगता है उससे जल्दी ही अच्छी दोस्ती हो जाएगी। आज रात अपने घर खाने पर बुला रही थी लेकिन मैंने सोचा, नहीं इतनी तेज़ी से आगे बढ़ना ठीक नहीं है...अजनबी देस है और परदेसी लोग हैं...कुछ एहतियात नाम की भी तो चीज़ होती है।

नवजोत काफ़ी स्मार्ट है। लगता है अच्छा जर्नलिस्ट बनने की बड़ी ख्वाहिश है उसके अन्दर...कह रहा था मेरे साथ अजनाला के इलाक़े में चल सकता है। मैंने उसे कल सुबह आने के लिए कह दिया है। अब काम तो होना ही है।...ये कैसे हो सकता है कि शेर अली अजनाला इलाक़े के किसी गाँव में आसमान से टपका और मार गया और फिर मर कैसे गया? क्या पाकिस्तान से यहाँ मरने के लिए आया था? फिर पाकिस्तान से ही आया हो, ये भी तय नहीं है। ये बात तो अमृतसर की पुलिस कह रही है जिसका उनके पास ख़ुद कोई पक्का सुबूत नहीं है...अब कल देखते हैं कि गाँवों में क्या बात बनती है।

अमृतसर ज़िले का नक़्शा बहुत तलाश करने पर भी नहीं मिला। बताया गया कि बार्डर ज़िला है इसलिए नक़्शा नहीं छपता। ये क्या बेवकूफ़ी है। आजकल के जमाने में इस तरह की 'इनफारमेशन' को छुपाकर नहीं रखा जा सकता। शाम को ही मैंने 'गूगलअर्थ' खोलकर अमृतसर के बार्डर एरिया का पूरा नक़्शा डाउनलोड कर लिया है। मेरे पास एक-एक गाँव का नाम है और रोड मैप है। हाँ, हो सकता है रास्ते कच्चे न हों।

नवीन गिल को पढ़ने में कोई ख़ास दिलचस्पी नहीं है। वैसे बातें काफ़ी बड़ी-बड़ी कर रहा था लेकिन पता नहीं क्यों गाँव जाने के लिए कुछ तैयार होता नज़र नहीं आया। हो सकता है इसकी वजह कुछ और रही हो। प्रदीप महाजन 'टिपीकल बिजनेस' फैमिलीवाला लगा। ख़ूब रख-रखाव...कीमती ब्रैंडेड कपड़े और बार-बार अपनी खुली जीप का जिक्र कर रहा था। पर फिर भी लगता है वह बड़ी हद तक मदद कर सकता है। लेकिन मैं अभी किसी पर कोई दबाव या ज़ोर नहीं डालना चाहती। ये भी तय है कि इन लोगों की मदद के बग़ैर ये स्टोरी हो भी नहीं सकती। पता नहीं रज़्ज़ाक साहब को ये क्या सूझी कि एकदम से मुझे यहाँ भेज दिया। पहले दिल्ली में जावेद से कहते जो हमारे क्रोसपांडेंट हैं...अगर बात कुछ बनती नज़र आती तो किसी को भेजते। बहरहाल एडीटर-इन-चीफ हैं उनसे कौन क्या कह सकता है और फिर मेरे लिए, मेरे कैरियर के लिए ये बड़ी बात है। अगर ये स्टोरी हो जाती है तो जलनेवाले जलकर राख हो जाएँगे।

सोनी चावला के बारे में अल्का बता रही थी कि बहुत अच्छा गाता है और ख़ासतौर पर शिव बटालवी के गीत तो ग़ज़ब गाता है। शिव बटावली का नाम सुनकर ही मेरे दिल की अजीब कैफ़ियत होने लगी। लेकिन मैंने कुछ ज़ाहिर नहीं होने दिया। किसी दिन मौक़ा मिला तो सोनी को सुनूँगी।

रवि अरोड़ा को देखकर लगता है कि किसी बड़े बाप का बेटा है। कुछ अजीब-सी अकड़ है उसके अन्दर लेकिन फिर भी अच्छा ही है।

जसबीर कौर काफ़ी रोमांटिक लगती है। जोत की तरफ़ बड़े मानीखेज़ अन्दाज़ में देख रही थी। नीतू गुलाटी और सोनी में शायद गहरा रिश्ता है। बड़ी अदा के साथ अपनी आधी कॉफी सोनी की तरफ़ बढ़ा दी थी।

कुछ अजीब-सी 'फिलिंग', क्या अब मैं एक 'फारेन कंट्री' में हूँ। ये फोरनकंट्री है और पाकिस्तान मेरा अपना मुल्क है। अब सवाल ये पैदा होता है कि यहाँ मुझे सबकुछ नया लगना चाहिए, ये 'फोरनकंट्री' है। लेकिन ऐसा तो नहीं है। और अगर इंडिया 'फोरनकंट्री' नहीं लगता तो बड़े सिरियस सवाल उठ सकते हैं। उन सवालों के जवाब कौन देगा? ये सब लोग मेरे साथ पंजाबी में बातचीत करते हैं। बिल्कुल लाहौरवाली माझी पंजाबी बोलते हैं...ठीक है...दो मुल्कों की एक ज़बान हो सकती है जैसे इंग्लैंड और अमेरिका की ज़बान अंग्रेज़ी है...तो ज़बान से क्या फ़र्क़ पड़ता

है। लेकिन पता नहीं क्यों मैं यहाँ पंजाबी नहीं बोल सकती। मैं इनकी बातों का जवाब उर्दू में देती हूँ। ये मुझे अच्छा लगता है...उर्दू में...

...दिन का सबसे बड़ी 'एचीवमेंट' ये रहा है कि काफ़ी लिखा-पढ़ी और पुलिस के अनपढ़ अफ़सरों से बहस करने के बाद मुझे शेर अली की लाश देखने का मौक़ा मिल गया। 'मारचरी' में मैंने उसका चेहरा देखा। एक पक्के पंजाबी किसान का चेहरा है। चेहरे पर दाढ़ी, गाल धँसे हुए, चौड़ा जबड़ा, उभरी हुई हड्डियाँ, खड़ी नाक, आँखें लगता था बड़ी होंगी। गहरा साँवला रंग जो पता नहीं कितने सालों धूप में तपने, पानी में भीगने और ठंडी-गरम हवाओं के थपेड़े खा-खाकर बहुत पक्का पड़ गया था।

मुझे सिर्फ़ उसका चेहरा दिखाया गया। मैं चाहती थी वह हाथ भी देखूँ जिस पर उसका नाम शेर अली गुदा हुआ है लेकिन पुलिस को इंस्पेक्टर ने साफ़ मना कर दिया। बोला कि लाश का पोस्टमार्टम हो गया और अब सिर्फ़ चेहरा देखा जा सकता है। उसकी तस्वीर भी नहीं लेने दी।

पुलिस ने बताया कि पाकिस्तानी हाईकमीशन को फिर लिख दिया गया है कि शेर अली पाकिस्तानी है और उसकी लाश ले ली जाए। अब तक हाई कमीशन का जवाब नहीं आया है। लगता है वही जवाब आएगा जो पहले आया था।

बसन्त इंटर कान्टीनेंटल की लॉबी में जोत ठीक नौ बजे आ गया। सायमा सामने बैठी 'ट्रिब्यून' के वरक पलट रही थी।

"गुड मार्निंग जी..तुसी रेडी हो?"

"हाँ जी, बिल्कुल रेडी।" वह बोली।

"मोटर साइकिल में बैठने से कोई एतराज़ तो..."

"मैंने गाड़ी मँगा ली है।" सायमा बोली।

"बहुत बढ़िया जी।" जोत ने कहा लेकिन एक परछाई उसके चेहरे पर आकर चली गई।

"तो मोटर साइकिल मैं इत्थे खड़ी कर देत्ता हूँ।"

"हाँ-हाँ..."

गाड़ी जल्दी ही आबाद इलाक़े के बाहर आ गई। दोनों तरफ़ हरियाली है...खेत छोटे हैं लेकिन हरियाली है। पता नहीं क्यों सायमा लाहौर के देहाती इलाक़ों से इस इलाक़े की तुलना करने लगी। ट्रैक्टरों की आवाजाही भी उसे ज़्यादा लगी। सड़क पतली लेकिन अच्छी है।

"ये सड़क सीधी अजनाला तक जाती है...वहाँ से हमें राइन टर्न लेना होगा और तब हम उस इलाक़े में पहुँचेंगे..."

"तुम इधर आ चुके हो?"

"नहीं...मैंने किसी से पूछा है।"

सायमा ने नक़्शा उसके सामने फैला दिया।

"देखो, पुलिस का बयान है कि शेर अली की लाश थोबा और पंजगराई के बीच एक चौराहे पर मिली थी...तो ये है...बीच के गाँव...गग्गोहल, अवाण, कोटली हमें यहीं चलना होगा..."

अजनाला का नक़्शा देखकर नवजोत की आँखें खुली-की-खुली रह गईं।

"ये तुझे कहाँ से मिला?" उसने सायमा से पूछा।

"इंटरनेट...कल पता चला था कि भारत सरकार अमृतसर का नक़्शा नहीं छापती।" वह हँसकर बोली।

"ये तो बहुत...'डिटेल' मैप है।" वह झुककर देखने लगा।

गाड़ी अजनाला पहुँच गई। अच्छा-ख़ासा कस्बा भरा-पूरा बाज़ार और सामान से पटी हुई दुकानें देखकर यही कहा जा सकता है कि इलाक़े के लोगों में 'परचेजिंग पावर' है...सबकुछ यहाँ मौजूद है...इंटरनेशनल ब्रांडेड सामान भी ख़रीदा जा सकता है।

"चाय काफ़ी लेना है?" जोत ने पूछा।

"इस बास्केट में सब है...कॉफी का फ्लास्क, सैंडवीचेज़, बिस्कुट और थोड़ी-सी लाहौर की मिठाई भी।"

"वाह जी वाह...बड़ी तैयारी से निकले हो।"

"सिटी यूनिवर्सिटी में हमें ये भी सिखाया गया था।" सायमा ने हँसकर कहा।

"सिटी यूनिवर्सिटी?" जोत ने पूछा।

"हाँ, लंदन की सिटी यूनिवर्सिटी, जहाँ से मैंने जर्नलिज़्म किया है।...हमारे डीन मिस्टर जॉनसन कहते थे...जर्नलिस्ट सिपाही है जो पेट पर चलता है...मतलब पेट ख़ाली है तो सिपाही रुक जाएगा।"

"वाह जी वाह...ये बात तो प्रो. रंधावा को बताने की है।" जोत ने कहा।

"शायद वे जानते हैं...खाने-पीने में कोई कोर-कसर नहीं छोड़ी है उन्होंने।" सायमा ने कहा।

"हाँ, उसी तरह स्टूडेंट्स के खाने-पीने का भी ध्यान रखें।" जोत हँसने लगा।

दोनों तरफ़ दुकानों के बीच फँसे ट्रैफिक में गाड़ी की रफ़्तार ज़ीरो हो गई। पता नहीं क्यों, सायमा इस भीड़-भाड़, अव्यवस्था और अराजकता की तुलना लंदन से करने लगी।

"अंग्रेज़ों ने हमारे ऊपर दो सौ साल हुकूमत की, लेकिन अपनी अच्छी बातें हमें नही सिखाईं।" सायमा ने भीड़ को देखते हुए जोत से कहा।

"अजी अंग्रेज़ों से मुझे तो सबसे बड़ी नाराज़गी यही है कि हमारे मुल्क को दो टुकड़ों में बाँट दिया?"

"उन्होंने बाँट दिया? ये तो हमारी, क़ायदे-आजम की, मुस्लिम लीग की डिमांड थी।" सायमा को हक़ीक़त में गुस्सा आ गया।

"पर ऐसा...मतलब कोई अच्छा नहीं हुआ।" वह उदासी से बोला।

"बहुत अच्छा हुआ..." सायमा ने कहा और जोत कुछ सिटपिटा सा गया। जोत के पास सायमा के सवाल के कई जवाब थे लेकिन वह खामोश रहा।

सामने सड़क पर ट्रैक्टर ट्रालियाँ, ट्रक और कारों की लम्बी लाइन लगी है।

"ये सीधी सड़क अटारी बार्डर तक जाती है...और अब आज जानती हो पाकिस्तान के साथ बिजनेस खुला है।"

सायमा ने फिर इधर-उधर देखना शुरू कर दिया। गाड़ी अब सड़क से उतरकर एक पतले रास्ते पर आ गई थी जो इतना कम चौड़ा था कि दो गाड़ियाँ मुश्किल से एक-दूसरे को क्रास कर सकती थीं। लेकिन ये रास्ता भी पक्का था। बेहद टेढ़ा-मेढ़ा होने के बावजूद कच्चा नहीं था। और इधर-उधर एक इंच ज़मीन ऐसी न थी जिस पर हरियाली न हो।

"सत्त सिरी अकाल जी" जोत ने एक से कहा जो सिर पर कुछ उठाए सामने आ रहा था।

"सत्त सिरी अकाल।"

"तोहाडे नाल एक गल्ल करनी है।"

"हाँ जी, करो।"

"इस इलाक़े में कुछ रोज़ पहले कोई लाश पाई गई थी? पुलिस लै गई है...कहते हैं कोई पाकिस्तानी था...?"

"सुन्या ते है...पर जानदे नइ।"

"की सुन्या है?"

"यही जी के एक लाश इधर मिली थी।"

"कहाँ मिली थी?"

"ये तो जी नइ पता।"

"कुछ तो सुना होगा?"

"तुसी ऐसा करो...सरपंच के पास चले जाओ...ओही दस्सणगे।"

"कित्थे रहेंदें ने सरपंच जी?"

"ओजी सीधे जाओ...खब्बे हाथ को मुड़ जाना...दूजा मकान है।"

...ऐसा हमारे साथ उन सभी गाँवों में हुआ जहाँ-जहाँ हम गए। इतना ज़रूर था कि गाँव सरपंच चाय पिलाता था। लेकिन जहाँ तक 'इनफारमेशन' का सवाल है, कुछ

नहीं मिलता था। सरपंच तो ये राय देते थे कि हम पुलिस के पास चले जाएँ और वहाँ से हमें पक्की जानकारी मिल जाएगी...मुझे लगता है कि इलाक़े के लोगों को पुलिस ने धमका दिया है और उनकी ज़बानें बन्द हैं। वो हमें कुछ भी बताने के लिए तैयार नहीं हैं...दिन भर चलने के बाद हम लोग एक जगह रुके। मैंने बास्केट से सैंडविच निकाले जोत को दिए...कॉफी दी...हम दोनों ही परेशान थे कि गाँव का कोई भी आदमी हमें किसी भी तरह की जानकारी क्यों नहीं दे रहा। ये सब जानते थे कि लाश इसी इलाक़े से मिली है। ये भी सबको पता है कि वह आदमी पाकिस्तानी था लेकिन ये बताने को कोई तैयार नहीं है कि वह यहाँ मरने से पहले देखा गया था या नहीं? ये भी कोई नहीं बताता था कि वह मरा कैसे?

...अगले दिन हम दोनों कुछ और गाँवों में गए। वहाँ भी बिल्कुल इसी तरह की बात हुई। बेसिक इन्फोरमेशन सबको है, उससे आगे कोई बताने को तैयार नहीं है... ।

गाँवों में कच्चे मकान तो अब देखने में नहीं आए। लेकिन गाँवों में न तो किसी तरह की प्लानिंग है और न रख रखाव। अजीब बेढ़ंगे तरह से गाँवों का विकास हुआ है। पतली गलियाँ हैं, नालियाँ हैं, गंदगी है और बेहिसाब मकान हैं जिनकी लाल और नंगी ईंटें आँखों को चुभती हैं।

एक गाँव में एक छोटा-सा चर्च नज़र आया तो सायमा को लगा कि ठीक ही है अमृतसर के चर्चों का कुछ असर गाँव तक चला आया है। लेकिन बाद में पिंडी सईदा, दयालपट्टी, वसोहा में लगातार चर्च नज़र आते रहे तो सायमा का पत्रकार दिमाग़ नई स्टोरी की तलाश में लग गया।

"ये चर्च क्या पुराने हैं?" उसने जोत से पूछा।

"चलो, चलके पूछ लेते हैं।"

गाड़ी गाँव के बाहर कच्चे टीले के नीचे रोक ली गई। दोनों उतरकर गाँव की तरफ़ बढ़े। मकानों की लाल टीनें और कच्ची गलियों के बीच गुज़रते जोत को कई बार 'सतश्री अकाल' कहा गया उसने जवाब दिया।

"क्यों जी, ये चर्च कब का बना है?"

"ये जी!"...वह कुछ झिझका..."आठवाँ साल है।"

"आप, गाँव में कब से रह रहे हैं।" सायमा ने पूछा।

"मेरा तो जन्म इसी गाँव का है...पचास की उम्र है।" वह बोला।

"इस इलाक़े में जो चर्च हैं वो सब नए बने लगते हैं...मतलब यही पाँच-दस साल पुराने... ।"

"हाँ...तुसी ठीक कैंदे हो...पर क्यों पुछदे हो?" वह बोला।

"कुछ नहीं जी...कुछ नहीं...इधर से निकल रहे थे...तो पूछ लिया..." जोत बोला।

...रज़्ज़ाक साहब को लम्बा ई-मेल भेजा। और बताया था कि यहाँ हालत ये हैं कि तीन दिन उस इलाक़े में खाक छानते हो गए हैं लेकिन कोई नतीजा बरामद नहीं हुआ है। बल्कि मुझे लग रहा है कि हमारे गाँवों में जाने की ख़बर फैल रही है और सब लोग बहुत 'कांशस' हो गए हैं। कोई कुछ बताने के लिए तैयार नहीं है...इस ई-मेल का जवाब आया तो मैं अपना सिर पकड़कर बैठ गई। रज़्ज़ाक साहब ने लिखा था। इतनी जल्दी फ़ैसला मत करो। लोग नहीं बता रहे हैं तो इसका मतलब बड़ी शानदार स्टोरी कहीं छुपी पड़ी है। तुम इसी स्टोरी की तलाश में गई हो। अभी से दिल छोटा न करो...कोशिश करती रहो...ऑल द बेस्ट...

सायमा के पास से एक अजीब-सी ख़ुशबू आती है जो किसी आर्टीफिशियल परफ्यूम की नहीं हो सकती। जोत उठते-बैठते सायमा की ख़ूबसूरती को निहारता रहता है। एक अजीब-सा आत्मविश्वास, बौधिकता और गौरव है उसकी पर्सनाल्टी में जो बहुत कम देखने को मिलता है। यह वही सुन्दरता है जो जोत को अमृता शेरगिल की तस्वीरों में दिखाई देती है।...जोत के सपनों की दुनिया में पंख लगने लगे...धीरे-धीरे पंख फड़फड़ाने लगे। अमृता शेरगिल की तस्वीरों की दुनिया और उनके पीछे एक प्यार करनेवाली शख़्सियत जोत की दुनिया में समाते चले गए। धीरे-धीरे जोत को सायमा अमृता शेरगिल ही दिखाई पड़ने लगी। जब जोत पूरी तरह कन्विंस हो गया तो एक दिन...

बरगद के एक पुराने पेड़ के नीचे काफ़ी पीते हुए जोत ने सायमा से कह ही दिया, "त्वाडी शकल अमृता शेरगिल से मिलती है?"

"अमृता शेरगिल...!" सायमा का लैपटाप खुल गया और गूगल सर्च पर अमृता शेरगिल की कई तस्वीरें उभर आईं।

"तुसी ठीक कहन्दे हो।" सायमा ने जोत की तरफ़ देखकर पूरी गम्भीरता से कहा और फिर हँस दी क्योंकि वह यह नहीं चाहती थी कि जोत उसके साथ जिस धरातल पर आना चाहता है वह न आए।

"तुसी जब हँसती हो तो अमृता शेरगिल से भी अच्छी लगती हो।" जोत ने कहा।

"अब तुसी ऐन्नी ऊँची उड़ान न भरो।" सायमा ने कहा।

"क्यों?"

"इसलिए कि हम ज़मीन पर चल रहे हैं।" सायमा ने ज़मीन लफ्ज़ पर ख़ासा जोर दिया और जोत को यह समझने में देर नहीं लगी कि वह क्या चाहती है।

ये तो सायमा को बहुत पहले ही लग गया था कि नवजोत उसमें दिलचस्पी ले रहा है। और हक़ीक़त में यह सायमा को बुरा भी नहीं लगा था, लेकिन उसका ख़्याल

था कि दिलचस्पी लेने के लिए जान-पहचान कुछ ज़्यादा होना चाहिए और फिर लम्बे क़द, सीधे-साधे नक्शेवाला नवजोत उसे बच्चा नहीं, अपने से काफ़ी कम उम्र का लगता है। उसे ये सोचकर कुछ शर्म आती है कि वह नवजोत से प्रेम करेगी...ऐसा नहीं है कि सायमा का यह पहला प्यार होगा लेकिन फिर भी वह एक अजीब तरह लगाव और अलगाव है उसके मन में जो सामने आता रहता है और नवजोत 'कन्फ्यूज़' होता रहता है...सायमा यह जानती है और सोचती है कि नवजोत के 'कन्फ्यूज़न' को ख़त्म कर देना चाहिए लेकिन इस सिलसिले में वह पक्का फ़ैसला नहीं कर पाई है। नवजोत ने इस दौरान उससे उसके घर-बार, दोस्तों के बारे में भी बात करने की कोशिश की है, लेकिन सायमा बड़ी खूबसूरती से बात को टाल जाती है। वह रिश्तों को बनाने में काफ़ी मोहतात है।

सायमा यह जानती है कि नवजोत उससे किस तरह का रिश्ता बनाना चाहता है। उसे लगता है नवजोत उससे दो साल छोटा ही नहीं बल्कि बहुत सरल और सच्चा इंसान है जो इस तरह के रिश्तों की बारीकियों से वाक़िफ़ नहीं होते। उसके लिए सायमा एक सुन्दर लड़की है और हर सुन्दर लड़की से प्यार किया जा सकता है। लेकिन सायमा को ये सोचकर हँसी आती है। नवजोत उसे अच्छा लगता है। कभी-कभी उसकी शरारतों के जवाब में वह उसे कुछ और नजदीक आने का मौक़ा भी दे देती है, लेकिन उसके लिए यह सोच पाना कुछ मुश्किल है कि वो नवजोत को प्यार करने लगी है। वह यह भी नहीं जानती है कि उसके दिल में नवजोत के लिए जो भाव हैं उन्हें क्या छिपाकर रखा जाए? इसलिए कभी-कभी ऐसे मौक़ों पर उसकी प्रतिक्रिया नवजोत को 'कन्फ्यूज़' कर देती है।

सफारी फिर टेढ़े-सीधे रास्तों पर आगे बढ़ने लगी। सामने से एक अजीब किस्म की घोड़ा गाड़ी पर स्कूल के बच्चे गाँव लौटते दिखाई पड़े। सायमा ने कैमरा सीधा किया। उसने यह मार्क किया कि इस इलाक़े में स्कूल बहुत हैं। शायद लाहौर के आसपास, इस तरह के इलाक़ों के मुक़ाबले में बहुत ज़्यादा। इंडिया आए सायमा को बारह दिन हो चुके हैं और हर लम्हे वो इंडिया पाकिस्तान का मुक़ाबला करती रहती है। और चूँकि किसी से कुछ कहती नहीं, इसलिए ये कोशिश बड़ी ईमानदार होती है। उसे भारत में ग़रीबी ज़्यादा नज़र आई...पाकिस्तान में इतनी नहीं है...उसे भारत में अमीरी भी बहुत ज़्यादा नज़र आई उतनी पाकिस्तान में नहीं है...उसे एक खुलापन नज़र आया।...लेकिन अमृतसर के दुकानदारों में वो तमीज़ नहीं है जो लाहौर के दुकानदारों में है। जैसे लाहौरी कुल्चे में से कीमा निकालकर आलू भर दिया गया हो।

"वो क्या है उधर?" सायमा ने हरे खेतों से दूर पेड़ों के झुरमुट के ऊपर नज़र आती दो मीनारों की तरफ़ किया।

"मसीत होगी।" जोत ने कहा।

"मस्जिद?"

"हाँ, मस्जद।" जोत ने जवाब दिया।

"मस्जिद?" सायमा के लहजे में अविश्वास और आश्चर्य बढ़ गया था।

सायमा की इन्फार्मेशन के मुताबिक़ 1947 में पंजाब से माइग्रेशन सौ परसेन्ट था। और मुसलमानों के हिजरत कर जाने के बाद पंजाब की मस्जिदें और दूसरे मजहबी इमारतें या तो गुरुद्वारों और मंदिरों में तब्दील कर ली गई थीं या तोड़ दी गई थीं। ये किसी हद तक समझ में आता है। जब मुसलमान ही नहीं बचे तो मस्जिदें कैसे बची रहेंगी? यही उधर यानी पाकिस्तान में भी अक्सरो-बेश्तर हुआ था...लेकिन यहाँ गेहूँ के हरे खेतों और आम के ऊँचे पेड़ों के पीछे बिल्कुल सफ़ेद मीनारें मस्जिद की कैसे हो सकती है? ये शायद झूठ बोल रहा है? या शायद ये पता नहीं किस इमारत को मस्जिद समझ रहा है?

जोत ने उसकी तरफ़ देखा कि इसमें इतनी हैरत की क्या बात है।

"चलो, उधर चलो।" सायमा के कहने पर गाड़ी मोड़ ली गई।

खेतों के बीच मस्जिद के पास गाड़ी रुक गई। मस्जिद के बराबर एक अहाते में कई क़ब्रें हैं जिन पर हरे रंग का साफ़ कपड़ा चढ़ा है। लाइन में बनी ये क़ब्रें सात-आठ तो होंगी। अहाते के कोने में एक हुजरा-सा बना है। जिसकी जालियों के अन्दर एक बड़ी क़ब्र दिखाई दे रही है। अहाते में क़ब्रों के पास बेरी और अमरूद के कुछ पुराने पेड़ हैं और जिनकी शाख़ें बड़े कलात्मक ढंग से मुड़-तुड़ गई हैं।

अहाते से मिली हुई मस्जिद है। छोटी और पतली ईंटों की बनी मस्जिद देखने में ही कई सौ साल पुरानी लगती है। मस्जिद के ऊपर भी चूने की पुताई है। सहन साफ़-सुथरा है। दो बड़ी मीनारें पीछे हैं और दो छोटी आगे।

सायमा हैरत से यह देखने लगी। आसपास कोई नहीं था। दूर किसी गाँव के घर दिखाई पड़ रहे थे।

"ये क्या है?" सायमा की आवाज़ काँप रही थी।

"मसीत है जी..." जोत को अजीब-सा लगा।

"लेकिन यहाँ कोई मुसलमान नहीं है।"

"हाँ, यहाँ कोई मुसलमान नहीं है।"

"फिर...इसकी देखभाल कौन करता है? सफ़ेदी कौन करता है? क्या रात में फरिश्ते आते हैं?"

"नहीं जी, ये तो गाँववाले ही करते हैं।"

सायमा ने बैठकर बड़े जतन के साथ अपने स्पोर्ट शूज़ उतारे और मस्जिद के सहन में आ गई। उसके पीछे-पीछे जोत भी...सहन से आगे बढ़कर वह मस्जिद के

अन्दर आ गई। बीच के गुम्बद के नीचे मिम्बर की सीढ़ियाँ मौजूद हैं। मस्जिद के अन्दर की हवा भारी नहीं है। न वहाँ अबाबीलें हैं और मकड़ी के जाले। एक ताक़ में मोमबत्तियाँ जलाने के ताज़े निशान हैं।

सायमा का दिल ज़ोर-ज़ोर से धड़कने लगा। उसे लगा कि रोंगटे खड़े हो गए हैं।

"ये सब कौन करता है जोत?"

"गाँववाले करते हैं।" जोत को हैरानी हो रही थी कि सायमा उस पर यक़ीन क्यों नहीं कर रही है। जबकि सायमा एक ऐसी हक़ीक़त को स्वीकार करने की प्रक्रिया में थी जो उसके लिए चमत्कार से ज़्यादा बड़ी थी।

वह मस्जिद की दीवारों को इस तरह देखने लगी जैसे दीवारों पर कुछ लिखा हुआ हो। या जैसे कोई निशान देखना चाहती हो। ऊपर बड़े गुम्बद की छत और छोटे गुम्बदों की छतों के नीचे वह कुछ आवाज़ें सुनने के लिए रुक गई...अचानक बहुत दूर से...शायद ग़ैब से उसे बहुत मद्धिम लेकिन बहुत साफ़ और गहरी आवाज़ में सुनाई देने लगी...अल्लाहो अकबर...' उसने जल्दी से सिर ढाँक लिया।...वह अन्दर से काँप रही थी...ऐसा इससे पहले तो कभी नहीं हुआ था।

"जोत मैं यहाँ नमाज़ पढ़ूँगी।" वह दृढ़ता से बोली।

"ज़रूर पढ़ो जी...मसीत में नमाज़ ही पढ़ी जाती है।"

जोत ने उसे मिनरल वाटर की बोतल थमा दी। उसने मस्जिद की दीवार के पास, सीढ़ियों पर बैठकर वज़ू किया और मस्जिद के पहले दर में खड़ी हो गई। एक सिहरन और कँपकँपी ने उसके वजूद को हिला दिया...पता नहीं, कितने सालों बाद कोई यहाँ नमाज़ पढ़ रहा है...पता नहीं, सजदों में लोग कितना गिड़गिड़ाए और रोए होंगे कि अल्लामियाँ ऐसा कर दें कि हम अपने खेतों से जुदा न हों...हम अपने घरों में रहें...हमारी जाने बच जाएँ...चीख़ों की आवाज़ें...जलते हुए गाँव...बहता हुआ ख़ून...नंगी औरतों का जुलूस...बेकफ़न पड़ीं लाशें...सायमा की आँखों से आँसू निकलने लगे...वह दबी-दबी सिसकियाँ रोक नहीं पाई...उसने लाख कोशिश की लेकिन उसके आँसू रुकने को तैयार ही न थे...उसने लाचार होकर अपने आपको जज़्बात के हवाले कर दिया। पता नहीं वह कितनी देर खड़ी रही और आँसू बहते रहे. ..पीछे मुड़कर उसने देखा तो जोत वहाँ नहीं था...वह मुड़ी...सीढ़ियों पर मिनरल वाटर की बोतल रखी थी। उसने चेहरे पर पानी के कई छींटे डाले और सीढ़ियाँ उतर गई।

क़ब्रों के सामने जोत किसी किसान से कह रहा था, 'पाकिस्तान से कुड़ी आई है, नमाज़ पढ़ रही है।'

"कहो जी, पढ़ ली नमाज़।" जोत ने पूछा।

"हाँ, पढ़ ली।" सायमा ने जल्दी से काला चश्मा लगा लिया। वह नहीं चाहती थी कि उसकी सुर्ख़ आँखें देखी जाएँ।

"ये जी इसी गाँव में रहता है...कुछ गल्ल करना चाहो तो कर सकदी हो।" जोत ने उस आदमी की तरफ़ इशारा किया। सायमा के अन्दर का खोया पत्रकार फिर जाग गया।

"ऐ दस्सो की इत्थे देख-भाल कौन करदा है?" सायमा ने पंजाबी में सवाल पूछा। वह यहाँ पहली बार पंजाबी बोली और बिल्कुल बेख़याली में बोल गई। जोत उसे हैरत से देखने लगा। सायमा को भी लगा कि एक पर्दा जो उसने बिला वजह टाँग रखा था...हवा के तेज़ झटके से उड़ गया है।

"ऐसा है जी...पिंडवाले मिलजुल के करदे ने...पर सेवादार बच्चन सिंह है।"

"पिंड विच कोई मुसलमान तो नहीं।"

"नइ जी...कोई नइ है।"

"और इत्थे की होंदा है?"

"बैसाख में जी उरस होंदा है...मलेर कोटला तों और दूरों-दूरों तो क़व्वाल आते हैं।"

"क्यों?"

"इनकी जी...सैयद पीर बाबा की बड़ी मानता है...पूरा इलाक़ा जी मन्नत माँगने आता है।" वह मज़ार की तरफ़ हाथ उठाकर बोला। सैयद बाबा पाकिस्तान नहीं गए। सायमा ने सोचा।

"ऐ दस्सो कि इस इलाके विच कोई मुसलमान है कि नहीं?" सायमा ने पूछा।

"हाँ जी...ओंग पिंड विच इक मुसलमान रहन्दा है...ए सुना है जी।"

"ओंगा पिंड..."

"किन्नी दूर है।"

"ऐइ कोई दो-तीन कोह होएगा।...सीधे थोबावाली रोड से चले जाओ।" वह बोला।

"चलो ओंगा पिंड चलते हैं।" सायमा ने कहा।

"क्या? हम तो..."

"नहीं...ओंगे पिंड..."

सड़क के किनारे कुछ ऊबड़-खाबड़ दुकानें—चाय, नमकीन और मिठाई के ढाबे, टायर-ट्यूब पंक्चर जोड़नेवालों के खोखे। कुछ दूसरे तरह की दुकानें।

गाड़ी को जोत ने एक चाय की दुकान के पास रुकवा लिया। सायमा गाड़ी से उतरी तो सबकी नज़रें उसका पीछा करने लगीं।

"बस जी, इत्थे इ पूछदे हाँ।" जोत बोला।

चाय की दुकान में आर्डर देने के बाद जोत ने चायवाले से पूछा—

"क्यों जी, इत्थे कोई मुसलमान बन्दा रहंदा है?"

"हाँ जी मोमद है...इत्थे इ उसदा घर है। वो देखो सामने टायर की दुकान है न...ओ सरदार जी बूटासिंह...मोमद का दोस्त है, उससे पूछो।"

गाँव की खरंजा लगी लेकिन टेढ़ी-सीधी गलियों से हम मोमद के घर की तरफ़ बढ़ने लगे। सरदार जी रास्ता दिखा रहा है। वह ख़ास माझा पंजाबी में बता रहा है कि मोमद बड़ा नेक बंदा है। काम-से-काम रखदा है। मदद करने को तैयार रहंदा है...कई गलियों और कई मोड़ों से होते एक दरवाज़े के सामने पड़े पर्दे को हटाकर अन्दर आ गए।

आँगन की एक तरफ़ हैंड पम्प है, कोने में भैंस बँधी है, पास में ऊपलों का ढेर, अलगनी पर सूखते कपड़े। टीन के शेड के नीचे चूल्हा, पास में आटा गूँधती एक औरत...एक तरफ़ प्लास्टिक की दो कुर्सियाँ...

मोमद और सरदार बूटा सिंह में कोई फ़र्क़ नहीं नज़र आता। मोमद भी छोटी-सी पगड़ी बाँधे है। उसके चेहरे पर भी दाढ़ी है। वह भी कमीज, शलवार पहने है। उसका चेहरा भी धूप में तपकर ताम्बे जैसा हो गया है।

बातचीत होने लगी। चाय आ गई।

"आप जी पिंड में अकेले मुसलमान हो?" सायमा ने इधर-उधर की बातचीत के बाद पूछा।

"हाँ जी...पिंड में ही नहीं...इस पूरे इलाक़े में...दस पंदरह पिंडा विच अकेला मुसलमान है।" मोमद के बोलने से पहले बूटा सिंह बोला।

"त्वाडे कुनबे विच कौन-कौन है?"

"जी तीन मुण्डे हैं...तिन्ना दा ब्याह हो ग्या है...दो ने इसी पिंड विच अलग-अलग घर बनाए हैं...तीसरा मेरे साथ रहंदा है।"

बूटा सिंह मोमद के लड़कों के कामधाम के बारे में बताने लगा। एक लड़के ने हवा-पंचर की दुकान खोली है, दूसरा टियूबवेल का मैकेनिक हो गया है, तीसरा दर्जी का काम सीखा हुआ है।

सामने आँगन में औरतें अपने काम में जुटी थीं। लगता था बूढ़ी औरत जो आटा गूँध रही है, मोमद की पत्नी और जवान औरत उसकी छोटी बहू है।

"तुहानू पिंड विच कोई परेशानी, तकलीफ?"

"नइ जी, कोई नइ...सब बड़ा ध्यान रखदे हैं..बहुत ध्यान..." वह बोला और बूटा सिंह सिर हिलाने लगा।

मोमद की बहू चाय लेकर आ गई। सबने चाय ले ली।

"मैं इससे बात करना चाहती हूँ।" सायमा ने बहू की तरफ़ इशारा करके कहा।

"हाँ जी, करो...जरूर करो।..."

"आओ...मेरे साथ..." सायमा बहू के साथ आँगन में आकर छोटी पीढ़ी पर बैठ गई।

"क्या नाम है?"

"नरगस...?"

"किन्ने बच्चे ने?"

"दो मुण्डे ने।" वह कुछ गर्व से बोली।

"कुछ पढ़ी हो।"

"क़ुरान पढ़ा था...दो पारे।"

"कहाँ?"

"पिंड विच मदरसे...जांदी सी।"

"किस पिंड में?"

"मलेर कोटला के पास...रजेड़ी..."

"यहाँ ख़ुश हो।"

"हाँ, जी।"

सायमा उसे देखने लगी। सायमा को लगा इन लोगों से इस तरह के सवालों का कोई मतलब नहीं है। ये इससे ऊपर हैं। सायमा कुछ देर बाद अन्दर कमरे में आ गई जहाँ जोत मोमद और बूटा सिंह को बता रहा था कि सायमा लाहौर से आई है।

"ताहीं इन्नी चंगी पंजाबी बोलदी है।" बूटा सिंह बोला।

"ये बताओ...जब सब पाकिस्तान जा रहे थे। आप लोग क्यों नहीं गए?" सायमा ने पूछा।

"जी बात ये है कि वालिद साब साँप काटे का ज़हर उतारना जानदे सी...वो अपने मुँह से ज़हर चूस लैन्दा सी...उसने मरदे हुए लोगों को जिन्दा किता...यही वजह रही कि पिंडवालियाँ ने हमारे परिवार को रोक लिया।"

"ये बताओ...आप नमाज़ पढ़ते हो?" सायमा ने मोमद से पूछा।

"हाँ जी, हाँ...मुल्ला जी आते हैं...नमाज़ पढ़ाते हैं।" सायमा ने बूटा सिंह की तरफ़ देखा।

"मस्जिद है पिंड में।"

"हाँ जी...बना रहे हैं।"

"क्या मतलब?"

"ओ जी...गिर गई थी।"

"कैसे?"

बूटा सिंह कुछ समझाता रहा जो सायमा को समझ में नहीं आया।

"ये बताओ कि आप पूरे इलाक़े में अकेले मुसलमान हो...क्या अब आपको नहीं लगता कि अगर पाकिस्तान चले ही गए होते तो अच्छा होता?" सायमा ने मोमद से पूछा।

"सच बताऊँ जी?"

"हाँ...हाँ, सच बताओ।"

"देखो जी, गल्ल ए है...त्योहार आते हैं, ख़ुशी ग़म के मौक़े आते हैं...सब चान्दे हैं कि बिरादरी रिश्तेदारी दे लोग आण...मिल बैठे...पर जी इत्थे हमारा एक ही घर है...हर समय वही तीन...वही...पर ये है जी पिंड विच मेरी बड़ी इज्जत है...बड़ा मान है..,बहुत प्यार मोहब्बत है...और अब जी क्या कहाँ जावें...यहीं सबसे अच्छा है।" मोमद ने अपनी बात ख़त्म कर दी।

'फनटास्टिक, जस्ट ग्रेट...सायमा तुम्हारी नमाज़ और मोमदवाली स्टोरी को सबने पसन्द किया है...मेरे ख़्याल में तुम्हारी सबसे बड़ी स्टोरी है...गो एहेड...करती रहो...शेर अली की स्टोरी के लिंक्स भी मिलेंगे...बट यू कीप ऑन गेटिंग स्टोरीज़ फ्राम द बार्डर एरियाज़।' रज़्ज़ाक साहब के ई-मेल को सायमा ने कई बार पढ़ा। वेबसाइट पर देखा...फर्स्ट पेज पर 'बाटम स्टोरी है'। अवर क्रास्पांडेंट सायमा खान फ्राम अमृतसर...।

...चलो पाँच दिन मारे-मारे फिरने का कोई तो नतीजा निकला। आज का दिन भी कुछ नया रहा। अल्का और जस्सी के साथ गोल्डन टेम्पल देखने चली गई। तस्वीरों में गोल्डन टेम्पल इतना इस्प्रीच्युअल नहीं लगता जितना देखने में लगता है। सफ़ेद, सुनहरा और नीला रंग दिल की गहराइयों तक उतर जाता है...इस मंदिर की बुनियाद गुरु अर्जुन देव के कहने पर लाहौर के एक फ़क़ीर पीर मियाँ मीर ने रखी थी। एक मुसलमान से काम लिया गया था सिखों के सबसे बड़े गुरुद्वारे की बुनियाद रखने का। ये कैसे हुआ होगा?

पीर मियाँ मीर मुसलमान थे। वो किसी दूसरे मज़हब की इबादतगाह की संगे बुनियाद रखने के लिए तैयार ही कैसे हो गए? कहते हैं गुरु अर्जुनदेव पीर मियाँ मीर से बड़ी अक़ीदत रखते थे। अगर अक़ीदत थी तो उन्हें मुसलमान हो जाना चाहिए था? सिख मज़हब और इस्लाम अलग-अलग मज़हब हैं, उनकी बुनियाद अलग हैं। उनके उसूल अलग हैं। फिर ये सब क्यों हुआ? क्या पीर मियाँ मीर को ये यक़ीन रहा होगा कि सिखों की इबादतगाह का संगे बुनियाद रखना किसी भी तरह इस्लाम के ख़िलाफ़ नहीं है? अगर ये बात थी कैसे?...अच्छा क्या गुरु अर्जुनदेव को भी ये न लगा होगा कि किसी मुसलमान से सिख इबादतगाह की बुनियाद रखवाना सही है या नहीं? अगर पीर मियाँ मीर के एतेकाद में सिख धर्म के लिए इतनी जगह थी और गुरु अर्जुन देव इस्लाम के इतने बड़े प्रशंसक थे तो फिर एक नए मज़हब की ज़रूरत? या शायद ये दोनों मिलकर नई 'डिफनीशन्स' बना रहे थे? तो फिर नए

मज़हब की क्या ज़रूरत थी? मेरे पास इस सवाल का जवाब नहीं है। अपनी इस परेशानी में मैं अल्का और जस्सी को क्या शामिल करती। मुझे मालूम था कि वे कोई जवाब न दे सकेंगे...

...गुरुद्वारे में सबसे ज़्यादा क़ाबिले तहसीन हिस्सा मुझे वो लगा जहाँ लंगर चलता है। पहले तो मैं इस बात पर तैयार नहीं थी कि लंगर का खाना खाया जाए लेकिन फिर सोचा चलो देखते हैं क्या होता है...हम जैसे ही वहाँ दाख़िल हुए हमें एक थाली दे दी गई। फिर एक प्याला मिला, फिर चमचा मिला। उसके बाद हम एक बड़े से हाल में आ गए...यहाँ दरी पर बैठकर सब खाना खा रहे थे। कुछ लोग खाना खिला रहे थे...यहाँ तक तो सब ठीक था, लेकिन खाना खाने के बाद जूठे बर्तनों की सफाई होते देखना एक नया तजुर्बा था...जूठे बर्तन धोने के लिए बड़ी-बड़ी मेज़ें लगी थीं। उनके ऊपर धुले बर्तन रखने के लिए जगह थी...सैकड़ों की तादाद मे जूठी थालियाँ लाई जाती थीं और मेज़ के चारों तरफ खड़े लोग उन पर टूट पड़ते थे...लगता था उनमें कम्पीटीशन चल रहा है कि कौन कितने जूठे बर्तन साफ़ कर सकता है। जो लोग बर्तन साफ़ कर रहे थे वैसे नहीं लगे जैसे जूठे बर्तन साफ़ करनेवाले होते हैं। अल्का ने बताया ये कार सेवा है...ये शहर के बाइज़्ज़त लोग हैं जो अपना टाइम निकालकर यहाँ आते हैं, बर्तन साफ़ करते हैं और फिर अपने आफ़िसों-दुकानों में चले जाते हैं। अल्का और जस्सी ने कहा कि अगर मैं आधे घंटे इंतिज़ार करूँ तो वे भी इस कार सेवा में शामिल होना चाहेंगी...मैं रुक गई...मैं देखने लगी...मेरे लिए मज़हब का ये बिल्कुल नया रूप था...एक नई तस्वीर...किस बर्तन में किसने खाया है, हिन्दू, मुसलमान, ईसाई, अमीर, ग़रीब, भिखारी, शहज़ादा...इनको इससे कोई मतलब नहीं है...मैंने अल्का और जस्सी को भी इन लोगों के साथ जूठे बर्तन साफ़ करते देखा और सोचा कि मैं ऐसा क्यों नहीं कर सकती..अगर ये लोग मेरे जूठे बर्तन साफ़ कर सकते हैं तो मैं इनके जूठे बर्तन क्यों साफ़ नहीं कर सकती? अक़ीदत का ये नया रंग मुझे बहुत पसन्द आया...

बटाला रोड पर एक कोठी के सामने ड्राइवर ने गाड़ी रोकी और हम दोनों उतर आए। अल्का ने बढ़कर गेट खोला और मैं गेट के खम्भे पर लगी नेमप्लेट पढ़ने लगी—सरदार गुरुवचन सिंह गिल, 102, बटाला रोड, अमृतसर...काफ़ी बड़ी कोठी है। सामने लॉन ही क़रीब पाँच सौ स्क्वायर फीट को होगा।...उसके बाद पुराने ज़माने की कोठियोंवाला लम्बा-चौड़ा बरामदा। गेट खुलने की आवाज़ के साथ ही अन्दर से कुत्तों के भौंकने की आवाज़ भी आई थी और हमारे बरामदा में पहुँचने से पहले दो जर्मन शेफर्ड बाहर आ गए।

"डरीं ना। बड़े बीबे कुत्ते ने।" अल्का ने कहा।

"अच्छा।" मैं हँस दी। दुनिया में हर जगह कुत्तों के हर मालिक अपने कुत्तों को बहुत सीधा मानता है।

'एलशेप' बड़े से लिविंग रूम में आकर हम सोफ़ों पर बैठ गए। ऊपर बड़ा सा 'शैंडलियर' लटका हुआ है। टीकवुड का फर्नीचर और बैल्जियम ग्लास।...कट ग्लास...परशियन कारपेट...

"ग्रेट यार...तेरी कोठी तो बड़ी शानदार है।"

"तैनूं पतै मेरे फादर भी लाहोर के हैं।" अल्का बोली।

"तूने पहले क्यों नहीं बताया।"

"अरे क्या बताना...डैडी को तो ठीक से याद भी नहीं...पार्टीशन के टाइम दो साल के थे...। दादाजी को सब याद था...वो रहे नहीं...दादी जी हैं...वो तुझसे मिलने को बेकरार हैं...कह रही थीं...इतने सालों बाद कोई लहौर से आ रहा है।"

अल्का की दादी ही होंगी। सफ़ेद कपड़ों में सत्तर साल की बूढ़ी औरत छड़ी टेकती लिविंग रूम में आती दिखाई दीं।

"ओहो माताजी...असी आपके पास आ रहे थे...तुसी क्यों तकलीफ कीती।"

"सच दस्सा कुड़ियो, मेरा सबर जवाब दे गया।" उसकी साँस फूल रही थी। पता नहीं, वह रो रही थी या हँस रही थी।

सायमा को दादी ने इस तरह गले लगाया कि उसे लगा कि साँस ही रुक जाएगी।

इस बीच चाय की ट्रे आ गई थी।

"लै, तेरे लिए मैंने बहुत साल बाद पिन्नियाँ बनाईयाँ ने...साडे लहौर विच लोक बहुत पसन्द करदें ने।"

"हाँ हाँ, मां जी...बहुत।"

"और ये गजरेला, है गरम-गरम...खा" मां जी ने खाने की ट्रे की तरफ़ इशारा किया।

"दादी जी को सुनाई कम देता है...। ज़ोर से बोल। या तू इधर बैठ जा...।" मैं दादी जी के बराबर बैठ गई।

"देख, असी वी लहौर दे हाँ...। दादी बोलने लगीं। उनके पोपले मुँह से साफ़ आवाज़ें नहीं निकल रही थीं। लेकिन फिर भी समझ में आ रही थीं। ऐनक के धुँधले शीशों के पीछे से दिखती उनकी धँसी हुई आँखों में चमक थी। झुर्रियों पड़े चेहरे का रंग सुर्ख़ था और बाल बिल्कुल बर्फ़ जैसे सफ़ेद।"

"वेख, चाटी दरवाज़े के कोल सड्डा घर सी...मोहल्ला जलोटियान सी...समझ ले उसमें का कूचा नक्कारचियान...जानदी एँ। कित्थे हैं?"

"हाँ जी, पता है...हमारा भी पुराना घर टकसाली गेट पर है...पर अब हम नए घर में रहते हैं...माडल टाउन में..." मुझे लगा कि मेरे ज़ोर से बोलने के बावजूद वे सुन नहीं पा रही थीं।

वो बोलती रहीं। "पीर भोला दी दरगाह है ना? उस्दे अग्गे भाटी बज़ार है...जित्थों सिधा भाटी तक रस्ता जान्दा है...। भाटियाँ उत्तर के उच्ची मसीत लाल है...फिर खब्बे हत्थ गली नायन है..."

वो शायद ये साबित करना चाहती थीं कि पूरे इलाक़े से अच्छी तरह परिचित हैं। बीच-बीच में वो अपने सफ़ेद दुपट्टे से आँखों के कोने भी साफ़ करती जा रही थीं।

"लहौरी मंडी बज़ार दे नुक्कड़ च इस्लाम गली दे कोल मंदर निहाल चंद है कि नहीं?"

"है जी, अभी मंदर है।"

"वहाँ आरती होणी...खूब चहल-पहल रहंदी सी और वसंत चढ़े रावी किनारे मेला लगदा सी और ये बता लाहौर गेट ते उमराव सिंह दी मिठाई दी दुकान है कि नहीं? अनारकली मोड़ ते गनपत सड़क दे कोल भगवान दास दी लस्सी दी दुकान और कुन्दन लाल मिठाईवाले की दुकान ते होएगी।" उनकी आवाज़ भारी होती चली गई।

"लै चल मैनू लहौर...इक बार बस इक बार...मरनों पहलां।" उन्होंने रोनी आवाज़ में इल्तेजा की और मेरा हाथ अपने काँपते हाथों में पकड़ लिया।

मैं सोचने लगी...यार क्या मुश्किल है। अमृतसर से लाहौर पचास किलोमीटर है। गिल साहब के घर में दो बड़ी शानदार गाड़ियाँ हैं...वे लोग आधे घंटे में लाहौर पहुँच सकते हैं...ये इनके लिए इतना बड़ा सपना क्यों बना दिया गया?

होटल लौटी तो नवीन, प्रदीप और सोनी मेरा इंतज़ार कर रहे थे। प्रोग्राम ये बनाकर आए थे कि मुझे नाटक दिखाने ले जाएँगे...मैं तैयार हो गई। सोनी गड्डी ले आया था। हम सब रंगशाला आए। बड़ी दिलचस्प जगह लगी। स्टेशन से जो सीधी सड़क वाघा बार्डर तक जाती है, उसी पर है। बताया गया, रंगशाला अमृतसर की एक बड़ी संस्था है जहाँ साल भर नाटक होते रहते हैं। छोटी-सी ज़मीन पर पेड़-पौधे और लताएँ वगैरा लगाकर वाकई इसे कलात्मक बनाया गया था। इमारत को इस तरह बनाया गया है कि कच्ची मिट्टी की लगती है लेकिन थियेटर में सभी मार्डन फैसिलिटीज़ हैं। यहाँ स्टेज के कलाकारों से मिली। बिल्कुल उसी तरह चेहरे, वही अन्दाज़, वही अदाएँ जो लाहौर के नाटकवालों की हैं, यहाँ भी देखने को मिली। ये भी पता चला कि लाहौर से यहाँ नाटक आते हैं। और ये लोग भी वहाँ जाकर नाटक करते हैं...

...अब तक शेर अली की स्टोरी तो अनफोल्ड नहीं हो रही है लेकिन अमृतसर में दोस्तों की तादाद बढ़ रही है। नीतू और सोनी ज्ञानी जी के ढावे में चाय पिलाने ले जाते हैं...ज्ञानी जी की चाय यहाँ की बड़ी ख़ास चीज़ है...चाय में ऐसा 'फ्लेवर' होता है जो कम-से-कम मैंने कहीं नहीं देखा...चाय पीने के बाद हम लोग कंपनी बाग़ में टहलने जाते हैं...अपनी विरासत में बेनियाज़ी पाकिस्तान की ही ख़ूबी नहीं हिन्दुस्तानी भी इसमें कम नहीं हैं...महाराज रंजीत सिंह हिन्दुस्तानी पंजाब के बहुत बड़े हीरो हैं...उन्होंने रागबाग़ नाम से अपना 'समर पैलेस' बनवाया था जो आज अपनी बदहाली पर आठ-आठ आँसू बहा रहा है...कहते हैं, सरकारी महकमों में रस्साकशी हो रही है...पैलेस के कम्पाउंड में क्लब खुल गए हैं। इमारतें बहुत खस्ता हालत में हैं...बाग़ात उजड़े पड़े हैं...एक पुरानी तारीखी इमारत पर 'मछली घर' का बोर्ड पढ़कर हैरत में रह गई। इस बोर्ड पर लिखा था 'मछली घर' का इनॉग्रेशन फलाँ-फलाँ मिनिस्टर ने किया था। सबसे पहले बात तो ये है कि ये तारीख़ी इमारत 'मछली घर' कैसे बन गई। दूसरी बात ये कि मिनिस्टर के ज़रिए उसके इनॉग्रेशन का पत्थर इतना छोटा है और इस क़दर घिसपिट गया है कि मुश्किल से पढ़ा जाता है...जहाँ तक 'मछली घर' का सवाल है वह तो नज़र ही नहीं आता क्योंकि इमारत के बोसीदा दरवाज़े चारों तरफ़ से बन्द है। बताया गया कि इमारत की मरम्मत होनेवाली है...बाग़ के बड़े आलीशान फाटक पर अंग्रेज़ी में लिखा एक पत्थर लगा है जिस पर अमृतसर की स्पेलिंग 'यू' से शुरू होती है और 'सर' को 'यू' से लिखा गया है। ये फाटक पता नहीं कैसे दो सड़कों के बीच में आ गया है...बाग़ के कोने में महाराजा रंजीत सिंह का घोड़े पर बैठा बहुत इम्प्रेसिव मुजस्म्मा लगा है। वहाँ ये पत्थर भी लगा है कि इसे फलाँ-फलाँ मंत्री ने 'ओपेन' किया था।

यूनिवर्सिटी में आना-जाना बढ़ गया है। प्रो. रंधावा ने मुझे भी एक क्लास दे दी है। मज़े की बात है कि क्लास में सब मेरे दोस्त हैं। उनमें से कुछ तो मेरे बराबर के ही हैं और कुछ साल-दो साल छोटे। मैं अपने सिटी यूनिवर्सिटी लंदनवाले कोर्सेज़ के बारे में बताती हूँ और कभी-कभी लंदन के क़िस्से कहानियाँ छिड़ जाते हैं। वे मुझे हिन्दुस्तान की राजनीति और ख़ासकर पंजाब की राजनीति के लुके-छिपे क़िस्से सुनाते हैं। यूनिवर्सिटी के दूसरे डिपार्टमेंट्स के स्टूडेंट्स से भी मुलाक़ात है।

मैंने पूरी क्लास के 'ब्लाग' बनवा दिए हैं। अब सबकी अपनी-अपनी वेब मैगज़ीन है जिस पर वे अपने हिसाब से रोज़ कुछ-न-कुछ डालते रहते हैं। दुनिया के किसी कोने से कोई जवाब आता है तो सब उसे 'शेयर' करते हैं। इन लोगों को मैंने

लंदन, लाहौर और कराची के मीडिया स्कूलों के ई-मेल भी दे दिए हैं। वहाँ के स्टूडेंट्स से भी इनका कानटैक्ट है।

मिनी बस में पूरी म्यूज़िक कान्फ्रेंस दौड़ी चली जा रही है। आगे की सीटों पर सोनी चावला का बैंड हारमोनियम और तबला लिए जमा हुआ है। पीछे की सीटों पर प्रदीप महाजन, अल्का, नवीन का गैंग मौजूद है। सोनी ने सबसे पहले "बत्ती बाल के बनेरे उत्ते रखनी हाँ...कहे लंघ न जावे चन्न मेरा" से शुरुआत की थी उसके बाद प्रदीप ने "कदे आ मिर यार प्यारियाँ...तेरी वाटां तो दिल वारियाँ..." गाया था।

मिनी बस दौड़ी चली जा रही है प्रीतनगर की तरफ़ जहाँ हमें यानी पूरी क्लास को फीचर करना है। प्रो. रंधावा अपनी गाड़ी से आगे-आगे चल रहे हैं। उनके साथ उपाध्याय साहब और सुधा भाभी भी हैं। पहले मुझसे यही कहा गया था कि मैं गाड़ी में बुज़ुर्ग लोगों के साथ सफ़र करूँ। लेकिन मैंने इंकार कर दिया था...प्रीतनगर क्या है ये मुझे किसी ने नहीं बताया था। सब कहते थे तुम्हें 'सरप्राइज़' दी जाएगी। तुम ख़ुद देख लेना।

संगीत और गाने ने ज़ोर पकड़ा तो अल्का उठकर खड़ी हो गई और ठुमके लगाने लगी...उसके साथ एक-दो लड़के और खड़े हो गए। अब संगीत और गाने के साथ-साथ भांगड़ा भी शुरू हो गया। पंजाब की ख़ुशी भांगड़े में ही फूटती है। वह चाहे इधर का पंजाब हो या उधर का पंजाब हो। ओए-ओए और तालियों की आवाज़ों के साथ तबले की थाप अपना रंग जमाने लगी।

पीछे की सीट से जोत गाने लगा—

'सक्का मल्दियाँ रावी दे
पत्तनां नूं, अग्ग लौण
लहौरना चलियाँ ने'*

कुछ देर के बाद गाने में सायमा-सायमा की आवाज़े जुड़ना शुरू हो गई...

"चल सायमा ठुमका लगा।" पीछे से आवाज़ आई। सायमा नहीं उठी। वह हँस रही है।

"चल सायमा, लाहौरी ठुमका लगा।" वह और ज़्यादा हँस रही है।

"चल, नख़रे न दिखा।" ये किसी लड़की की आवाज़ है।

"ओए, लहौर दिए कुड़ी...तेरे नाम दे नारे लगाइए..."

सायमा...सायमा...सायमा के नारे लगने लगे...सायमा ने अपने कानों पर हाथ रख लिए।

---

* सक्क (लाली) होंठों पर लगा कर लाहौर की लड़कियाँ रावी के पानी में आग लगाती जा रही हैं।

"तुम जब तक ठुमका नहीं लगाओगी...इसी तरह सायमा, सायमा चिल्लाते रहेंगे।" जोत बोला।

सायमा उठी और बस के बीच में खड़े होकर ठुमके लगाने लगी। गाना और तेज़ी से गाया जाने लगा।

मिनी बस एक पतली-सी सड़क पर रुक गई। सामने इंस्टीट्यूशन जैसी इमारत है। ऊपर एक बोर्ड लगा है—'गुरुबख्श सिंह प्रीतलड़ी मेमोरियल सोसाइटी।'

अन्दर ऑडिटोरियम है। पीछे ओपन एयर थियेटर है। लायब्रेरी है, कम्प्यूटर रूम है...दूसरे कमरे हैं....गेस्ट रूम हैं...

कुछ ही देर में हम सब आगे बढ़े। किसी ने बताया यह बलराज साहनी का घर था। आगे एक तरफ़ इशारा करके कोई बोला—ये नानक सिंह का मकान है...किसी ने कहा, यहाँ पृथ्वीराज कपूर भी रहते थे...मेरी समझ में नहीं आ रहा था कि ये सब क्या है? क्यों है? कब से है?

हम सब एक गेट में दाख़िल हुए। सामने पुराने वक़्त का बंगला नज़र आया जैसे लाहौर के मॉडल टाउन में आज से पच्चीस-तीस वर्ष पहले तक नज़र आते थे। अब तो उन्हें तोड़कर आलीशान इमारतें बन गई हैं।

"सर, हम लोग...कहाँ? मतलब किसके पास जा रहे हैं?" मैंने प्रो. रंधावा से पूछा। रंधावा साब से जैसी कि उम्मीद थी उन्होंने एक ज़ोर से ठहाका लगाया। उपाध्याय जी ने कुछ ज़्यादा साफ़ तरीके से बताना शुरू किया, "हम लोग गुरुबख्श सिंह 'प्रीतलड़ी' के घर जा रहे हैं। उन्होंने ही सन् 1937 के आसपास 'प्रीतनगर' बनाया था।"

"अब यहाँ कौन रहता है?"

"प्रीतलड़ी जी के बेटे हृदयपाल सिंह और उनकी बेटी उमा यहाँ रहते हैं।"

प्रो. रंधावा और उपाध्याय जी की क़यादत में लड़कों-लड़कियों का पूरा ग्रुप एक बड़े से लिविंग रूम में पहुँच गया। ऊँची छत, खुले-खुले रोशनदान, चिकना साफ़ फर्श, बहुत आर्टिस्टिक फर्नीचर...किताबें...प्रो. रंधावा के ठहाकों से जब कुछ फुर्सत मिली तो हम लोगों का काम शुरू हुआ। मैंने अपना टेपरिकॉर्डर हृदयपाल जी के सामने रख दिया।

"प्रीतनगर भारत-पाक सीमा से सिर्फ़ आठ किलोमीटर पंजाबी के मशहूर लेखक गुरुबख्श सिंह प्रीतलड़ी का एक सपना है। प्रीतलड़ी को सपना साज़ और लफ्ज़ों का जादूगर भी कहा जाता है। गुरुबख्श सिंह प्रीतलड़ी मिशीगन यूनिवर्सिटी से इंजीनियरिंग पढ़कर आए थे। उनका सम्बन्ध एक औसत दर्जे के घराने से था जिस वजह से उन्हें दूसरों की मदद की जरूरत पड़ती रहती थी। यह बात उन्होंने गाँठ से बाँध ली थी कि तरक्की का रास्ता मिलजुलकर ही निकाला जा सकता है...अपने

आदर्शों के लिए सपना साज़ ने एक सपना देखा था...इससे पहले 1933 में वो 'प्रीतलड़ी' रिसाला शुरू कर चुके थे। उनकी गिनती पंजाब के श्रेष्ठ लेखकों में होने लगी थी...1937 में उन्होंने अपने सपनों को विस्तार दिया और एक 'आइडियल कम्युनिटी विलेज' बनाने का फ़ैसला किया...एक ऐसी आबादी जो उनके सपनों से मेल खाती हो...जो आदर्श बन सके...1937-38 में उन्होंने इस इलाक़े में अपने दोस्तों के साथ रहना शुरू किया। आठ मकान बनाए गए जिनमें नानक सिंह, चमन लाल, दलीप सिंह, प्यारा सिंह सराई जैसे बुद्धिजीवी लेखक और विचारक शामिल थे। ये सोचा गया कि हर घर में अलग खाना पकाया जाता है जिसमें औरतों का सारा वक़्त चला जाता है। इसलिए एक कम्युनिटी किचन, सांझा चूल्हा बनाया गया, कम्युनिटी बाथरूम बनाए गए जहाँ इस्तेमाल किया गया पानी बाक़ायदा रि-साइकिल होता था। किचन गार्डेन बनाया गया...एक्टिविटी स्कूल खोला गया...जहाँ पढ़ाई-लिखाई के साथ-साथ कल्चरल एक्टिविटीज होती थीं।...और प्रीतलड़ी जी ने 'एवरक्लीन लैट्रिन' डिवलप किया जो अपने ज़माने का एक बहुत ज़रूरी और उपेयागी क़दम था। इस एवरक्लीन लैट्रिन का डिज़ाइन यहाँ से बिनोवा भावे भी ले गए थे। एवरक्लीन लैट्रिन बन जाने से सफाई का काम करनेवालों को पढ़ा-लिखाकर दूसरे काम सिखाए गए...उनमें से कुछ दस्तकार बन गए...कुछ ने दूसरे पेशे अपना लिए...सांझा चूल्हा की वजह से औरतों का टाइम बचा जो उन्होंने कम्युनिटी के स्कूल को दिया...कल्चरल एक्टिविटीज़ को बढ़ाया। प्रीतनगर को पंजाब का पहला प्लैंड टाउनशिप भी कहा जाता है। ये चंडीगढ़ वग़ैरा तो बहुत बाद की चीज़ें हैं...एक और दिलचस्प बात है कि प्रीतलड़ी दीवारें उठाने, चौहद्दी खड़ी करने के ख़िलाफ़ थे। उनका मानना था कि आनेवाले के लिए रास्ते खुले होना चाहिए। इसलिए यहाँ जितने मकान बने उनमें 'बाउंडरी वाल' नहीं है...यहाँ काग़ज़ बनाया जाता...प्रीतलड़ी यहीं से छपती थी...यहाँ अपने इस्तेमाल के लिए साबुन, तेल, कपड़ा और दीगर चीज़ें बनती थीं। एक पूरी काटेज इंडस्ट्री डिवलप हो गई थी।"

चाय आ गई। थोड़ी देर के लिए हृदयपाल जी ने बातचीत का रुख बदल दिया। आजकल जो काम प्रीतनगर में हो रहा है उसकी चर्चा होने लगी। नाटकों का मंचन, वर्कशाप, ट्रेनिंग प्रोग्राम, लायब्रेरी...मैं सोचने लगी...या पता नहीं क्यों ये लफ़्ज़ जो हृदयपाल जी ने बोला 'सपना साज़'—मेरे ज़ेहन से चिपककर रह गया है। उर्दू में ऐसे लफ़्ज़ क्यों नहीं चलते? सपना शायद हिन्दी का लफ़्ज़ माना जाए...ख़ैर लफ़्ज़ को अगर छोड़ भी दें तो उसके मतलब बहुत 'मल्टी डॉयमेन्शनल' हैं...सपना साज़...

"उस ज़माने में प्रीतनगर ने बड़े-बड़े लोगों को आकर्षित किया था। जवाहरलाल नेहरू यहाँ आए थे। टैगोर यहाँ आए थे और उन्होंने इसे पंजाब का शान्ति निकेतन कहा था। यहाँ उस जमाने में पक्की सड़कें होती थीं। जिन्हें धोया

जाता था...धीरे-धीरे ये देश प्रेमियों का गढ़ बनता गया और इसका स्वरूप पहले भी एंटी ब्रिटिश था, बाद में और ज़्यादा होता चला गया। जैसे-जैसे राष्ट्रीय आन्दोलन बढ़ा वैसे-वैसे प्रीतनगर में ब्रितानी साम्राज्य के ख़िलाफ़ भावना बढ़ी...यहाँ बलवंत गार्गी ने नाटक किए हैं, अचला सचदेव ने किए हैं। यहाँ फैज अहमद फ़ैज़, उपेन्द्रनाथ 'अश्क', साहिर लुधियानवी जैसे लोग आ और काम कर चुके हैं।

1943 में शीला भाटिया ने अपना मशहूर नाटक 'हुल्ले हुलारे' यहाँ किया था। यह पहले लाहौर में खेला जा चुका था...इसी ज़माने में बलराज साहनी, मुल्कराज आनंद, पृथ्वीराज कपूर, जगदीश सिंह अरोड़ा, रविन्दर रवि और प्रख्यात डाक्युमेंट्री मेकर सुखदेव यहाँ रहकर काम कर चुके थे...शीला भाटिया का नाटक बहुत पसन्द किया गया था। हज़ारों लोगों ने उसे देखा था...यह एंटी साम्राज्यवादी नाटक था। उस ज़माने में अमृतसर के डिप्टी कमिश्नर को सरकार ने आदेश दिया था कि नाटक किसी भी सूरत से रोका जाए। ब्रिटिश सरकार यहाँ के प्रमुख लोगों के नाम गिरफ़्तारी के वारेंट निकलवा दिए थे। शीला संधु को गिरफ़्तार कर लिया गया था। दूसरे लोग अंडरग्राउंड हो गए...पूरे प्रीतनगर पर सख़्ती की जाने लगी...इसी दौरान पार्टीशन की आग भड़क उठी...पहले ये सुनने में आया कि प्रीतनगर पाकिस्तान में चला जाएगा...यहाँ बड़ी खलबली मच गई थी...एक महीने बाद पता चला नहीं...बार्डर यहाँ से आठ किलोमीटर दूर होगा...फिर फसाद शुरू हो गए... ।"

बीच-बीच में कोई कुछ पूछ लेता है तो बात विस्तार ले लेती है।

"फिर क्या हुआ?"

"बस दीवानगी, पागलपन का दौर शुरू हो गया...भयानक मार-काट मची...आग और ख़ून...इस दौरान सरदार जी के पास कुछ ग़रीब मुसलमान आए और कहा कि हम लोग पाकिस्तान जा रहे हैं, पर हालात ऐसे नहीं कि अपने बीवी बच्चों को साथ ले जा सकें...आप उन्हें कुछ दिन के लिए अपने यहाँ रख लीजिए...कुछ शान्ति होते ही हम आकर ले जाएँगे...दार जी ने मुसलमान औरतों और बच्चों को रख लिया।"

एक आध महीना बाद वे लोग आए और अपने बाल बच्चों को ले गए। तब यह बात इलाक़ेवालों को पता चली। नफ़रत इतनी बढ गई थी कि लोग दारजी के ख़ून के प्यासे हो गए...ये कहा कि इन्होंने हमारे दुश्मनों को छिपा कर रखा था...हालात खराब होते चले गए...हमले होने लगे...स्कूल में आग लगा दी गई...जान बचाना मुश्किल हो गया...इसलिए दारजी ने प्रीतनगर आर्मी के हवाले कर दिया और दिल्ली चले गए...जब हालात साज़गार हुए तो वापस आए...पर काफ़ी कुछ तबाह हो चुका था। धीरे-धीरे फिर जमना शुरू किया...लेकिन बार्डर पर होने की वजह से यह हुआ कि इलाका स्मग्लरों का अड्डा बन गया...यहाँ वह सब होने लगा जो पहले कभी नहीं हुआ था। ऐसे हालात पैदा हो गए कि माफिया ताक़तवर होता चला गया। हम लोग

अपने को असहाय महसूस करने लगे...उसके बाद 1965 में जंग छिड़ गई। ये इलाक़ा हमसे ख़ाली करा लिया गया। फिर 1971 की जंग छिड़ी...फिर इलाक़ा ख़ाली करा लिया गया।...आप जो सामने जगह देख रहे हैं वहाँ एंटी एयरक्राफ्ट गनें लगा दी गई थीं...बोफोर्स तोपें तैनात हो गई थीं...पूरी सिवीलियन आबादी से इलाक़ा खाली करा लिया जाता है...अब हमेशा ये डर लगा रहता है कि पता नहीं, कब क्या हो जाए?

"तो पार्टीशन ने एक और सपना तोड़ दिया।" सायमा ने कहा।

"नहीं...नहीं, टूटा नहीं है...हम लोग लगे हुए...अभी देखा आपने, नई बिल्डिंग बनाई है...वहाँ नाटक होते हैं...और दूसरी एक्टिविटीज़ होती हैं।"

...मैं प्रीतलड़ी जी की बेटी उमा सिंह के साथ 'एवरक्लीन लैट्रिन' देखने के लिए लिविंग रूम से निकलकर पीछे के कमरे में आ गई। ये शायद खाने का कमरा था। उसके बराबर गैलरी में बेडरूम के बाहर उमा जी ने मुझे 'एवरक्लीन लैट्रिन' दिखाया। ये सोचकर कुछ हैरत हुई कि प्रीतलड़ी ने इसे 1936-37 के आसपास डिज़ाइन किया था।

'एवरक्लीन लैट्रिन' के ऊपर कैमरों की फ्लैशें पड़ने लगीं।

कोठी के पीछे धूप में खड़े होकर फिर बातचीत प्रीतनगर पर आ गई। उमा जी ने बताया—यहाँ कोई गुरुद्वारा, मंदिर, मस्जिद नहीं थी। एक कमरा था जिसे 'प्रेयर रूम' कहा जाता था। जहाँ कोई धार्मिक प्रतीक चिन्ह नहीं था। उस कमरे में किसी भी धर्म को माननेवाला जाकर प्रार्थना, पूजा, नमाज़ अदा कर सकता था।"

फिर चाय आ गई। सब धूप में खड़े होकर चाय पीने लगे।

"वो उधर सामने का मकान देख रही हो।" उमा जी ने मुझसे पूछा।

"हाँ-हाँ।"

"उसी मकान में प्रीतलड़ी जी ने मुसलमान औरतों और बच्चों को पनाह दी थी।" वे बोलीं।

मैं सोचने लगी और वही 'प्रीतनगर' से बदला लेने की एक बड़ी वजह बन गया होगा। मेरे ख़याल से प्रीतलड़ी को यह मालूम होगा कि मैं मुसलमानों को पनाह देने जा रहा हूँ और ये बात अगर पता चल गई तो बदले की आग में जलनेवाले प्रीतनगर को भस्म कर देंगे...सपना देखनेवाले...उसूलों के लिए...सपनों का कुर्बान भी कर सकते हैं...

खेत की मेड़ पर चलते हुए सायमा ने नवजोत से कहा, "मुझे ऐसी तारीख़ी इमारतें पसन्द हैं जिनकी देखरेख न की जाती हो?"

"वाह जी...ये तो अजीब बात है? क्यों?"

"इसलिए कि उन इमारतों में तारीख़ मतलब हिस्ट्री नज़र आ जाती है...नहीं तो 'हिस्ट्रासकिल मॉनुमेन्टस्' में सिर्फ़ 'टूरिज़्म' दिखाई पड़ता है।" वह बोली।

"तब तो सामनेवाली इमारत तुमको अच्छी लगेगी।" नवजोत बोला।

लंच करने के बाद कदीमी तालाब के दूसरी तरफ़ बनी पुरानी तारीखी इमारत को देखकर सायमा ने पूछा था कि यह क्या है?

"नूरजहाँ...वही ताजमहल वाली नूरजहाँ...जानती हो न?"

"क्यों न जानूँगी?"

"सुना है, तुम्हारे यहाँ दूसरी तरह से हिस्ट्री पढ़ाते हैं।"

"वह सब छोड...मैं कोई सीरियस बात करने के मूड में नहीं हूँ...ये बता कि इस खंडहरनुमा इमारत का नूरजहाँ से क्या ताल्लुक है?" वह बोली।

"सुन, मुग़लों को कश्मीर बहुत पसन्द था।"

"पाकिस्तानियों को भी कश्मीर बहुत पसन्द है।" सायमा हँसकर बोली।

"देख, तू कह रही थी कि सीरियस बात करने के मूड में नहीं है।" नवजोत बोला।

"अरे, तो क्या मैंने कोई सीरियस बात कह दी क्या?" वह हँसकर बोली और दोनों हँसने लगे।

"चल-चल, बता...सॉरी।" सायमा बोली।

"मुग़ल किंग शाहजहाँ की मल्का नूरजहाँ आगरा से कश्मीर जाया करती थीं तो उनके रास्ते में ठहरने के लिए सैकड़ों इमारतें बनाई गईं होंगी...उनमें से एक इमारत यह भी है...इसे नूरजहाँ की आरामगाह कहते हैं।" नवजोत बोला।

"ग्रेट...उस जमाने में कश्मीर का रास्ता लाहौर होकर जाता था।"

"हाँ, और लाहौर का रास्ता अमृतसर से गुज़रता है।" नवजोत ने कहा।

इमारत के अन्दर आकर सायमा ने कहा, "ये तो बहुत शानदार इमारत है।"

"बादशाहों ने बनवाई है, शानदार तो होना ही चाहिए...देख इसमें 'इको' होता है।" नवजोत ज़ोर से चीख़ा..."सायमा" और आवाज़ रिपीट होने लगी; सायमा, सायमा, सायमा, सायमा...

"अब मैं किसका नाम लूँ?" सायमा ने पूछा।

"अपने प्रेमी का नाम ले ले।" नवजोत बोला।

"शिश...मेरा कोई प्रेमी नहीं है।" सायमा बोली।

"अरे...बिना प्रेमी के इतनी बड़ी हो गई।" नवजोत बोला और सायमा हँसने लगी।

"मतलब आजकल नहीं है।"

"तो बना लो।" नवजोत ने कहा।

"इतना आसान होता तो क्या था।" वह गंभीरता से बोली। नवजोत उसकी तरफ़ देखने लगा। अजीब लड़की है। कभी-कभी इतना ख़ुश लगती है...इतनी खुली हुई...महकती हुई और कभी-कभी बिल्कुल बन्द दरवाज़ा हो जाती है...

अब्दुल रज़्ज़ाक साहब मेरी जान के दुश्मन हैं...एक तो उन्होंने मुझे एक ऐसी स्टोरी पर लगा दिया है जो खुलने का नाम ही नहीं ले रही है...मैं अजनाला के बार्डर एरिया की मनो धूल खा चुकी हूँ लेकिन आज तक ये पता नहीं चला कि शेर अली कौन था? कहाँ से आया था? क्यों आया था? किससे मिला था? कैसे मरा? क्या पुलिस को वहीं मिला जहाँ पुलिस कहती है?...इन सब सवालों से उलझने का काम एक तरफ़ है और दूसरी तरफ़ रज़्ज़ाक साहब मुझसे ये उम्मीद करते हैं कि मैं बार्डर पर जो सपने टूटे पड़े हैं उनकी किरचें बटोरकर अख़बार में भेजती रहूँ...बहुत 'डेमाडिंग एडीटर' हैं...लेकिन कुछ सीखने-समझने का मौक़ा भी ऐसे ही हालात में मिलता है। उनका ई-मेल आया है, "सायमा तुम कमाल कर रही हो...प्रीतनगरवाली स्टोरी भी बहुत अच्छी है...बार्डर पर सपने टूटे पड़े हैं...उन्हें कौन जोड़ेगा...कई लोगों के फ़ोन आ चुके हैं और कई ई-मेल मिले हैं...उर्दू के अख़बार 'नवाये वक़्त' ने तुम्हारा 'पीस' मुझसे पूछकर उठा लिया है...अच्छा, जब तक अपने शेर अली का सुराग़ नहीं मिलता तुम...एक स्टोरी तो सआदत हसन मंटो पर कर सकती है...उनके फारमेटिव साल अमृतसर में ही गुज़रे थे...उन जगहों के हवाले मंटो की कहानियों और ख़ाक़ों में बिखरे पड़े हैं...देखो शहर के साथ मंटो का क्या ताल्लुक था...वो जगहें अभी बची हैं तो कैसी है? क्या लोग जानते हैं कि एक ग्रेट राइटर के बुनियादी नशोनुमा उनके शहर में परवान चढ़े थे..."

हाल बाज़ार में एक बूढ़ा सिख कह रहा था, अमृतसर और लाहौर दो शहर नहीं थे...एक शहर था...अमृतसर में कुछ होता था तो उसकी धमक लाहौर में सुनाई देती थी और लाहौर में कुछ बजता था तो उसकी गूँज अमृतसर में सुनाई पड़ती थी... ये दो शहर तो थे ही नहीं...अमृतसर तो 'पॉवर' का इतना बड़ा सेन्टर रहा है कि उसके सामने कुछ और खड़ा ही नहीं हो सका...इस 'पॉवर' के सेन्टर ने कुर्बानियाँ माँगी हैं और दी गई हैं...यह क़ुर्बानियों का शहर बन गया है...पुराने इतिहास में न जाएँ तो 1871 में कूका विद्रोह की कुर्बानियाँ, 1909 में मदनलाल ढींगरा की कुर्बानी। 1919 में जलियाँवाला बाग़ की कुर्बानी...आत्मविश्वास में डूबा गर्वीला शहर...अपनी ज़बान, अपनी रवायत और अपनी तहज़ीब पर गर्व करनेवाला निराला शहर...हर बड़े शहर की तरह यहाँ भी सब कुछ है...

...ये बीसवीं सदी की दूसरी दहाई है...कुर्बानियों के शहर में देशप्रेम की आग लगी है...विद्रोह की ज्वाला धधक रही है...इन्किलाब जिन्दाबाद के नारे गूँज रहे हैं...अमृतसर की गलियों में इन्किलाबी पोस्टर रातों-रात, पुलिस को पता लगे बग़ैर, लग जाते हैं...बम फटते थे...डाक के बम्बों में कुछ ऐसा फेंक दिया जाता कि आग

लग जाती थी...हर तरफ़ गिरफ़्तारियों का हंगामा है।...अन्धेरी रात में दो लड़के अमृतसर की गलियों में पोस्टर लगा रहे हैं...इस पोस्टर पर आस्कर वाइल्ड के ड्रामे 'वीरा' की कुछ लाइनें लिखी हैं जिनमें रूस के सम्राट ज़ार के ताबूत में आख़री कील ठोंकने की बात कही गई है...गोरे रंग का दुबला-पतला लड़का जिसके तीखे नक़्शो-निगार हैं, बड़ी-बड़ी बेबाक आँखें हैं, पतली गर्दन है वो हाई सकूल पास करने के बाद अब इंटर में लगातार दो साल से फेल हो रहा है। इसे कोर्स की किताबें पढ़ने के अलावा हर तरह की दूसरी किताबें पढ़ने में गहरी दिलचस्पी है। अंग्रेज़ी के नाविलों का तो ऐसा रसिया है कि एक बार अमृतसर स्टेशन पर व्हीलर के बुक स्टाल से किताब चुराते पकड़ा भी गया है...पूरा शहर इस लड़के यानी सआदत हसन मंटो को अंग्रेज़ी नाविल का मारा कहता है। इस ड्रामें का दूसरा अनुवाद है हसन अब्बास। दोनों अमृतसर मुस्लिम इंटर कॉलेज में पढ़ते हैं...दोनों दसवीं क्लास में ही दुनिया का नक़्शा निकालकर खुश्की के रास्ते रूस जाने का प्लान बना चुके हैं...और इन दोनों के गुरु हैं कम्युनिस्ट लेखक बारी अलीग...बारी साहब अमृतसर से छपनेवाले अख़बार 'मसावात' के सम्पादक हैं इंटर में दो बार फेल होने और पढ़ाई से तबीयत बिल्कुल उचाट हो जाने के बाद मंटो कटरा अजमैल सिंह में दीनू कुम्हार की दुकान के ऊपरवाली बैठक में जाने लगा है जहाँ रात-दिन जुआ खेला जाता है। शुरू-शुरू में तो ये खेल मंटो की समझ में नही आया...लेकिन जब आया तो मंटो इसी का हो रहा...मतलब ओढ़ना बिछौना हो गया...रात-दिन बस जुआ...ये सन् 1920-21 का अमृतसर है...

...दुबला पतला, लम्बी गर्दन, तीखे नक़्शो निगार, खुलता हुआ रंग, बड़ी-बड़ी बेबाक और सोच मे डूबी आँखें और चेहरे पर बेफिक्री और मस्ती की कैफियत समेटे ये लड़का हाल गेट से अन्दर घुसता है कूचा कन्हैया से होता अमराटाकी के सामने से गुज़रता कूचा वकीलां में जाकर सीढ़ियाँ चढ़ जाता है।...जुए की महफिल में शहर के तमाम आवारा और लोफर जमा होते हैं...हुक्के का धुआँ भरा रहता है और निठल्ले लोग दिल बहलाने के लिए तरह-तरह के क़िस्से सुनाते रहते हैं। ये लड़का सुबह आ जाता है तो दिन भर फ्लश खेलने में इतना ग़र्क़ रहता है कि रात होने का पता ही नहीं चलता। इस दौरान अमृतसरी कुल्चे और छोले से पेट भरा जाता है और जमकर गप्प लगाई जाती है। पता नहीं ये पैसे कहाँ से लाता है। शायद अपने अब्बाजी की जेब या माँ के सन्दुकचे पर हाथ साफ़ करता होगा। लेकिन है तेज़। फ्लश की चालें जल्दी सीख गया है और अच्छे-अच्छों को आसानी से जीतने नहीं देता...हाल गेट से बाहर निकलकर सीधे चले जाएँ तो रेलवे के पुल से पहले शीराज़ होटल है...वहाँ 'मसावात' अख़बार का दफ़्तर है...ये लड़का कभी-कभी 'मसावात' पढ़ लेता है और उसमें बारी अलीग का कालम उसे पसन्द है।

पुराने अमृतसर में अमरा टाकी से थोड़ा आगे कूचा छज्जू मिश्र के कोने पर पंडित दीवान अमरनाथ 'मोहसिन' की बैठक है। पंडित मोहसिन कोहना-मश्क़ शायर हैं। शहर के अदीब और शायर वहाँ जमा होते हैं...शामें शेरो-सुखन में गुज़रती हैं...शहर में कोई भी फनकार और अदीब ऐसा नहीं है जो पंडित मोहसिन की मेहमानदारी से महरूम रहता हो...इन महफ़िलों में बारी अलीग, काज़ी गुलाम जीलानी, कृपाराम 'नाज़िम', मनमोहन माथुर, मनमोहन देहलवी, शम्स मीनाई, जयकृश्न दास, नफीस ख़लीली, जी.आर. सेठी मौजूद रहते हैं...

कटरा कन्हैया में अमरा टाकी के सामने जो सीढ़ियाँ हैं वो सीधी अमृतसर क्या हिन्दुस्तान की नामी गिरामी तवायफ मुख्तार के कोठे जाती हैं। उसके आशिक हिन्दुस्तानी ड्रामे के शेक्सपियर आग़ा हश्र कश्मीरी हैं। मंटो मुख्तार को जानता है। जुमेरात की शाम मुख्तार दूसरी तवायफ़ों के साथ ज़ाहिरा पीर के मज़ार की ज़्यारत करने निकलती है तो मंटो अपने दोस्तों के साथ हाल बाज़ार में अनवर पेन्टर की दुकान पर खड़ा होकर आँखें सेंक लेता है। अमरा टाकी के सामने शाम के वक़्त फिटन और बड़ी-बड़ी मोटरकारों से उतरते रईस मुख्तार के कोठे की सीढ़ियाँ चढ़ते-उतरते नज़र आते हैं...ऊपर से घुँघरुओं की झंकार और पाटदार आवाज़ में ठुमरी का एक टुकड़ा गली में मंटो तक आ पहुँचता है...

...जुए में पूरी तरह डूब जाने के बाद मंटो को जुए से वहशत होने लगी। दिल में आने लगा कि अब कुछ और किया जाना चाहिए। एक दिन फ़ज़लू कुम्हार की बैठक में जुए की फड़ जपा थी कि अचानक इब्राहीम जो अमृतसर की म्युनिस्पल्टी में तागों का दरोग़ा था आ गया और बातों-बातों में कहने लगा कि आग़ा हश्र कश्मीरी आजकल अमृतसर आए हुए हैं...जुए से उक्ताई मंटो की तबीयत जो नया चैलेन्ज तलाश कर रही थी बेचैन हो गई...उसने स्कूल के ज़माने में तीन-चार लफंगे दोस्तों के साथ मिलकर एक ड्रामा क्लब बनाया था और ख़याल था कि आग़ा हश्र कश्मीरी का कोई ड्रामा स्टेज किया जाएगा। क्लब पन्द्रह दिन तक ही कायम रह सकी। सीनियर मंटो यानी सआदत हसन मंटो के वालिद साहब ने एक दिन क्लब पर धावा बोल दिया था तबले, हारमोनियम का कचूमर निकाल दिया था...लेकिन नौजवानों के दिलों में छुपे हुए जज़्बे तो नहीं खत्म हो सके...मंटो ने आग़ा साहब का कोई ड्रामा देखा न था लेकिन आग़ा साहब अमृतसर में हैं ये बात उनके दिल में बैठ गई... आग़ा साहब कश्मीरी हैं...मंटो भी कश्मीरी हैं...एक गहरा रिश्ता है...ऐसा हो नहीं सकता कि मंटो आग़ा साहब से न मिले...मुख्तार के आशिक ड्रामे के बेताज बादशाह, शराब के शौदाई, गलियों के सरताज, इल्म का समन्दर, ज़बानो-बयानों में यक्ता, पारसी कम्पनियों के सेठों को जूते की नोक पर रखनेवाले, अय्याशों के अय्याश आग़ा साहब से मंटो को कौन मिला सकता है? दरोग़ा इब्राहिम ने टाल दिया...वो तो सिर्फ़

इतना कहता है कि बुढ़ापे में आग़ा साहब मुख़्तार से मोहब्बत करने लगे हैं और बुढ़ापे का इश्क बड़ा ख़तरनाक होता है...मुख़्तार आग़ा साहब को इस तरह उँगलियों पर नचाती है जैसे रिंग मास्टर शेर को...कल रात हम मुख़्तार के कोठे पर थे। आग़ा साहब गाव तकिए का सहारा लिए बैठे थे। हममें से बारी-बारी हर एक ने उनसे पुरज़ोर दरखास्त की कि वो अपने नए फिल्मी ड्रामे 'रुस्तम सोहराब' का कोई हिस्सा सुनाएँ मगर उन्होंने इंकार कर दिया। हम सब मायूस हो गए। एक ने आँखों-ही-आँखों में मुख़्तार से गुज़ारिश की।...वो आग़ा साहब की बग़ल में बैठ गईं और कहने लगीं–आग़ा साहब हमारा हुक्म है कि आप रुस्तम सोहराब सुनाएँ।' आग़ा साहब मुस्कुराए और गरजदार आवाज़ का धारा पहाड़ के पत्थरों को लुढ़काता बहने लगा।

आग़ा साहब के बारे में सब जानते हैं कि अव्वज दर्जे के औबाश हैं, चौबीस घंटे शराब के नशे में डूबे रहते हैं, जिस औरत को इशारे कर देते हैं वह उनके सामने बिछ जाती है और इस सबके साथ-साथ उनकी लियाक़त और काबलियत का सब लोहा मानते हैं...लेकिन आग़ा साहब से मुलाक़ात हो तो कैसे हो? इब्राहीम तो यही रटता रहता है कि बुढ़ापे का इश्क़ बड़ी जालिम चीज़ होता है...

अनवर पेंटर के यहाँ जो ग्रुप उठता-बैठता है उसमें हरी सिंह पंडित मोहसिन के यहाँ आता-जाता है। उससे मंटो ने बात की और मामला पक्का हो गया...पंडित मोहसिन की बैठक के आँगन में कुछ लोग बैठे थे। एक कोने में तख़्त पर पंडित मोहसिन बैठे गुड़गुड़ी पी रहे थे...उनके पास एक अजीब-सा आदमी गहरे लाल रंग की चमकदार साटन का लाचा, दो घोड़े की बोस्की की कालरवाली सफ़ेद कमीज, कमर पर नीले रंग का फुंदनोंवाला कमरबंद बाँधे बैठा था। उसकी बड़ी-बड़ी बेहंगम आँखें इधर-उधर घूम रही थीं। मंटो को पहली नज़र में आग़ा साहब कटरा कन्हैया की रंडियों के पीर नज़र आए...

"आग़ा साहब, इनसे मिलिए, मेरे दोस्त सआदत हसन मंटो।" हरी सिंह ने मंटो का तारुफ़ कराया।

"लार्ड मिंटो से क्या रिश्ता है तुम्हारा?" आग़ा साहब ने पूछा।

"आग़ा साहब। ये मिंटो नहीं मंटो हैं..."

...आग़ा साहब का नौकर पान ले आया जो अख़बारी काग़ज में लिपटे हुए थे। आग़ा साहब ने नौकर से कहा, "काग़ज फेंकना नहीं, सँभालकर रखना..."

"आप इस काग़ज का क्या करेंगे?" मंटो ने पूछा।

"पढूँगा। छपे हुए काग़ज को कोई भी टुकड़ा जो मुझे मिला है, मैंने ज़रूर पढ़ा है..."

मुख़्तार-बुलबुले पंजाब आ गई और आग़ा साहब अन्दर चले गए...

शीराज़ होटल में 'मसावत' के एडीटर बारी अलीग और हाजी लक़लक़ के साथ यारों की जो महफिल सजती है, मंटो उसका हिस्सा बन चुका है। अदब और सयासत

पर बेबाक बातें होती हैं। इसी दौरान अख़्तर शीरानी अमृतसर आए। दिन-रात शेरो-शायरी और ठर्रे के दौर चलने लगे...मंटो का जो वक़्त जुआ खेलने में गुज़रता था वह 'मसवात' के दफ़्तर में कटने लगा...कभी-कभी बारी अलीग एक आद ख़बर तरजुमे के लिए देते थे। धीरे-धीरे फ़िल्मोंवाला कालम सँभाल लिया और फिर वो मज़मून लिखने लगा...अपने अलग...मज़मून...बारी अलीग ने राय दी विक्टर ह्यूगो की नाविल 'लास्ट डेज़ आफ कन्डेमंड' का तरजुमा करने की...मंटो ने उस्ताद की बात मान ली...शराब पीकर तरजुमा करने की कोशिश की लेकिन लाइनें गड्डमड्ड हो गईं। आँगन में चारपाई पर लेटकर हुक्का पीते हुए बहन को बोलकर ट्रांसलेशन की कोशिश की लेकिन बात नहीं बनी...आखिर अकेले बैठकर डिक्शनरी के सहारे दस पन्द्रह दिन में पूरी किताब तरजुमा कर दी जो जल्दी ही छप गई...

...उस्ताद बारी अलीग ऐसा नहीं है कि शराब नहीं पीते लेकिन उतनी या वैसी नहीं जैसी मंटो पीता है। मंटो तो अनवर पेंटर की दुकान से भाँग छानने भी चला जाता है और वहाँ अक्सर शहर के लुच्चे, लफंगों, गायकों और कलाकारों के साथ गोश्त और भाँग पकाया जाता है जिसे सब प्यार से खाते और लोकगीत गाते हैं।...उस्ताद बारी ने मंटो को डाँटा, समझाया, मना किया कि इतनी शराब न पिया करो...मंटो ने कसम खाई...शराब के नशे में अल्लाह की कसम खाई कि अब कभी शराब नहीं पियूँगा...रात घर लौटा तो दिसम्बर के महीने की कड़ाके की सर्दी के बावजूद कूच-ए-वकीलाँ की सुनसान गली में उसने सज्दा किया...अल्लाह से माफी माँगी की अब शराब नहीं पियूँगा...लेकिन कुछ दिन बाद उस्ताद यानी बारी अलीग पैजामे में उड़स कर एक अद्धा ले आए...और मंटो ने गली के ठंडे फर्श पर ख़ुदा के हुज़ूर में जो सिज्दा किया था वह उसके माथे पर ज़िंदगी भर मचलता रहा...

बारी अलीग इन्क़िलाबी किस्म की योजनाएँ बनाते हैं। काम शुरू हो जाता है। मंटो अपने दोस्तों के साथ जुट जाता है तो उस्ताद गायब हो जाते हैं...बुज़दिल उस्ताद...लेकिन उस्ताद...वैसे अमृतसर में उस्तादों की कमी नहीं है...

दीवान पंडित अमरनाथ 'मोहसिन' का शुमार अमृतसर के रईसों में होता है। जायदाद, इम्लाक, बाग़ात...क्या नहीं है उनके पास...शहर के सबसे बड़े सिनेमा हाल 'अमरा टाकी' के मालिक हैं। सिनेमा हाल में जब कोई नई फ़िल्म लगती है तो पंडित मोहसिन अपने शायर, अदीब और कलाकार दोस्तों को फ़िल्म दिखाने ले जाते हैं.. .ऐसे मौक़े पर 'मसावात' का फ़िल्मी कालम लिखने वाला मंटो कैसे छूट सकता है।

फ़िल्म देखने के बाद दीवान पंडित मोहसिन की बैठक कूचा छज्जू मिश्रा में महफिल जमती है। हुक्के की गुड़गुड़ाहट के साथ फ़िल्म की बारीकियों का ज़िक्र होता है...तब्सिरे किए जाते हैं...एक्टिंग से लेकर म्युज़िक और मुकालमों तक पर तफसीली गुफ्तुगू होती है...आग़ा हश्र कश्मीरी जब अमृतसर अपनी महबूबा मुख़्तार से मिलने आते हैं तो पंडित

मोहसिन के मेहमान होते हैं। मुख़्तार उनसे मिलने यहीं आती हैं...पारसी-कम्पनियों का चल-चलाव है और बोलती हुई फ़िल्मों ने तहलका मचा दिया है...आग़ा साहब 'रुस्तम सोहराब' फ़िल्म बना रहे हैं...अमृतसर में श्री सत्यनारायण सिनेटोन कम्पनी बनी है और उसने पहली फ़िल्म 'आखरी ग़लती' बनाने का एलान किया है। अमृतसर की ही एक दूसरी पिक्चर कम्पनी 'ताज पिक्चर्स' ने 'सुहाग का दान' फ़िल्म बनाई जिसके संवाद सैयद इम्तियाज़ अली 'आज' ने लिखे हैं...अमृत फ़िल्मस् ने 'आँसुओं की दुनिया' और 'प्रेम नगर' बनाने का एलान किया है। मुख़्तार बेगम बुलबुले पंजाब 'मतवाली मीराँ' में अपने रोल के लिए शोहरत की ऊँचाइयों पर पहुँच चुकी हैं...

1934 में दीवान पंडित अमरनाथ 'मोहसिन' का इन्तिक़ाल हुआ तो प्रोफ़ेसर मोहन देहलवी ने उनकी तारीखे-वफ़ात कही—न रौनक तेरे बिन अमरनाथ 'मोहसिन'। काजी गुलाम जीलानी 'काज़ी' ने 'नौहा मोहसिन' लिखा...उस दौर में पंडित मोहसिन की नज़्म 'गरीबों की दुनियाँ' बड़ी मशहूर हुई थी और आमतौर पर जल्सों से पहले पढ़ी जाती थी...

जैसे कोई शातिर करतब दिखानेवाला हाथों में लम्बा बाँस पकड़े रस्से के ऊपर चलता है उसी तरह यह गोरे रंग और पतली गर्दनवाला लड़का रस्से पर चलना सीख गया है। अनवर पेंटर की दुकान में लुच्चे-लफंगों का मजमा लगा हुआ है, पंडित मोहसिन के दरबार में अदब और आर्ट की महफिलें जमी हैं, आग़ा हश्र कश्मीरी अपने मुकालमों का दरिया बहा रहे हैं, बुलबुले पंजाब मुख़्तार बेगम अपने जलवे बिखेर रही हैं, बारी अलीग इंक़िलाब जिन्दाबाद के नारे लगा रहे हैं, हाजी लक़लक़ 'मसावत' का कालम लिख रहे हैं। इन सबको जोड़कर एक रस्सी बनाई गई है जिस पर अपने हाथ में अक़्ल का लम्बा-सा बाँस लिए सआदत हसन मंटो चल रहा है...इस रस्से पर वह ज़िंदगी भर चलता रहा...अमृतसर में उसने जो करतब सीखा था उसे वह बंबई, दिल्ली और फिर लाहौर में दिखाता रहा...उसकी शख्सियत और उसके फन में वो सब अदाएँ आ गईं जिनके नशो-नुमा अमृतसर में रखे गए थे।

"मैं तुझे घुमाना चाहता हूँ।" जोत ने कहा।

"वाजी...वा। ऐ कोई ज़बरदस्ती है।" सायमा ने जवाब दिया।

"हाँ जी, जो चाओ समझो।"

"अच्छा, चल बैठ...चा...वा पीले।"

"नइ जी नइ...घुम्मन वास्ते चलो।"

"किधर ले चलेगा?"

"कम्पनी बाग़..."

"देख...मेरा एडीटर बार-बार...शेर अली, शेर अली रट रिया सी...जे चलना है तो अजनालावाले एरिया में ले चल।"

"काम की बंदी है।"

"सो तो है।"

"और तुझे मेरी मोटर साइकिल पर चलना पड़ेगा।"

"ओ हो...ये भी शर्त है।"

"हाँ जी, है।"

"तो आज तेरी सभी शर्तें मंजूर...पर एक बात पूछूँ...नइ एक बात बता दूँ?"

"बता?"

"कहीं तू मुझसे प्रेम-व्रेम तो नहीं करने लगा है?"

"तो उसमें क्या बुराई है जी?"

"है, जब ही तो कह रही हूँ।"

"चल, तो नहीं करता तुझसे प्रेम।"

"हाँ, अब ठीक है।"

फिर वही रास्ता और फिर वही साथी। शहर के आगे गाँवों का सिलसिला जो रावी के किनारे तक पहुँच जाता है।

"मैंने पता किया है पंजगराई गाँव में अकाल सिंह है...उससे बात करनी है...वो बंदा चंगा है।"

"चल ठीक है, देखते हैं...पर मेरे बाल उड़ रहे हैं। मोटर साइकिल रोक ले तो मैं इन्हें बाँध लूँ।"

"ठीक है।"

उसने उतरकर बाल बाँध लिए। पक्के रास्ते से कच्चा रास्ता और फिर कच्चे रास्ते से पुश्ते का रास्ता...पीछे धूल का बवंडर उड़ाती मोटर साइकिल चली जा रही है।

"वो देख सामने रावी।" जोत ने मोटर सायकिल रोक दी।

बँधे के नीचे खेत। उनके आगे रावी...चमकती...बल खाती...बीच में रेत के द्वीप...उधर खेत और पेड़...और मैदान...

"वो देख उधर पाकिस्तान है।" सायमा ने दिखाया।

वो देख उधर इंडिया है। जोत बोला।

"पागल है क्या?" सायमा ने कहा।

"चल बैठ...जो उधर दिखाई पड़ता है वही इधर भी है।" जोत ने बेज़ारी से कहा।

सायमा चुपचाप खड़ी देखती रही। रावी लाहौर में कभी इतनी ख़ूबसूरत नहीं दिखाई देती। पता नहीं नदियाँ शहरों में जाते ही डर जाती हैं। गन्दे नालों से, पॉलीथीन के कचड़े से, गन्दगी और बेहूदगी से...

बिल्कुल खामोश, बिल्कुल पुरसुकून, बिल्कुल सफ़ेद साफ़ सुथरी जैसी उस गाँव की मस्जिद थी जहाँ सायमा ने नमाज़ पढ़ने की कोशिश की थी या हरमिन्दर साहब का सफ़ेद रंग...बिल्कुल पारदर्शी जैसे पानी होता है...जैसे हवा होती है, जैसे दिल होता है...

पंजगरई में दाख़िला होने से पहले एक बूढ़ा सिख पुश्ते पर चढ़ता दिखाई दिया।

"सतसिरी अकाल जी..." जोत ने बूढ़े सरदार से कहा। वह चौंककर रुक गया और अपनी बूढ़ी, चुंधियाई आँखों से देखने की कोशिश करने लगा कि कौन लोग हैं। एक लड़की और लड़का...दोनों गाँव के तो नहीं हैं...इलाके के भी नहीं लगते। वह धूप से बचने के लिए आँखों पर हाथ का छज्जा बनाए उन्हें देखता रहा और बोला "सतसिरी अकाल।"

"तुसी इसी पिंड विच रहंदे हो?"

"हाँ।"

"तुहाडा नाम की है?" जोत ने पूछा।

"सतबीर है जी...तुसी कौन हो?"

"ऐजी सायमा है, पत्रकार है...मैं भी पत्रकार हूँ।"

"तू वही कुड़ी है जो पाकिस्तान से आई है?"

"हाँ...मैं वही हूँ...क्या तुम भी पहले उधर ही थे?"

"हाँ...मैं उत्थे ही सी?" सतबीर बोला।

"उत्थे केड़ा पिंड सी?"

"ओकाड़ा में।"

"ओकाड़ा में कहाँ?"

"तू जानदी हैं ओकाड़ा?"

"हाँ...ओकाड़ा में पिंड का नाम क्या है?"

"सतघरा है।"

"सतघरा?" सायमा की चीख़ निकलते-निकलते बची।

"हाँ, सतघरा।" सतबीर बोला।

"ताया मैं भी सतघरा दी हाँ..."

"तू?"

"हाँ।"

"तू सतघरा दी है...तेरा घर...." सतबीर अविश्वास से बोला।

"वही सतघरा जहाँ पिंड के चारों तरफ़ फसील है...जहाँ बुर्ज बने हैं?" सायमा ने कहा।

"हाँ...हाँ..." सतबीर की आवाज़ काँपने लगी...उनके पैर भी काँप रहे थे...जोत को लगा कहीं वह गिर न जाए।

"और बताऊँ?" सायमा ने सतबीर से पूछा।

सतबीर कुछ नहीं बोला। उसकी धुँधली आँखों में पता नहीं क्या-क्या था।

"वही सतघरा...जहाँ गुरुद्वारा छोटा ननकाणा साहिब है...नानक जगु?" सायमा बोली।

जवाब में सतबीर कुछ नहीं बोला। उसने अपनी आस्तीन से आँखें पोछ डाली। ोपले मुँह को दो-तीन बार चलाया। सफ़ेद दाढ़ी को बेवजह खींचने लगा। लगा कि ब़ड़े होने में उसे तकलीफ़ हो रही है।

"तू...तू...सतघरा दी हैं।"

सतबीर अचनाक रोने लगा। फूट-फूट कर आँसुओं से रोने लगा। जोत घबरा गया।

कुछ लम्हे बाद उसने आँखें पोंछी और फटी-फटी आवाज़ में बोला, "तकसीम दे बाद पहली बार किसी नू मिला हूँ तो सतघरा का है।" वह फिर अपने होंठ भींचने लगा...शायद वह आँसू रोक नहीं पा रहा था।

"चल तू मेरे नाल चल।" सतबीर ने सायमा का हाथ पकड़ लिया और गाँव की तरफ़ चल दिया। ज़ाहिर है, वह सायमा को अपने घर ले जाना चाहता था।

सतबीर अपने घर के सामने पहुँचकर फटी-फटी सी भारी आवाज़ में अपने बेटे हरपाल को आवाज़ देने लगा...फिर अपनी बहू को पुकारने लगा...फिर उसने अपनी पोती कुलविन्दर कौर का नाम लेकर पुकार लगाई...कुछ मिनट बाद अपने हाथ पोंछती हरपाल की पत्नी बाहर निकली।

"की गल्ल है दारजी?"

"ओए देख...ए कुड़ी...सतघरा दी है।"

"क्या जी?"

"हाँ...पाकिस्तान से आई है...सतघरा चें इसदा घर है।"

"मुसलमान है?"

"ओए और अब वहाँ कौन बच्या है।"

हरपाल की पत्नी सायमा के पास आकर उसे देखने लगी। घर से सतबीर की पोती मीना भी निकल आई थी। वह अपनी माँ के पीछे खड़े होकर सायमा को देखने लगी। सतबीर कहे जा रहा था, "मरन तो पहलां ये भी लिखा था भाग में...मैं तो सोच भी नहीं सकदा था कि किसी गिराईं से मेल होगा...अरे अब इसे कुछ खिलाओ... पिलाओ...खातिरदारी करो...लस्सी लुस्सी लाओ...रोट्टी शोट्ट लाओ..."

रात होटल के कमरे में सायमा बहुत देर तक सो नहीं पाई...उसने आज का एक्सपीरियंस लिखकर दोस्तों को ई-मेल कर डाला। उसके बाद भी नींद नहीं आ रही थी।...मेल चेक किया तो एक दो जवाब आ गए थे...ये सब क्या है? एटैचमेंट...आप

अपनी जड़ों से नहीं कट सकते हैं? जड़ें सिर्फ़ लोगों की होती हैं, परिवारों की होती हैं या देशों की होती हैं?...हाँ तो ये बड़ी सीरियस बात है...उसने रज़्ज़ाक साहब को दो लाइन का मेल भेजा—क्या देशों की भी जड़ें होती हैं और वे अपनी जड़ों से कटकर नहीं जी सकते तो पाकिस्तान की क्या जड़ें हैं...भारत की क्या जड़ें हैं?

...रज़्ज़ाक साहब, हो सकता है ये जो मैं टाइप कर रही हूँ आपको कभी न दिखाऊँ...हो सकता है किसी और को भी न दिखाऊँ...ये जो मैं लिख रही हूँ...अपने लिए लिख रही हूँ...अपने दिमाग़ के दरवाज़ों पर दस्तक देने के लिए लिख रही हूँ।...मैं पाकिस्तान में पैदा हुई...मैंने पार्टीशन नहीं देखा...न मेरे घर-ख़ानदान से कोई आया न गया...सब कुछ बिल्कुल नार्मल रहा...स्कूलों और कॉलिजों में मुझे पाकिस्तान की तारीख़ पढ़ाई गई...पाकिस्तान से प्यार करना सिखाया गया...टू नेशन थ्योरी समझाई गई और बताया गया कि हिन्दुस्तान का पार्टीशन बिल्कुल वाजिव और सही था...हिन्दुस्तान में हिन्दू और मुसलमान नाम की दो 'नेशनल्टीज़' थीं जिनका साथ रह पाना नामुमकिन था...इस्लाम और उर्दू को बचाना भी लाज़िम था इसलिए पाकिस्तान बनाया गया...यहाँ भारत में बहुत से लोगों से मिलती हूँ तो ये कहते हैं कि टू नेशन थ्योरी ग़लत थी...राष्ट्रीयता का आधार धर्म नहीं हो सकता...पाकिस्तान के नाम पर हिन्दुस्तान का मालदार मुसलमान एक 'सेफ पैराडाइज़' बनाना चाहता था...और कुछ नहीं था...अब सवाल ये है कि सच्चाई क्या है? मैं कहती हूँ अगर इस्लाम पाकिस्तान का आधार नहीं बन सकता तो 'जूडेइज़्म' इज़राइल का 'बेस' कैसे बना? और पूरे योरोप और अमेरिका ने इस ज़रूरत को क्यों महसूस किया कि यहूदियों को एक मुल्क दिया जाना चाहिए? चलिए अगर मान भी लें कि टू नेशन थ्योरी ग़लत थी तो क्या आज पाकिस्तान के करोड़ों लोगों का मुल्क और वजूद ही ग़लत ठहराया जाएगा?...मतलब...यह कितना सीरियस होगा? अगर उसका वजूद ग़लत है तो उसे 'एक्ज़िज़्स्ट' करने का कोई हक़ नहीं है...तो क्या पाकिस्तान को भारत में मिला दिया जाए? तब तो बांग्लादेश के साथ भी यही किया जाना चाहिए...उसका केस तो पाकिस्तान से ज़्यादा पक्का है...तब?...फिर अफगानिस्तान? म्याँमार, नेपाल, श्रीलंका...? रज़्ज़ाक साहब, छोड़िए इन बड़े-बड़े लफ्ज़ों और मोटे-मोटे उसूलों को और बात को दूसरे कोने से शुरू करें...ये कोना है जहाँ लोगों का दिल है, उनके जज्बात हैं, हम आप सबसे ये मानते हैं कि जो कुछ भी है, मतलब पूरी नालेज, साइंस, टेक्नॉलाजी, सरकारें, संविधान सब लोगों के लिए हैं...मुल्क लोगों के लिए हैं या होने चाहिए...मुल्क लोगों के लिए हैं या होने चाहिए...तो देखना चाहिए भारत पाकिस्तान में रहनेवाले लोग कौन हैं? कौन-सी ज़बानें बोलते हैं? उनकी तहज़ीब क्या है? उनकी तारीख़ क्या है? इसमें कोई शक नहीं...ये मैंने अपनी आँखों से पहली बार देखा और महसूस किया है कि इन मुल्कों में रहने वाले दुश्मन नहीं हैं...इनको दुश्मन क्यों बना दिया गया है...मैंने कहीं पढ़ा है कि

कायदे आजम़ पाकिस्तान में अपनी ज़रूरी जिम्मेदारियाँ पूरी करके बंबई में जाकर रहना चाहते थे क्योंकि वह शहर उन्हें पसन्द था...गांधीजी पाकिस्तान जाना चाहते थे...क्यों? इन दोनों हज़रात का क्या ख़याल था इन दो मुल्कों के बारे में? अफ़सोस ये है कि दोनों को अपने इन ख़यालात के इज़्हार के लिए वक़्त नहीं मिल सका...लेकिन इतना तय है कि इंसानी रिश्तों, जज़्बों को कुचलकर सरहदें नहीं बनाई जानी चाहिए...मुझे नवजोत ने एक हिन्दी नज़्म का पंजाबी तरजुमा सुनाया...शायर का नाम तो मुझे याद नहीं है लेकिन ये नज़्म 1971 की हिंद-पाक जंग के बाद ही लिखी होगी...नज़्म सरहद पर है सरहद कौन पार करता है? मुल्कों के प्रीसीडेंट और प्राइम मिनिस्टर, सरकारी ओहदेदार, बड़े कारोबारी या हाथ में बंदूक़ लिए सिपाही...आम लोगों को सरहद पार करने का मौक़ा क्यों नहीं मिलता?...रज़्ज़ाक साहब मैं इतना कुछ जुनून में लिख गई हूँ...लेकिन कितनी अच्छी बात है कि ये आपको पढ़ना नहीं पड़ेगा...

धीरे-धीरे वह खिसकता हुआ 'लैपटाप' मॉनीटर से बिल्कुल क़रीब आ गया है। उसकी धुँधली और बेजान-सी आँखें स्क्रीन पर नज़र आनेवाली तस्वीर की हर 'डिटेल' देख लेना चाहती है। मुझे लग रहा है कि शायद मुझे ये नहीं करना चाहिए था। अतीत में जाकर सुरक्षित वापस निकल आना शायद मुश्किल काम है।

"तुसी चश्मा क्यों नहीं लगांदे?" मैंने सतवीर से पूछा।

वह तस्वीरें देखने में इतना डूबा हुआ था कि मुझे अपना सवाल दोहराना पड़ा। तब उसने बताया कि, हाल बाज़ार में चश्मा बनवाया तो था पर उसे भी जाने कितने साल हो गए और न जाने कहाँ चला गया।

"तो तुम्हें सब दिखाई दे रहा है।" मैंने पूछा।

वह कुछ नहीं बोला। लेकिन ज़रूर उसे सब दिखाई दे रहा होगा क्योंकि क़रीब-क़रीब हर तस्वीर को देखकर वह कुछ-न-कुछ ज़रूर बुदबुदाता था जो कभी मुझे सुनाई पड़ जाता था और कभी नहीं।

सुबह नौ बजे रिसेप्शन से फ़ोन आया था कि मुझसे मिलने सतवीर आया है। पहले तो कुछ समझ नहीं पाई कौन सतवीर है जो सुबह नौ बजे मिलने चला आया। पर बाद में लोकेट कर लिया। मैं उससे मिलने नीचे गई तो वह अपनी बीवी को भी साथ लाया था।

"ले ये तेरे लिए पिन्नियाँ लाई है बनाकर।" उसने मुझे एक डिब्बा पकड़ाते हुए कहा था।

...लेकिन क्यों? ये पूछने की हिम्मत नहीं पड़ी और अच्छा ही हुआ क्योंकि दूसरे ही लम्हे वह बोला था, "तू हमारे पिंड की बेटी है...ये तो तेरे लिए परदेस जैसा है...मैं तो सोचता था कि घर का मक्खन ले चलूँ, पर ये बोली कि मक्खन से अच्छा है पिन्नियाँ बना लूँ।"

मैं एकटक उन दोनों की तरफ देखती रही। बिल्कुल इसी तरह होते हैं हमारी तरफ़ के किसान। बिल्कुल दिल की बात धड़ से कहनेवाले और अपना हक़ जतानेवाले।

"...क्यों तकलीफ़ की आपने।" मैंने सतवीर की पत्नी से कहा।

"चल हट...बड़ी आई तकलीफ़ बतानेवाली...ये तो रात भर मारे ख़ुशी के सो नहीं पाए हैं...वही सतघरा की बातें करते रहे...परिवार की बातें, गाँव की बातें...लोगों की बातें..."

"अरे, इन्ने सालां बाद वी ते याद आई न...कौन-सी रोज़-रोज़ आंदी है..." सतवीर बोला।

मेरी समझ में नहीं आ रहा था कि मैं यहाँ होटल में इनकी क्या खातिरदारी करूँ।

"चाय पियोगे?"

"नहीं जी, हम चाय नहीं पीते।" वह फटाक से बोला।

"लस्सी पी लो।"

"लस्सी पीकर और रोटी खाकर चले हैं...तू उसकी फिक्र न कर।"

"तो कुछ और खाओ न।"

"अरे बस रहने दे...बस बैठ जा...और देख ये फुलकारी लाई हूँ तेरे लिए..." सतवीर की पत्नी ने फुलकारी निकालकर दिखाई।

"बहुत खूबसूरत है।"

"सतघरा में तेरा मकान किधर है?" वह बोला।

"जी वड्डा फाटक है न उसके पास समझो सज्जे हत्त फसील से मिला हुआ...पहला मकान है।"

"सोचने दे...सोचने दे...अब तक सब साफ़-साफ़ याद है... । एक-एक तिनका... झाड़ी...पेड़...पत्थर...सब याद है...अच्छा तो वड्डा फाटक...हाँ समझ गया...उसके सज्जे हत्त...हाँ....हाँ...ये तो हकीम तुफैल का मकान कहलाता था..." वह ख़ुश होकर बोला।

"हाँ, हकीम तुफैल मेरे दादा थे।"

"तेरे दादा थे...वाह जी वाह....मुझे तो याद है जी उनकी सग्गड़ पूरे इलाके में मशहूर थी और बैलों का जोड़ा भी हमेशा चंगा ही रखते थे हकीम तुफैल।"

इसके बाद वह गाँव की एक-एक गली और घर के बारे में पूछने लगा। ऐसे नाम लेने लगा जो कभी सुने ही नहीं थे। आख़िरकार मुझे बताना पड़ा कि हम लोग

पिछले तीस-चालीस साल से लाहौर में रह रहे हैं। सतघरा में मकान है वहाँ भी रिश्तेदार रहते हैं लेकिन हम...अब वहाँ नहीं रहते।

"दो तीन साल विच एक अध बार जांदी ते होंएगी?"

"हाँ-हाँ, क्यों नहीं...बचपन में गर्मियों की छुट्टियों में हम सब सतघरा जाया करते थे।"

यह कहते-कहते मुझे याद आया कि मेरे लैपटॉप में सतघरा की कुछ तस्वीरें पड़ी हैं। जो मैं सतवीर को दिखा सकती हूँ...शायद उससे बड़ा कोई और तोहफा उसके लिए नहीं हो सकता।

"चलो, तुम्हें दर्शन करा दें।" मैंने सतवीर से कहा।

"कहाँ के दर्शन?"

"छोटा ननकाणा साहिब के दर्शन।" मैंने कहा।

उसकी आँखें हैरत से फैल गईं और लगा उसकी समझ में कुछ नहीं आ रहा है। वह बिल्कुल बिन कुछ सोचे समझे मूर्ति की तरह मुझे देखने लगा।

"मेरे कम्प्यूटर में छोटा ननकाणा साहब के फोटो है...देख लो...आओ।"

तस्वीरें देखने में सतवीर पूरी तरह डूबा हुआ है और उसके कमेंट जारी हैं। बुर्ज को देखकर उसने कहा कि लगता है कि अब देख-रेख का काम कम हो गया है...।

'चाकरे आज़म' को देखकर वह पहचान गया और बोला, "यहाँ लड़कपन बीता है...गन्ने चूसे हैं...डंगर चराने यहीं आया करता था।"

छोटा ननकाणा साहब देखकर उसने स्क्रीन के सामने मत्था टेका और फिर हाथ जोड़कर कुछ बोला भी जिसे मैं नहीं समझ सकी। मैंने भी जानबूझकर छोटा ननकाणा साहब का फोटो स्क्रीन पर बहुत देर रोके रखा ताकि सतवीर और उसकी पत्नी ठीक से देख लें।

"बापू रोज़ सुबह हम दोनों भाइयों को लेकर यहाँ जाया करते थे...। शबद कीर्तन के बाद कड़ाह प्रसाद मिलता था...जब छोटा था तो गुरु पूरब में पालकी के साथ-साथ चला करता था...पर जल्दी ही मैं गतका खेलने लगा था। कत्तक के महीने की धूप में गुरुद्वारा जगमगाता था...नगर कीर्तन में पंज प्यारे, पालकी, कीर्तनी जत्था और पिंड के लोग होते थे...।" वह बोलता चला गया। पता नहीं, क्या-क्या कहता चला गया। शायद किसी और को नहीं, अपने आप को सुना रहा था।

"ये तस्वीरें तू मुझे दे सकदी है?" सतवीर ने कुछ देर बाद पूछा।

"हाँ-हाँ, ले लेना...। मैं बनवा दूँगी...होर देखोगे...कटास के मंदिरों के फोटो भी हैं मेरे कोल।"

"कटास?...देख्या है मेरा। पिंड से जत्था गया था ते वापसी वेले कटास भी गए थे...दिखा कटास के फोटो।" वह बोला।

मैंने फोटो फोल्डर में से कटास के फोटो स्लाइड शो पर लगा दिए।

"कुल सात मंदिर हैं वहाँ।" मैंने उसे बताया।

"हाँ, पता है मैनूं...और गुरुद्वारा साब भी है।"

वह बोला।

"देखो, यह पहला मंदिर है..." मैंने कहा। वह देखने लगा।

आगे आधे से ज़्यादा गिरे हुए मंदिर के पीछे से सूरज की रोशनी इस तरह आ रही है कि सामने के हिस्से से कुछ नज़र नहीं आ रहा था। सतबीर ने एक बार फिर चेहरा कम्प्यूटर के स्क्रीन के साथ सटा लिया और देखने लगा।

"अरे निकल गया...फिर दिखा।" वह बोला और मैंने स्लाइड शो बन्द कर दिया। वह ज़रा ज़्यादा तफसील से देखना चाहता है। ये तो मुझे पहले ही सोचना चाहिए था।

"एते ढ़ै गया है बिल्कुल।" वह बोला।

"हाँ...तुसी ठीक कैंदे हो देखभाल की बहुत कमी है।"

"मेरा बापू बताता था कि यहाँ इन्हें पांडवों ने बनवाया था...। इसका जिकर महाभारत में है।"

तस्वीर आती रही और वह टकटकी लगाए देखता रहा।

"हाँ, ये...हरिसिंह नलवा की हवेली है...इसके लिए गुरुद्वारा साब है...ये सरोवर है...हँ।"

दोपहर का खाना खिलाने के बाद सतवीर और उसकी पत्नी को विदा करने से पहले मैंने सोचा अपना सवाल भी इनसे भी पूछ लूँ। हो सकता है कोई जवाब मिले।

"तुसी ए दसो...ये शेर अली का क्या मामला है?"

"तुझे उससे क्या मतलब?" सतवीर बोला।

"ताया जी मैं...शेर अली की खोजबीन करने ही यहाँ आई हूँ।"

"पर क्यों? वो तेरा कौन था?"

"वो मेरा कोई नहीं था।"

"कोई नहीं था तो तुझे क्या लेना-देना।"

"ताया जी, मैं अख़बार में काम करती हूँ...नौकरी करती हूँ...मुझे यह काम दिया गया है कि शेर अली के बारे में...पता लगाकर लाऊँ...इसी वजह से मैं अमृतसर आई हूँ...पंद्रह दिन से इलाक़े की ख़ाक़ छान रही हूँ।"

वह चुपचाप मुझे देखने लगा। फिर बोला, "अच्छा है, तू इसे छड्ड दे, धीये ते वापस चली जा।"

"क्यों?"

"इससे अब किसी को क्या मिलेगा।"

"पर सच्चाई तो पता चलेगी।"

"उससे क्या होगा?"

"अरे तायाजी, अख़बार का यही काम है।"

वह सोच में पड़ गया। फिर धीरे से बोला, "देख, पता ही लगाना है तो गुरजोत से पूछ ले।"

"गुरजोत कौन?"

"हमारे ही पिंड में रहता है...उत्तर को नाले के पास उसका घर है।"

"उसे मालूम है?"

"हाँ...पर उसे यह न बताना कि मैंने तुझे कुछ बताया है...ये पिंड की बात है...खुलनी नहीं चाहिए...क्या जाने और दो-चार लाशें गिर जाएँ?"

"लाशें गिर जाएँ...कैसी लाशें।"

"बस...अब मुझसे मत पूछ...गुरजोत ही बताएगा।"

"तुसी जानदें हो कि नहीं?"

"जानदा ते सारा पिंड है...पर बोल्दा कोई नइ।" वह बोला।

"जितना तुम्हें पता है, तुम बता दो...। आगे का मैं गुरजोत से पूछ लूँगी।" मैंने कहा।

वह सोच में डूब गया। उसने बेचारगी से मेरी तरफ़ देखा। वह तय नहीं कर पा रहा था कि बताए या न बताए...इसी उधेड़बुन में उसके चेहरे पर कई तरह के भाव आ रहे थे।

"देख, बात ये है कि शेर अली गुरजोत का दोस्त था...। वह भी बँटवारे से पहले इसी पिंड में रहता था...।" वह चुप हो गया।

"फिर?"

"फिर वह पिंड आया...गुरजोत के घर। ठहरा...।"

"अब गुरजोत से ही पूछ।" वह खड़ा हो गया।

घुप्प अंधेरे में रावी के ऊपर कोहरे की एक चादर तनी हुई है। पानी से उठनेवाली भाप ने इस चादर को और घना कर दिया है। दोनों तरफ़ फैले खेत और ऊँचे-ऊँचे पेड़ काले और सुरमई रंग में सिमट गए हैं। इधर-उधर लगे वाच टावरों की रौशनियाँ अंधेरे को भेदने की नाकाम कोशिश करके अपने मूल स्थान को वापस चली जाती हैं। कहीं-कहीं सीमा रावी के बीच में आ गई है इसलिए तारों की ऊँची बाढ़ रावी के किनारे तक आ जाती है और फिर दूसरे किनारे पर ही नज़र आती है...पानी में बहता हुआ सूखी लकड़ियों पत्तों और झाड़ झंखाड़ का रावी ढेर में उतराता है। ऐसा अक्सर होता है।

सूखी लकड़ियाँ और कूड़ा करकट तट से बहता हुआ नदी के बीच में आ जाता है और फिर पानी का बहाव और हवा की दिशा उसे किसी कोने में लगा देती है।

सूखी लकड़ियों, पत्तों और टहनियों का एक समूह किनारे जाकर लगा। ऊपर से सर्चलाइट की रौशिनियाँ रावी के तटों के बाद फैले खेतों पर पड़ रही हैं...कुछ घंटे खर-पतवार का ढेर पड़ा रहा और उसके बाद धीरे-धीरे आगे खिसकने लगा...उसे जल्दी ही एक नाला मिल गया और वह नाले में उतर गया...

कभी-कभी आधी रात को कुत्ते वैसे ही भौंकने लगते हैं। गुरजोत ने करवट ले ली और सोने की कोशिश करने लगा। गठिया का दर्द उसे लगातार सताता रहता है...। ये क्या? कोई दरवाज़े पर है क्या? कुंडी खड़खड़ाई थी...वह कान आवाज़ की तरफ़ लगा देता है...। फिर आवाज़ आई...फिर आई...कोई है...कौन होगा आधी रात में? गुरजोत धीरे-धीरे उठा और आँगन पार करके दरवाज़े तक गया...कुंडी फिर बजी...

"भाई कौन हैं?" गुरजोत ने पूछा।

"गुरजोत भाउ...दरवाजा खोल।"

ये आवाज़...दूर-दूर तक कानों में उतरती चली गई पर अजनबी-सी लगी। और फिर अपना नाम सुनकर हैरत में पड़ गया।

"कौन है भाई?" गुरजोत ने लाइट जला दी।

"ओहो, दरवाज़ा ते खोल..." फिर वही आवाज़। बिल्कुल अंजान तो नहीं है, पर है किसकी!

गुरजोत ने दरवाज़ा खोल दिया।

"पहचाना मैनूं?"

"तुझे?...कौन है तू?"

"नइ पहचाना...शेर अली...!"

"शेर अली...?"

"पहचान ले मुझे...नइ पहचान सकता तो ये देख..." उसने अपना दाहिना हाथ उसकी तरफ़ बढ़ा दिया। कलाई के ऊपर उर्दू में गुदा था शेर अली।

"याद है तुझे, पोंडा के मेने में मैंने और तूने अपना-अपना नाम गोदवाया था?" वह बोला।

गुरजोत उससे लिपट गया।

"हाँ, तू शेर अली है...चल-चल अन्दर आ...बैठ...।"

"रोट्टी खाएगा।"

"ज़रूर खाऊँगा...बहुत भूखा हूँ।"

तीन चार रोटियाँ खाने के और लस्सी पीने के बाद शेर अली ने सिर उठाया।

"तू आया कैसे?"

"मैं...रावी पार करके आया हूँ।"

"रावी पार करके?"

"हाँ।"

"तू वीजा लेके क्यों नहीं आया?"

"पासपोर्ट कित्थे है मेरे कोल?"

"बनवा लेता।"

"मैं तो दस साल से कह रहा था...करीम बनवाता नहीं था...करीम मेरा लड़का है...अब बता पासपोर्ट न बने तो मैं यहाँ नहीं आ सकता।" वह हँसने लगा।

गुरजोत ने उसे देखा। कितने साल बाद देख रहा है शेर अली को? वही सन् 47 के बाद जो वो गया तो कोई पता ही नहीं चला...अब छप्पन साल हो गए...गुरजोत को याद है तब जाने से पहले शेर अली आया था।

"देख अब...मैं पचहत्तर पार कर गया हूँ...करीम ने सब सँभाल लिया है। उसके भी बाल-बच्चे हैं...नारोवाल में ज़मीन है...दुकान कर ली है...अब...मैं न आता तो कभी न आ पाता...बार्डर पर देख लेते, गोली मार देते तो मार देते...मर जाता...वैसे उधर मर ही जाना था..."

"पर यहाँ तुझे पुलिस पकड़ लेगी...जेल में डाल देंगे।"

"देख, कुछ न होगा...मैं जिस तरह आया हूँ...वैसे ही लौट जाऊँगा...तू चिन्ता न कर।" उसमें एक अजीब तरह का आत्मविश्वास और निडरपन था।

"ले जोत, मैं भी चल दिया पाकिस्तान।" शेर अली ने बड़े दर्द से कहा था। उसने लाठी ज़मीन पर टेक दी थी और खेत की मेड़ पर बैठ गया था। पैरों में नई जूतियाँ चमक रही थीं।

"तो तू भी चल दिया..."

"अजी कौन-सा कोसों जाना है...रावी पार की...और देख उधर...रावी पार की और पाकिस्तान..."

"तो जल्दी क्या है चले जाना...दो चार दिन बाद चले जाना।"

"जोत, मैं तो जाता ही न...मैं तो रावी के इस पार ही भला हूँ...और फिर देख इस पार 'वो' भी तो है जिसे देखकर मैं जीता हूँ।" वह आँख मारकर हँसा था। पर उसकी हँसी में रोने जैसा भाव था।

"तो क्यों जा रहा है?"

"बिरादरी का फ़ैसला है...कहते हैं इन गाँवों के मुसलमानों पर भी हमले होंगे...दो ही चार दिन में होंगे...सरदार दलजीत सिंह भी कैंदे हैं कि गाँव के मुसलमान पाकिस्तान चले जाएँ तो अच्छा है, हम गाँव में ख़ून-खराबा नहीं करना चांदे..."

"कौन-कौन जा रहा है... ।"

"ये समझ ले सब ही...सब मुसलमान...कुल डेढ़ सौ बैलगाड़ियाँ हैं... ।"

"तू 'उसको' मिल आया, क्या कह रही थी?"

"कहेगी क्या...देख मुझे ये दिया है।" शेर अली ने हथेली सामने कर दी थी। चाकू का गहरा निशान...ताज़ा ज़ख़्म...दिखाई पड़ रहा था।

"ये क्या है?"

"निशानी है।" वह हँसा था।

"निशानी?"

"कह रही थी तू जहाँ भी रहेगा...जीवन भर मुझे याद करता रहेगा।" वह फिर हँसा था... ।

"मैंने भी उसे वादा किया कि मरने से पहले एक बार तुझे मिलने ज़रूर आऊँगा... ।" शेर अली बोला।

"क्या सोच में पड़ गया जोत?" शेर अली ने पूछा और जोत अतीत से बाहर निकल आया।

"मुझे वह दिन याद आ रहा है जब तूने पिंड छोड़ा था।" जोत बोला।

"हाँ, मुझे भी याद है।"

"तेरे पास निशानी है जो अमरता ने दी थी।"

"हाँ, वह कहाँ जाती...बहुत सोच-समझकर उसने निशानी दी थी।" शेर अली ने सीधे हाथ को फैलाया और ज़ख़्म का निशान नज़र आने लगा।

"उसे याद करने का यही तरीका था जोत... ।"

कुछ देर तक दोनों ख़ामोश रहे। रात ढल रही थी और कभी भी पूरब की तरफ़ से उजाला फैल सकता था।

"पर तूने किया बड़ा ख़तरनाक काम।"

"क्या?" शेर अली बोला।

"ये जो बिना पासपोर्ट, वीज़ा के चला आया?"

"हाँ।"

शेर अली हँसने लगा।

"देख जोत...मरने से पहले ये कसक तो न रहेगी कि एक वायदा पूरा नहीं कर पाया और अब क्या है...अब लौटते हुए मुझे गोली भी लग जाए तो दुख नहीं होगा।"

"देख तू जल्दी-से-जल्दी लौटने की... ।"

"जोत मैं कल उसे देख के...रात में ही वापस हो जाऊँगा।"

"ठीक है।"

"जोत और बता गाँव के क्या हाल हैं?"

"देख, अब वो मौज मस्ती नहीं रह गई है...हम भी खेती करते थे शेरू पर, आजकल के मुण्डे तो खेतों की दुम ऐंठते हैं...।"

"दुम ऐंठते हैं...?"

"जैसे हम जानवरों की दुम ऐंठा करते थे कि जल्दी चलें...फुर्ती करें...वैसे आजकल खेतों में यूरिया भर देते हैं...तरह-तरह की खादें...तरह-तरह की दवाएँ...पैदावार का ठिकाना नहीं है...पर वह मज़ा नहीं रहा...हमारेवाले गेहूँ का मज़ा आजकल के गेहूँ में है?" जोत बोला और ख़ामोश हो गया।

दूर कहीं से किसी ट्रक के इंजन की आवाज़ सुनाई पड़ने लगी। जोत ने दीवार पर लगी घड़ी पर निगाह डाली चार बजनेवाले थे।

"अपने साथ के लोगों में कौन-कौन है?" शेर अली ने पूछा।

"दलजीत बचा है। मोहन है और गुरूचरन है।" वह याद करके बोलने लगा।

"दलजीत वही जो हीर गाया करता था?"

"हाँ, वही।"

"अभी गाता है?"

"अब क्या गाएगा...दमे का मरीज़ है।"

"वाह! क्या गाता था जवान...क्या दर्द था उसकी आवाज़ में...मुझे आज तक याद है...जब वह गाता था...तो आँखों में आँसू आ जाते थे।"

शेर अली ने कहा।

"हाँ शेरू...तू ठीक कहता है।"

"ये बता तेरे कितने बच्चे, पोते-पोतियाँ हैं?" शेरू ने जोत से पूछा।

"तीन लड़के हैं...सबसे छोटा यहीं है...बाकी दो अमृतसर में कपड़े की दुकान करते हैं...लड़की के तीन बच्चे हैं...कपूरथला मे ससुराल है...तेरी भाभी अभी उठेगी तो देख लेना...उसके हाथ के परांठे खा लेगा तो मस्त हो जाएगा।"

"ओए, तब ही तो तू जवान जहान बना बैठा है।" शेरू ने जोत के कन्धे पर हाथ मारकर कहा।

"यार, अमरता के बारे में कुछ बता।" शेर अली ने कहा।

"तकसीम के दो साल बाद उसकी शादी हो गई थी...ससुराल जालंधर में थी...आदमी उसका ज़्यादा जिया नहीं। दो लड़के हैं...एक तो यहीं है...दूसरा...दिल्ली में कोई नौकरी करता है...अमरता पति के गुज़र जाने के बाद ससुराल में रही नहीं...। यहाँ उसके बापू की जायदाद इम्लाक को देखनेवाला भी तो कोई नहीं था...। अब

अच्छा है...अच्छी खेती है, भैंसे पाली हैं...सब बल्ले-बल्ले है।" जोत ने उसे अमृत कौर के बारे में विस्तार से बताया।

"अच्छा...सुन, मैं सोचता हूँ कि तेरे बारे में गाँव के किसी को पता नहीं लगना चाहिए।" जोत बोला।

"क्यों?"

"अरे...अच्छा है...नहीं तो दस तरह की बातें करेंगे...समझा तू..."

"हाँ, वो तो समझ गया...पर बात क्या है?"

"कल किसी ने पुलिस को ख़बर कर दी तो?"

"मैं तो आज रात ही निकल जाऊँगा न।"

"आज रात कैसे?"

"अभी अमरता के घर जाऊँगा...उसे देखकर वापस।" शेर अली बोला।

"...लेकिन शेर अली उस रात नहीं लौटा।" सायमा गुरजोत की आँखों में देखती हुई बोली।

"हाँ, नहीं गया।"

"क्यों?"

"बताता हूँ...पहले तो हम दोनों पिंड में निकले। मेरे साथ एक अजनबी को देखकर सब पूछ रहे थे कि कौन है? मैं सबको बताता था कि ये होशियारपुर से आया है और मेरा रिश्तेदार है...हम लोग शेर अली के घर गए। तक़सीम के बाद से वह घर और शेर अली का ज़मीन बलवंत सिंह के पास है। बलवंत सिंह घर पर नहीं था। उसका बेटा दलीप था। बलवंत का बड़ा बेटा जोधा सिंह पुलिस में है और उसकी ड्यूटी अमृतसर के सदर थाने में लगी हुई है...शेर अली अपना घर देखकर रोने लगा...मैंने बहुत कोशिश की कि यह पता न चले कि वह शेर अली है पर कुछ ऐसा हुआ कि पता चल गया।"

"कैसे?"

"बलवंत के पड़ोस में गुरुचरन का घर है...वह आ गया। गुरुचरन ने शेर अली को पहचान लिया...यह खुल गया कि शेर अली अपना घर और गाँव देखने पाकिस्तान से आया है।"

"उसके बाद?"

"उसके बाद शेर अली अमृता से मिलने गया। पर जल्दी ही लौट आया। वहाँ पता चला कि वह किसी काम से जालंधर गई हुई है और तीन-चार दिन में वापस आएगी।"

"यही वजह थी कि शेर अली का जाना टल गया।"

"हाँ जी...वह किसी भी क़ीमत पर बिना अमरता से मिले, वापस जाने पर तैयार नहीं था। यहाँ तक कहता था कि अगर मैं उसे अपने घर में रखने से डर रहा हूँ तो वह किसी पेड़ के नीचे या गुरुद्वारे में सो जाया करेगा, पर बिना अमरता को देखे वापस नहीं जाएगा।"

"फिर क्या हुआ?" सायमा ने पूछा।

गुरजोत घबराकर इधर-उधर देखने लगा जैसे कोई उसकी बात सुन रहा हो। फिर वह धीरे-धीरे सामान्य हुआ। लेकिन फिर भी घबराहट उसके चेहरे से हटी नहीं।

"बताओ न?" सायमा बोली।

"तू तो आई है...चली जाएगी...इत्थे पिंड वालों के साथ मुझे जीवन भर रहना है...मैं ऐसा नइ कर सकदा।" वह बोला।

"साफ-साफ गल्ल कर...होया की सी?" सायमा की आवाज़ भी कुछ कड़ी हो गई।

"देख, बात ये है कि एक गाँव की बात है...मैं गाँववालों को मुसीबत में नइ डालना चांदा।"

"अब बता भी दे...मैं कौन-सा तेरा नाम लूँगी...जो बात तुझे पता है वो पूरे पिंड को पता है...पता नहीं किसने बताई होगी।"

"देख, दो ही चार दिन बाद पिंड में यह बात फैल गई कि पाकिस्तान से शेर अली आ गया है और अब यहीं रहेगा...कोई कहता था वह तो अपना घर और खेत माँग रहा है। कोई कहता था वह मुकद्‌दमा डालने जा रहा है...कोई कहता उसने तो पहले ही किसी वड्डे वकील से गल्ल कर ली है...फिर ये बात उड़ी के अब शेर अली के दोनों लड़के भी आ रहे हैं...उधर पाकिस्तान में शेर अली ने कोई बड़ा जुरम कर दिया है और अब वापस नहीं जा सकदा...ये भी बात उड़ी थी कि शेर अली ने बँटवारे टाइम जाते समय घर में पैसे गाड़े थे। वो लेने आया है।"

"ये अफ़वाहें कौन फैला रहा था?" सायमा ने पूछा।

"किसी को पता नहीं था जी...बस, वैसे ही जितने मुँह थे उतनी ही बातें थीं...एक दिन बलवंत मेरे पास आया था। पूछता था कि बात क्या है? मैंने बताया था कि ऐसी कोई गल्ल नहीं है...शेर अली वापस चला जाएगा...वह बोला था, अरे, कोई इतना ख़तरा उठाकर वापस जाने के लिए थोड़ी आता है? मैं क्या बोलता, वह चला गया था। पर जाते-जाते कह गया था कि किसी का बसा हुआ घर उजाड़ना ठीक नहीं है। मैं समझ नहीं पाया था...पर कुछ होगा उसकी बात में...बलवंत का बड़ा लड़का जोधा सिंह एक दिन रात में आया था...वह जब भी आता है उसकी मोटर साइकिल दी आवाज पूरे पिंड में सुनाई देती है..." वह चुप हो गया।

"फिर?"

"मैं रोज़ रात में शेर अली से कहता था कि पिंड की फिजा ठीक नहीं है, वापस चला जा...वह यही कहता था कि अमरता से बिन मिले तो जाएगा नहीं...मैं कहता था तेरी जान को ख़तरा है...वह हँसता था और कहता था मार ही देंगे न? मर जाऊँगा...पर अमरता को देखे बिना नहीं मरना चाहता...वह एक आध दिन में आ जाएगी..."

ये वही गली है जहाँ उसके पैर ज़मीन पर पड़ते ही नहीं थे। उसे लगता था कि हवा से उसका मुक़ाबला है और देखें अमरता के पास हवा जल्दी पहुँचती है या वह।

चारपाई पर बैठा सरदार जत्था सिंह कभी उसे रोट्टी खाता दिखाई देता था तो कभी हलवाहों को हिलायतें देता, कभी बीज और पानी के हिसाब में उलझा नज़र आता तो कभी दो-चार पिंडवालों से गप्पें हाँकता दिखाई पड़ता था।

शेर अली को देखते ही जत्था सिंह कहता था, "आ गया मेरे शेरू...आज दो खत्ते...कटा लेगा? मज़दूर कम हैं।"

"अरे, सरदारां, तू कह तो मैं अकेला ही काट दूँ दो खत्ते...देख रहा है मेरे हाथ...ये लोहे के हैं।"

"हाँ-हाँ, जानता हूँ...गबरू जवान है...अबकी बैसाखी में ताल ठोक कूदेगा न अखाड़े में?"

इतनी देर में अमरता आ जाती थी और शेर अली को लगता था कि जिस्म में ख़ून के फव्वारे छूटने लगे हों।

...शेर अली ने बड़ी मुश्किल से एक-एक क़दम बढ़ाते गली पार की और जत्था सिंह के फाटक के सामने रुक गया। पुराना लकड़ी का दरवाज़ा नहीं है। लोहे का सलाखोंवाला फाटक लगा है। पूरी तरह रंगा-चुना है।

शेर अली फाटक के पास खड़ा हो गया। लगा पैर सौ-सौ मन के हो गए हैं। साँस सीने में समा नहीं रही। एक क्षण में कई साल और हज़ारों तस्वीरें उसके सामने आईं और निकल गईं। हँसी, चूड़ियों की खनखनाहट, चढ़ी हुई त्योरियाँ, प्यार से मुस्कुराती आँखें, मुक्का ताने हाथ, आँखों की गहराई से झलकते रंग, सुगन्ध, झिड़कियाँ, शिकायतें, स्वाद, बादलों के टुकड़े, चुनरी के रंग, रंग-बिरंगी जूतियाँ, कजरारी आँखें...उसे लगा वापस लौट जाए...अब कुछ नहीं...मतलब क्यों...फिर क्या...लेकिन पैर पीछे जाने से इंकार करने लगे। अब न तो इधर न उधर...किसी ने इस तरह खड़े देख लिया तो जाने क्या समझे...

उसने एक क़दम अन्दर बढ़ाया। नीम के दो बड़े-बड़े पेड़ अब छितर गए हैं। बाएँ हाथ को कुएँ के ऊपर मोटर लगा हुआ है...उस वक़्त यहाँ बिजली कहाँ थी।

सामने तीन दर की दालान और उससे मिला टीन का बाड़ा-दालान पक्का नए फ़ैशन का बन गया है।

सामने बड़े से तख़्त पर दूध के बर्तन रखे हैं। सात-आठ लोग इधर-उधर खड़े हैं। दूध बेचा जा रहा है। सामने जो औरत बैठी है वही अमरता है। उसने आँखें फाड़कर पूरी तरह देखने की कोशिश की। उसे एक बूढ़ी, मोटी और झगड़ालू क़िस्म की औरत बैठी दिखाई दी। शेर अली ने और ध्यान से देखा...और ध्यान से देखा...तब उसे अमरता दिखाई दी। वही अमरता जिसे देखने वह आया है। बिल्कुल अमरता... अमरता...वह चुपचाप फाटक के पास खड़ा हो गया...उसे अन्दर से लस्सी और रोटी लेकर आती अमरता दिखाई पड़ी...आम चूसकर गूठली उसकी तरफ़ फेंकती अमरता दिखाई पड़ी...मुँह चिढ़ाती अमरता दिखाई पड़ी।

"कौन है? उधर क्यों खड़ा है।" शेर अली के कानों में वही आवाज़ आई जिसे सुनने का उसे छप्पन साल से इंतिज़ार था।

वह चुपचप खड़ा रहा।

"इधर आ...कौन है बई?"

वह चुपचाप खड़ा रहा।

"अरे, बहरा है क्या...इधर आ।"

दूध लेने देनेवाले जा चुके थे। अमरता तख़्त पर अकेली बैठी थी। वह धीरे-धीरे चलता उसके पास चला गया।

"दूधवाली गाड़ी के साथ आया है?" उसने नहीं में गर्दन हिला दी।

"फिर क्या दूध लेने आया है?"

उसने फिर नहीं में गर्दन हिला दी।

"फिर कौन है तू?"

वह चुप रहा। सोचने लगा क्या उसने कभी ये भी सोचा था कि एक दिन ऐसा भी आएगा जब उसे अमरता को अपना नाम बताना पड़ेगा।

"ओए, बता न?"

"मुझे पहचाना नहीं।" वह बोला। अमरता ने उसकी आवाज़ सुनी...और उसे ध्यान से देखने लगी...चेहरे बदल जाते हैं...आवाज़ें नहीं बदलतीं।

"तू कौन है?" अमरता की आवाज़ काँप गई।

"मैं...मैं...ये देख।" उसने दाहिना हाथ सामने कर दिया। अमरता ने ध्यान से देखा।

"अब भी पूछेगी...मैं कौन हूँ?" शेर अली बोला।

वह हैरत से उसे देखती रही।

"मैं...मैं शेर अली हूँ।"

अमरता ऊपर से नीचे तक हिल गई।

"तू...तू...शेर अली?"

"हाँ...हाँ...अब भी नहीं पहचाना?"

"तू...तू...पर ऐसा...तू तो..."

"हाँ, मैं पाकिस्तान में रहता हूँ...पाकिस्तान में...पर..."

"तू यहाँ क्यों आया है?" अमरता की आवाज़ में ठहराव और ताक़त थी। लगता था वह भावनात्मक फटके से बाहर आ चुकी है।

"बरसों पहले तुझसे एक वायदा किया था। पूरा करने आया हूँ अमरता।"

उसने अटक-अटककर एक-एक लफ़्ज़ इस तरह बोला जैसे हर लफ़्ज़ पाताल से निकाल कर लाया हो।

"मैं...सपना तो नहीं देख रही।" अमरता की अवाज़ में पहलेवाली सख़्ती और रूखापन नहीं था।

शेर अली सामने तख़्त पर बैठ गया। अमरता ने उसे ध्यान से देखा। दुबला-पतला चेहरा, हल्की दाढ़ी, धँसी हुई आँखें और गाल की उभरी हुई हड्डियाँ...वह अमरता की आँखों में नहीं देख रहा था। पता नहीं, कहाँ देख रहा था और न जाने उसे क्या-क्या दिखाई पड़ रहा होगा।

"तू ख़ुश तो रहा न?" अमरता ने पूछा।

"घर परिवार सब रा.ज़ी है, दो लड़के हैं...ज़मीन मकान है...सब है।" वह धीरे-धीरे बोला। उसने अमरता के सवाल का जवाब नहीं दिया था और उसके वाक्य में जो कुछ छूट गया था उसे आसानी से भरा जा सकता था।

"बहुत साल हो गए..." वह ठंडी साँस ले कर बोली।

"दारजी कब गुज़रे?"

"बस, समझ ले...तक़्सीम के बाद दस साल और जिए होंगे...उन्हें काले बुखार ने जकड़ लिया था।" अमरता बोली।

"अमरता...तुझे...याद..." वह बोला।

"देख...अब याद न दिला...और मेरी मान तो चला जा यहाँ से।" अमरता बात काटकर बोली।

"मैं तो उसी दिन चला जाता जिस दिन आया था...पर तू यहाँ थी ही नहीं।" वह बोला और दोनों खामोश हो गए।

"उधर कैसा है?" अमरता ने पूछा।

"वैसा ही है जैसा इधर है..." वह बोला।

"नी...दुलारिए...लस्सी दे जा...लस्सी।" अमरता ने आवाज़ लगाई।

"तेरी कैसी कटी इधर?" शेर अली ने पूछा।

"अच्छी कटी...मेरा आदमी...अच्छा आदमी था...पर जल्दी मर गया..." वह बोली।

"कभी पिछले दिनों का सोचती थी?"

"सोचने से अपने को कोई रोक सकता है क्या? जब ध्यान आ जाता था तो सब याद आता था।"

"क्या-क्या याद आता था?"

दुलारी लस्सी ले आई।

"ले, लस्सी पी...रोट्टी खाएगा?"

"नइ...गुरजोत के संग खाऊँगा...वहीं ठहरा हूँ।"

"अपने घर गया? खेत देखे?"

"हाँ...सब देख लिया...आज रात चला जाऊँगा..."

"फिर नहीं आएगा?"

"पहले तो मैं जाना ही नहीं चांदा सी....चलो चला गया तो चाहता था...आता जाता रहूँ...इधर सब अपने ही बंदे थे...यार दोस्त...साथी संगी...पर न हो सका..." शेर अली ने अमरता की आँखों में ध्यान से देखा...

"सुन जोत...अब मैं मर भी जाता हूँ तो दुःख नहीं होगा।" शेर अली ने छत से लटकते बल्ब की तरफ़ देखकर कहा।

"देख, मैं तो तुझे बता रहा था...गाँव में आजकल कई तरह की बातें चल रही हैं...जोध सिंह को तू नहीं जानता...इधर जे कुछ गड़बड़ शड़बड़ होती है सबमें उसका हाथ रहता है।" जोत बोला।

"ठीक है, अब सो जा...रात हो गई है।" जोत बिस्तर पर से उठा। बत्ती बन्द की। किवाड़ बन्द किया और बिस्तर पर लेट गया।

...पूरा चाँद और इतनी भरी पूरी चाँदनी कि दिन जैसा उजाला पसरा पड़ा है गाँव की गलियों में।

"नी रुक जा...मैं भी आ रहा हूँ।"

"तो आजा...कोई मैं तुझे रोक रही हूँ।"

"इतनी जल्दी भी क्या है तुझे घर जाने की...अभी तो तेरी सहेलियाँ गिद्दा डाल रही हैं।"

"अपना रास्ता ले...सौ तरह के सवाल क्यों पूछता है?"

"लो मैं आ गया...तेरे बराबर...साथ-साथ। चल तुझे घर तक छोड़ आऊँ।"

"नइ मैं चली जाऊँगी।"

"एक बात बोलूँ तुझसे।"

"बोल।"

"तू मुझे बड़ी अच्छी लगती है।"

"मेरी बला से।"

"मैं तुझे कैसा लगता हूँ?"

"निरा डूमणा लगता है तू।" वह हँसी और चाँदनी में जलतरंग बज उठी।

"अपने को बड़ा वो समझती है।"

"तेरे जैसों से तो मैं बात भी नहीं करती।"

"तो चला जाऊँ तुझे छोड़कर...भेड़िए खा जाएँगे तुझे।"

"बड़ा अच्छा काम करेगा न।"

"ला तेरा हाथ पकड़ लूँ...कहीं गिर न पड़े।"

"हाथ पकड़ेगा...ले ये ले।"

अमरता ने शेरू की पीठ पर ज़ोर का घूँसा मारा और फिर अपना ही हाथ पकड़कर बिसूरने लगी।

"चोट ज़्यादा लग गई क्या?" शेरू ने कहा।

"ये तू पत्थर का है क्या?"

"ला, तेरा हाथ मल दूँ...नहीं तो सूज जाएगा।"

अमरता ने अपना हाथ शेरू को दे दिया...

...तालाब के किनारे बबूल के पेड़ों की छाया में अमरता रोटियों की चंगेल खोल रही है।

"ले ये रोट्टी...और लस्सी।"

"सुन अमरता..."

"क्या?"

"आज तो कुछ और ही पिला दे।"

"कुछ और पिला दे, मेरी जूती।"

"ला अपनी जूती ला..."

शेरू ने अमरता की जूती लेकर तालाब में फेंक दी। अमरता ने उसे तालाब में ढकेल दिया...वह अमरता की जूती निकाल लाया...।

दरवाज़े पर धड़धड़ की आवाज़ें। लगता है कोई दरवाज़ा तोड़े दे रहा है। दो-तीन लकड़ी के कंदों से दरवाज़ा तोड़ा जा रहा है। जोत उठ बैठा है।

कोई जवाब नहीं। दरवाज़ा उसी तरह तोड़ा जा रहा है। जोत उठकर बत्ती जलाता है लेकिन बल्ब नहीं जलता।

धड़ धड़ धड़...लगता है, दरवाज़ा टूट जाएगा।

"ओए कौन है, क्या चाहिए?"

"गुरजोत...दरवाज़ा खोल दे...तुझसे हमें कोई काम नहीं...बस तेरे दोस्त को ले जाएँगे।"

"शेरू छत पर चला जा...पीछे से कूद जाना...ये वही लोग हैं...वही।" जोत की आवाज़ में घबराहट है।

"फिर क्या हुआ?" सायमा ने पूछा।

"उजाला होने पर लोग निकले।"

"किधर गए?"

"गन्ने के खेत की तरफ़ गए, पर वहाँ कुछ, नहीं था...।"

"लाश कहाँ मिली।"

"लाश तो वहाँ से काफ़ी दूर दो कच्चे रास्तों के चौराहे पर मिली...वहाँ ख़ून भी नहीं था।"

"मतलब लाश कहीं और से वहाँ लाई गई थी।"

"हाँ जी।"

"गोली कहाँ लगी थी?"

"गोली सीने में लगी थी।"

"एक गोली लगी थी?"

"कह नहीं सकते...दिखाई तो एक ही पड़ती थी।"

"पुलिस को किसने ख़बर दी?"

"चौकीदार ने।"

"कौन चक्कर में फँसे...पुलिस ने भी यही सलाह दी थी कि कोई कुछ न कहे... लावारिस लाश...।"

"शेर अली के पास कोई काग़ज़ नहीं था?"

"नहीं।"

"तुम्हारे पास इसका सबूत नहीं है कि वह तुम्हारे साथ ठहरा था?"

"नहीं।"

...गुरुजोत के इंटरव्यू के बाद स्टोरी एक तरह से पूरी खुल गई थी। अब सवाल ये था कि पुलिस ने शेर अली को गोली मारनेवाली बात क्यों छिपाई और उसे लावारिस क्यों घोषित किया?

"सायमा...आज तेरी एक महीने की मेहनत...रंग ले आई..इसी बात पर पार्टी हो जाए।" नवजोत बहुत उत्साह में आ गया था।

"पक्की पार्टी होगी...लेकिन स्टोरी फाइल करने के बाद...उसमें पूरा ग्रुप होगा।"

"हाँ जी, पूरा ग्रुप।"

सायमा का कमरा मछली बाज़ार बना हुआ है। क्लास के तीस लड़के-लड़कियों में कम-से-कम पच्चीस-छब्बीस काम में लगे हैं। एक-दो ऐसे भी हैं जो आकर चले गए हैं या फिर आनेवाले हैं। सात-आठ लैपटाप खुले हुए हैं। सायमा स्टोरी कर रही है। एक-एक पैराग्राफ करती है। वह सबके साथ डिस्कस होता है। एडिट किए जाते हैं। फिर फाइनल होता है। शेर अली धीरे-धीरे आकार ले रहा है। इसमें सबका कांट्रीब्यूशन है। सायमा ने कह दिया है कि यह स्टोरी सबने मिल कर की है इसलिए बाईलान 'सायमा खान एंड स्टूडेंटस आफ जर्नलिज़्म स्कूल ऑफ अमृतसर' होगी। पहली बार किसी स्टोरी के साथ इस तरह की बाईलाइन जाएगी। यह भी अपने आपमें एक इन्क़िलाबी काम होगा। सायमा स्टोरी अंग्रेज़ी में लिख रही है। अल्का उसका पंजाबी अनुवाद कर रही है। सोनी चावला उसे हिन्दी में तैयार कर रहा है। यह भी प्लानिंग है कि स्टोरी तीनों जबानों में रिलीज़ होगी।

स्टोरी तैयार होते ही सायमा ने सबसे पहले अब्दुल रज़्ज़ाक साहब को लाहौर भेज दी। उसे लगता था कि रज़्ज़ाक साहब स्टोरी की नोक पलक दुरुस्त कर देंगे और 'थ्रस्ट एरिया' भी तय करेंगे।

"यार तुम्हारे एडीटर कितना टाइम लेंगे?" नवीन गिल ने सायमा से पूछा।

"मुझे लगता है कि मुश्किल से आधा घंटा।"

"तो चलो यार, चाय पी आते हैं...अपने ज्ञानी जी के यहाँ।"

"आओ...ठीक है, चलो।"

सब चाय पीने चल दिए। सायमा अपना लैपटाप कभी कहीं नहीं छोड़ती। लगता है वह उसके जिस्म का हिस्सा बन गया है।

चाय पीते हुए सायमा का मोबाइल बज उठा।

"शर्त लगा लो पाँच-पाँच सौ रुपए की...ये रज़्ज़ाक साहब का फ़ोन है।"

"हमें अपने पाँच सौ प्यारे हैं।" प्रदीप बोला।

"हैलो, रज़्ज़ाक साहब...जी स्टोरी मिल गई...ओ थैंक्स सर..." सायमा ने मोबाइल का वाल्यूम हाई कर दिया। रज़्ज़ाक साहब की आवाज़ सबको सुनाई देने लगी। सब सिमटकर तीन-चार बेंचों पर बैठ गए।

रज़्ज़ाक साहब की आवाज़ आई, "सायमा, तुमने कमाल कर दिया है।"

"सर, इसमें पूरे ग्रुप का कांट्रीब्यूशन है।"

"उन्हें भी कांग्रेच्युलेट करो।"

"सर, वो सब आपकी आवाज़ सुन रहे हैं आप उन्हें सीधे मुखातिब कर सकते हैं।"

रज़्ज़ाक साहब जोश में आकर पंजाबी में बोलने लगे, "जवानों, तुसी बहुत बड्डा क़म्म कीता है। मैं ताँ सोचेया वी नइ सी...कि ये इतनी शानदार स्टोरी होगी...सायमा ने कई बार मुझसे कहा कि अब कुछ नहीं निकल रहा, लेकिन मुझे यक़ीन था कि स्टोरी बनेगी...इसमें भी शक नहीं कि ये आप लोगों की मेहनत का नतीजा है...मैं इस स्टोरी को थोड़ा 'टचअप' करके एक घंटे के अन्दर आप लोगों को भेज रहा हूँ...बेशक आप लोग आज ही इसे पंजाबी, अंग्रेजी, हिन्दी, उर्दू के हिन्दुस्तानी अखबारों में भेज दो। ये 'नेशन' के साथ-साथ पूरे 'सब्कांटीनेंट' में एक साथ छपेगी तो मुझे ख़ुशी होगी। हाँ, बाईलाइन वही होनी चाहिए...यू.एन.आई. और पी.टी.आई. वालों से भी यही बात करो...चंगा कदी एद्दर आ जाओ...इधर आ जाओ...तुम सबको मेरा इन्विटेशन है। अमृतसर से लाहौर कितनी दूर है? ओ.के. बाए।"

"यार सायमा, तेरा बॉस तो चंगा आदमी है।" नवजोत बोला।

"हाँ-हाँ, क्या समझते हो...अख़बार कभी जेल से एडिट करता है कभी आफिस से।"

"अच्छा यार सायमा, एक बात बता...शेर अली की स्टोरी का अगला ऐंगिल क्या होगा?" नवीन बोला।

"मुझे लगता है लाश का पोस्टमार्टम।"

"यस...यही होना चाहिए।"

"अगर उसे गोली लगी है तो पूरी स्टोरी...नए डायरेक्शन में चली जाएगी।" नवजोत ने कहा।

एक घंटे बाद रज़्ज़ाक साहब ने स्टोरी की नोक पलक दुरुस्त करके उसे वापस भेज दिया। अब उसका पंजाबी में तरजुमा हुआ, हिन्दी में हुआ और उर्दू में सायमा ने ख़ुद किया।

"चल पंजाबी अख़बारों के ई-मेल किसके पास हैं?" सायमा बोली।

"मेर पास हैं।" अल्का बोली।

"चल भेज दे और हिन्दी?"

"मैं भेजता हूँ।" नवीन ने अपना लैपटाप खोल लिया।

"अंग्रेजी के तो तेरे पास हैं न?" साायमा ने जसवीर कौर से कहा।

लैपटाप गिटगिटाने लगे और हवा की तरंगों पर ख़बर दुनिया के सारे कोनों में उड़ कर पहुँच गई। अब अगले दिन देखना है 'कवरेज' क्या होती है।

रात दो बजे सायमा कमरे में अकेली रह गई। उसने बिखरे पड़े कप और गिलास समेटे। फर्श पर पड़े काग़ज़ के टुकड़े 'डस्टबिन' में डाले। इधर-उधर पड़े कुशन सोफो पर रखे। पर्दे बराबर किए और आइने में जाकर अपने को देखा। वह ख़ुद को कुछ बदली हुई नज़र आई...उसने सिर उठाकर इधर-उधर हिलाया...फिर चश्मा उतारकर आँखें साफ़ की और आइने में अपने आपको मुँह चिढ़ाकर लाइट बन्द कर दी।

पता नहीं क्यों नींद का नामोनिशान नहीं है। कभी-कभी ऐसा होता है कि आँखे थकान से बन्द हो जाती हैं। लगता है तुम सो रहे हो लेकिन दिमाग़ का दरवाज़ा पूरा खुला रहता है और उस दरवाज़े से तेज़ धूप अन्दर आती है। उसी दरवाज़े से एक अजीब तरह का शोर आता है...जो समझ में नहीं आ रहा है...आज इस शोर में शेर अली की आवाज़ है। सायमा ने शेर अली की आवाज़ कभी नहीं सुनी...लेकिन अभी जो आवाज़ आ रही है वह शेर अली के अलावा किसी और की हो नही नहीं सकती...क्या लिखा होता है आदमी के नसीब में? शेर अली से क्या लेना-देना? लेकिन अब वह मेरी ज़िंदगी का एक हिस्सा बन चुका है और मैं शायद उसकी ज़िंदगी...लेकिन वह जिन्दा ही कहाँ है? तो चलो उसके वजूद का जो अख़बरों की दुनिया तक महदूद हो गया है। शेर अली मैं तुम्हारे साफ इंसाफ नहीं कर सकी... तुम एक ख़बर में समेट दिए गए...एक 'स्कूप' का हिस्सा बन गए...तुम्हारी पूरी ज़िंदगी ने जो सवाल उठाए हैं वे सब कहाँ गुम हो गए? ठीक उसी तरह जैसे अल्का की दादी के सवाल...सतवीर के सवाल...तुम लोगों के सवाल बहुत सीधे हैं...और सच पूछो तो सीधे सवालों के जवाब ही बहुत मुश्किल होते हैं...हम जैसे पढ़े-लिखे लोग उलझे हुए, मुश्किल पेचीदा सवाल पसन्द करते हैं...लेकिन सीधे सवालों से डरते हैं...

पहले तो ये लगा था कि ये आवाज़ें ख्वाब में सुनाई दे रही हैं। सपने में कोई चीख़ रहा है। लेकिन अब लगता है कि नहीं। ये आवाज़ें तो दरवाज़ के पास से आ रही हैं और इन आवाज़ों में नवजोत की आवाज़ शामिल है। 'चक दे सायमा ख़ान' के नारे लग रहे हैं और दरवाज़ा भी पीटा जा रहा है। पता नहीं पिछली रात सायमा कितने बजे सोई थी...सोई थी भी या नहीं...ये भी ठीक से नहीं मालूम...

"अरे रुक जाओ एक मिनट....." वह चीख़ी।

बाथरूम में जाकर मुँह पर ठंडे पानी के छींटे मारने के बाद लगा कि जान-में-जान आ गई है। वह दरवाज़े तक आई और दरवाज़ा खोल दिया। सबसे आगे नवजोत खड़ा था...उसने सायमा को गले लगा लिया। अल्का ने अख़बारों का मोटा-सा गट्ठर उसके सिर पर मारा और बोली, "देख ले...आज का दिन हमारा है...पूरा हमारा।" सब ने सायमा को गले लगाया। उनका उत्साह पोर-पोर से फूटा पड़ रहा था।

"ये देख...एक-एक करके देख...पंजाबी के जितने पेपर हैं सबमें अपनी स्टोरी है...हिन्दी में...ये 'अमर उजाला', 'पंजाब केसरी' और ये सारे...अंग्रेजी में ट्रिब्यून... एक्सप्रेस, टाइम्स, एच.टी. सब में..."

"ये तो कमाल है यार।"

"और कमाल देखेगी...ये देख..." प्रदीप ने लैपटाप पर 'डॉन' दिखाया।

"ओ गॉड...इतनी शानदार 'कवरेज' सायमा उछल पड़ी।"

"सायमा तूने हमें इंटरनेशनल बना दिया।" अल्का बोली।

"मैंने नहीं...शेर अली ने।" सायमा बोली।

"यार बेचारा...मैं सोचता हूँ बड़ा...बहुत ही बुरा हुआ उसके साथ और ये सोचो कि जाने कितने शेर अली होंगे।" नवजोत बोला।

"पच्चीस लाख लोग माइग्रेट हुए थे।" नवीन ने बताया।

"चलो शेर अली ने जान देकर अपना गाँव, घर देख तो लिया। पर कितनों की जान चली जाती है और गाँव, घर नहीं देख पाते।" अल्का बोली।

"देखो...यार है तो ज़्यादती...अमृतसर से लाहौर पचास मील दूर है...लगता है पाँच हज़ार मील दूर होगा।" सोनी बोला।

"सायमा, तू ये तो नहीं समझ रही कि हम एंटी पाकिस्तान हैं?"

"नहीं-नहीं, इसमें एंटी प्रो की क्या बात है...ये तो ह्यूमन प्राब्लम है।" सायमा बोली।

"बस, यही तो हम कहते हैं...क्यों अलका..." सोनी बोला।

"ओ गॉड! इतने ई-मेल...इससे पहले कभी इतने ई-मेल नहीं आए एक दिन में...देख अल्का... ।"

अल्का, सोनी, नवजोत, प्रदीप और सभी देखने लगे। कम-से-कम पाँच सौ होंगे...

"खोल तो...देखें..." अल्का बोली।

मेल खुल गए। हर मेल में शेर अली वाली स्टोरी पर कमेंट्स थे। लाहौर ही नहीं। रावलपिंडी, मुलतान और कराची से ई-मेल थे। सबसे मज़े की बात यह कि लाहौर के फॉरमेन कॉलिज के कई टीचर्स और स्टूडेंट्स के मेल थे...सायमा के लंदनवाले दोस्तों ने भी स्टोरी पर रियेक्ट किया था। मीडिया स्कूलों के लड़कों और लड़कियों ने स्टोरी में इसलिए दिलचस्पी ली थी कि इसमें अमृतसर के मीडिया स्टूडेंट्स भी शामिल थे। कुछ लड़कों ने 'सजेस्ट' किया था कि बड़े अख़बार इस तरह अपने काम में स्टूडेंट्स को 'इनवाल्व' कर सकते हैं...कुछ ने ये भी लिखा था कि वे लोग भी अमृतसर आकर स्टोरी को 'फालो' करना चाहते हैं।

"अब ये इतने ई-मेल के जवाब कौन देगा।" सायमा बोली।

"यार हम सब मिलकर देंगे...तू क्यों परेशान होती है।"

"लो पचास...पचास बाँट लेते हैं...अच्छा, ये भी अच्छा रहेगा कि शेर अली वाली स्टोरी में तुम लोगों के कोआपरेशन की बात भी सबको 'डिटेल' में बताई जाए।" सायमा ने कहा।

"मैं लिखती हूँ।" अल्का अपना लैपटाप खोलने लगी।

"अच्छा सुनो...मैं शेर अली पर एक गीत लिखना चाहता हूँ..." सोनी चावला बोला।

"अरे लिख यार, लिख।"

"तू लिख दे तो मैं रिकार्ड करा दूँगा।" प्रदीप बोला।

"चल पक्का रहा।" सोनी बोला।

"यार...एक प्रॉब्लम है।"

"क्या?"

"शेर अली की कोई फोटो नहीं हमारे पास।"

"हाँ...ये तो है..."

"क्या पुलिस रिकार्ड में भी न होगी?"

"वहाँ तो होनी चाहिए।" नवीन बोला।

"मैं लाने की कोशिश करूँ।" प्रदीप ने कहा।

"हाँ-हाँ, ले ओ...मज़ा आ जाएगा...शेर अली की फोटो अपना 'एम्बलम' हो जाएगी।" अल्का बोली।

"अच्छा तो तय करो कि आगे क्या होना है?" जसवीर बोली।

"हाँ...सो तो करना पड़ेगा।"

"देखो, शेर अली...की 'नेच्युरल डेथ' नहीं हुई है।"

"उसे गोली मारी गई है।"

"तो यही बात निकलती है।"

"शेर अली का पोस्टमार्टम कराया जाए।"

"यस-यस-यस" सभी चिल्लाए।

"कौन यह माँग करेगा?" नवजोत ने पूछा।

"हम।" सबने एक साथ कहा।

"अरे, हम कौन?"

"हम मतलब...हिन्दुस्तान, पाकिस्तान के स्टूडेंट्स...।"

"वाह बेटा वाह...तुम्हारी कौन सुनेगा?"

"क्यों नहीं सुनेगा...हमारी स्टोरी कितने अख़बारों ने छापी है।"

"ठीक है...तो लिखो एक और खबर..."

"कौन-सी?"

"शेर अली...प्रेमी था...वह यहाँ अपनी प्रेमिका अमृत कौर को देखने आया था।"

"यस...यस...।"

"यार, मैं शेर अली पर गीत लिखूँगा।"

"अबे लिख देना...क्यों डराता रहता है।"

"चलो सायमा...खबर बनाओ।"

"लेकिन यार...ये हम लोग जो हैं न...हमारे पास कोई झंडा और डंडा होना चाहिए।"

"तो ले लो...।"

"नो...नो...नो...ये क्या पागलपन है। ये पॉलीटिक्स है, यार।"

"छोड़ यार पालीटिक्स...रावी लेले।"

"रावी विरसा है।"

"हाँ, रावी विरसा।" सब बोले।

चार खुली हुई जीपों पर लड़के-लड़कियाँ लदे हैं। दस-बारह मोटर साइकिलें हैं। नवजोत ने 'रावी विरसा' का आसमानी रंग का झंडा बनवा लिया है जो जीपों और मोटर साइकिलों पर लहरा रहा है। पिछली गाड़ी में सोनी गिटार बजा रहा है और शेर अली पर लिखा गीत गाया जा रहा है। सायमा सबसे अगली जीप में है जिसे नवजोत चला रहा है।

अजनाला से आगे निकलकर गाड़ियाँ जैसे ही मुड़ने लगीं सामने पुलिस का बैरिकेट लगा दिखाई दिया। दो ट्रक भी सड़क पर खड़े कर दिए गए थे। जीपें रुक गईं।

"की गल्ल है...जान दो अग्गे।" नवजोत बोला।

पुलिस का इंस्पेक्टर पास आ गया और बोला, "तोहानू इससे आगे जाने का आर्डर नहीं है।"

दूसरी गाड़ियों से उतर-उतर कर लड़के-लड़कियाँ बैरीकेट के सामने जमा होने लगे।

सोनी अपने ग्रुप के साथ गिटार लेकर उतरा और चाय के ढाबे के सामने शेर अली पर लिखा गीत गाने लगा—

गल्ल चली ए अली दी
गल्ल अली दी
गल्ल अली दी अशकां वर्गी
सोने वर्गी गल्ल अली दी
सदके जावां गल्ल अली दी
गल्ल अली दी
गल्ल अली दी...

गीत की धुन पर लोग तालियाँ बजाने लगे।

"किस दा आर्डर है?"

"कप्तान साब दा आर्डर है।"

"कप्तान साब हमारे कुछ नहीं लगते। हम उनका आर्डर क्यों माने?" रवि बोला।

"हमें आगे जाने दो...हमें रोकने का तुम्हें कोई अधिकार नहीं है।" नवजोत बोला।

"हाँ...ये ग़ैर कानूनी है।" सुखविन्दर बोली।

"हमें यही आर्डर मिला है।"

"दिखाओ आर्डर।" जस्सी बोली।

"हाँ-हाँ, दिखाओ आर्डर।" कई लोग एक साथ बोले।

"हम जी आप लोगों को अपना आर्डर नहीं दिखा सकते।" इंस्पेक्टर झुँझलाकर बोला।

"क्यों नहीं दिखा सकते? क्या हम आर्डर खा जाएँगे...हम तो यही देखना चाहते हैं कि तुम झूठ तो नहीं बोल रहे।" नीता ने कहा।

"चलो जी, अपने साहब से बात कराओ।" नवजोत बोला, "हम लोग मीडिया के स्टूडेंट हैं। चोर उच्चके नहीं हैं।" इंस्पेक्टर फ़ोन मिलाने लगा। कुछ देर बाद बोला, "साहब मीटिंग में हैं...आप लोगों से बात नहीं कर सकते।"

"अरे तो हम यहाँ सड़क पर कब तक खड़े रहेंगे...हमें आगे जाने दो...नहीं तो गिरफ़्तार करो... ।" नवजोत चिढ़कर बोला।

"ये लो जी प्रो. रंधावा का फ़ोन है।" रवि ने सायमा को अपना मोबाइल पकड़ा दिया।

"हाँ सायमा...मैंने अभी पुलिस कमिश्नर से बात की है...उनका कहना है कि ये ग्रुप को पंजगराईं नहीं जाने देंगे क्योंकि उसमें एक पाकिस्तानी नेशनल भी है...मतलब तुम...यह कानून है कि विदेशी नागरिक को सीमावर्ती इलाक़ों में टहलने घूमने की इज़ाजत नहीं है...अगर तुम ग्रुप से अलग हो जाओ तो ग्रुप पंजगराई तक जा सकता है।"

"ओ.के. सर...ये तो आसान है...ग्रुप ही अमृत कौर का इंटरव्यू कर लेगा...सवाल हम सबने मिलकर तैयार कर लिए...मीडिया हमारे साथ है ही...तीन टी.वी. चैनल की टीमें हैं...लाइव शो रिकार्ड करेंगी।" सायमा बोली।

"ठीक है...तुम लोग ठहरो...मैं पुलिस कमिश्नर से फिर बात करता हूँ...वो अपने आदमियों को 'इंस्ट्रक्शन्स' दे देंगे।" प्रो. रंधावा बोले।

कुछ देर में यह तय हो गया कि सायमा खान वापस होटल चली जाएगी और बाक़ी टीम पंजगराईं जाएगी। एक-आद ने इस पर कीं कां की, लेकिन सायमा ने समझा दिया।

चौपाल में मंच बना है। सामने एक कुर्सी रखी है। साइड में कुर्सियाँ रखी हैं। सामने मीडिया और जनता के लिए जगह है। अमृत कौर इंटरव्यू देने के लिए तैयार हैं। कुछ लड़कियाँ उसे लेने के लिए उसके घर गई हैं। इस बीच सोनी चावला की टीम मंच पर अपना प्रोग्राम पेश कर रही है। पहले उन्होंने बुल्ले शाह की काफ़ी "उठ गए कवाण्ढो यार...रब्बा हुण की करिए..." गाया उसके बाद अब टीम ने "गल्ल चल्ली ए अली दी...गल्ल अली दी..." गाना शुरू किया। गिटार के साथ-साथ दूसरे वाद्यों की आवाज़ गाँव में गूँज रही है। कैमरे चल रहे हैं। रिफ़्लेक्टर इधर-उधर खड़े हैं।

लड़कियों के बीच में अमृत कौर चली आ रही है। उसने सफ़ेद शलवार कमीज पहना हुआ है। दुपट्टा सिर पर डाल रखा है। कृपाण लगी हुई है। धूप में उसका गुनहरा रंग और ज़्यादा दमक रहा है। सफ़ेद बालों की आभा आकर्षित कर रही है। उसका खड़ा नाक-नक़्शा और दोहरा बदन गरिमामय है। उसे देखते ही सब तालियाँ बजाने लगते हैं। वह मंच पर आती है और कुर्सी पर बैठ जाती है। उसके सामने माइक रखा जाता है। पत्रकार साइड में लगी कुर्सियों पर बैठे हैं।

"आपका नाम क्या है?"

"मेरा नाम अमृत कौर है, पिता का नाम जत्था सिंह है...बेटों के नाम करतार सिंह और जरनैल सिंह हैं..."

"आप पंजगराई में रहती हैं?"

"हाँ...पिता दे गुजरन दे बाद मैं यही रहदी हाँ।"

"आप शेर अली को जानती थी?"

"हाँ, तकसीम से पहले वो इसी पिंड में रहदा था। उसदे खेत हमारे चक के पास थे...कभी-कभी हमारे खेतों में काम भी करा देन्दा सी।"

"क्या वह पिछले महीने आप से मिला था?"

"हाँ, मिल्या सी।"

"क्यों मिला था?"

"कहता था मैं पिंड आया था तो पुराने जान-पहचान के लोगों से मिल रहा हूँ...इसी कारण मुझसे मिला था।"

"क्या बात हुई थी?"

"अपने घर बार के बारे में बता रहा था...इधर के बारे में पूछ रहा था।"

आठ कैमरे चल रहे हैं। फ्लैश लाइटें चमक रही हैं। टेप रिकार्डर ऑन है। नोट्स लिए जा रहे हैं। अमृत कौर का इंटरव्यू पुलिस को बड़ी परेशानी में डाल सकता है और दोबारा पोस्टमार्टम कराने की माँग ज़ोर पकड़ सकती है। पुलिस की जीपें भी कुछ फासले पर खड़ी हैं। रावी के उस पार से हवा इधर आ रही है।

"एक अख़बार में छपा है कि वह आपसे ही मिलने इस गाँव आया था।"

"अब वो अख़बारवालों को जाकर ये बता आया है, तो मैं नहीं कह सकदी...। मुझे तो जी ये नहीं पता।"

"आपके और शेर अली के बीच क्या रिश्ता था?"

"हाणी थे...एक पिंड में रहते थे...खेत पास-पास थे...खेती में हाथ बँटाता था...। दही लस्सी रोटी लेके जाती थी उसे देने...घर के दो चार काम कर देता था...। मेरा बापू नू बड़ा अजीज सी...बड़ा अच्छा पहलवान सी अपने ज़माने में..."

"क्या आप दोनों एक-दूसरे से प्रेम करते थे?" किसी ने सीधा सवाल पूछा।

"देखो जी, हँसी मजाक कर लेंदा सी...उस उम्र में सभी करते हैं...बातें बहुत बनाता था...देखने सुनने में अच्छा था...और क्या...।"

लोग तालियाँ बजाने लगे। अमरता के चेहरे पर लाली दौड़ गई।

"सत्तरह साल की उम्र में शादी हो गई थी मेरी।" वह अकड़कर बोली।

"अच्छा, ये बताइए...क्या उसे गोली मारी गई थी?"

"मैं नहीं कह सकदी...मुझे नहीं मालूम।"

"क्या उस रात आपने गोली की आवाज़ सुनी थी?"

"सरहद दा पिंड है हर रात गोली की आवाज़ें आती रहती हैं।"

"हम लोग चाहते हैं शेर अली का पोस्टमार्टम फिर से कराया जाए जिससे पता चले कि उसे गोली मारी गई या नहीं। आप भी ये चाहती हैं?"

"हाँ-हाँ, क्यों नहीं...सच्चाई तो सामने आए।"

"क्या आप सोचती हो कि इधर और उधर के आदमियों को आने-जाने की सहूलियत होनी चाहिए?"

"इंसान इधर भी हैं उधर भी हैं...मिल क्यों नहीं सकते?"

लोग तालियाँ बजाने लगे। प्रेस कांफ्रेंस खत्म हो गई। ऐजेन्सियों के लोग और रिपोर्टर जल्दी-जल्दी अपनी रिकार्डिंग चेक करने लगे। लड़के-लड़कियाँ अमृत के साथ फोटो खिंचवाने लगे।

फिर पता नहीं कहाँ से चाय आ गई। नमकीन आ गई और पूरी फ़िजा दोस्ती में डूब गई। गाँव के दूसरे लोग भी आ गए। लेकिन जोत थोड़ा अलग था। उसे कई तरह के डर थे।

"चलो सायमा को बताते हैं।" नवजोत फ़ोन पर सायमा से बात करने लगा।

"ठीक है यार...बहुत अच्छा हुआ...पर रिपोर्ट अभी जाएगी...सबको, डेढ़ सौ अख़बारों, ऐजेन्सियों, मीडिया कॉलिजों और स्टूडेंटस को...जो हमारी मेल लिस्ट में हैं सबको न्यूज स्टोरी की कॉपी भेज दो...।"

"वो सब ठीक है, सायमा हो जाएगा...पर मुझे एक दुख है।"

"क्या?"

"तू अमरता को नहीं देख पाई...तुझसे कितनी मिलती है, मैं तो उसे देखकर हैरान रह गया था...ज़रूर जवानी में तेरी जैसी होगी।"

सायमा ने कोई जवाब नहीं दिया।

रात के ग्यारह बज रहे हैं और मोबाइल का स्क्रीन बता रहा है कि लाहौर से रज़्ज़ाक साहब कॉल कर रहे हैं।

"सर...सलामअलैकुम..."

"वालेकुल...कैसी हो सायमा...?"

"सर, आपको तो सब पता चल रहा है।"

"हाँ-हाँ, तुम्हारी मेल दिन में दो बार मिल रही है।"

"सर, यहाँ पचास-साठ स्टूडेंट्स का पूरा ग्रुप ऐक्टिव है।"

"गुड...अच्छा सुनो...हमारे अख़बार के मालिक हाजी साहब...उन्होंने आज याद किया था।"

"तो सर..." सायमा की डरी आवाज़ सुनकर रज़्ज़ाक साहब बोले।

"नहीं नहीं...घबराने की कोई बात नहीं है...बस थोड़ी परेशानी में लगे...पहले तुम्हारी तारीफ़ करने लगे...फिर बोले, भई ठीक है, स्टोरी हो गई...अब।"

"तो क्या आप मुझे कॉल बैक कर रहे हैं?"

"नहीं सायमा...नहीं...तुम्हें बता रहा हूँ कि अब तुम और मैं दोनों 'डैन्जर ज़ोन' की तरफ़ बढ़ रहे हैं।"

"मुझे तो कोई डर नहीं।"

"डर तो मुझे भी नहीं, लेकिन...देखो...और कई पेंच हैं..."

"जैसे..." सायमा ने पूछा।

"हाजी साहब तुम्हें 'टरमीनेट' कर सकते हैं..."

सायमा सन्नाटे में आ गई।

"चाहे जो हो सायमा...मैं एडीटर के तौर पर न सही, तो इंसान के तौर पर तुम्हारे साथ हूँ।

अख़बारों में दो खबरें छाई हुई हैं। पहली ख़बर, सायमा खान को प्रशासन ने पंजगराई नहीं जाने दिया। रास्ते में रोक लिया बाक़ी लोग पंचगराई पहुँचे। दूसरी ख़बर, अमृत कौर का इंटरव्यू था जिसमें उसने माँग की है कि शेर अली का पोस्टमार्टम फिर से कराया जाए। इस माँग के समर्थन में सैकड़ों छात्र-छात्राओं ने अपनी आवाज़ उठाई

है और पंजाब के मुख्यमंत्री के नाम पूरी दुनिया से चिट्ठियों, तारों, ई-मेल का सिलसिला जारी है कि शेर अली का पोस्टमार्टम फिर से किया जाए। लेकिन सरकार और प्रशासन ने अब तक इस पर कोई बयान नहीं दिया है।

अख़बार पढ़ते-पढ़ते सायमा की आँखों में जलन होने लगी। उसे रात में रज़्ज़ाक साहब से हुई बातचीत याद आई और वह परेशान हो गई। पता नहीं, अब उसके अख़बार की तरफ़ से कौन-सी कार्यवाही होगी और उसे क्या क़दम उठाने पड़ेंगे।

सायमा ने लैपटाप खोला तो दस पेज ई-मेल से भरे देखे। इन सबको जवाब दिया जाना ज़रूरी है। वह टीम के होटल पहुँचने का इंतज़ार करने लगी। कल रात तय हो गया था कि सब दस बजे सायमा के पास आएँगे और आगे का प्रोग्राम तय होगा।

मोबाइल की घंटी बजी। उसने फ़ोन उठाया। स्क्रीन पर नाम पढ़कर समझ में नहीं आया कि उपाध्याय साहब सुबह साढ़े आठ बजे फ़ोन क्यों कर रहे हैं।

"हेलो सर, गुड मार्निंग।"

"गुड मार्निंग सायमा...हाऊ आर यू...आज के अख़बारों में भी तुम छाई हुई हो।"

"मैं नहीं सर, पूरी टीम।"

"हाँ-हाँ, वही बात है...अच्छा ये बताओ कि क्या अभी तुमसे मुलाक़ात हो सकती है...मतलब दस बजे तक...।"

"हाँ-हाँ, क्यों नहीं सर...मैं आ जाऊँ?"

"नहीं...ऑफिस जाते हुए मैं आ जाऊँगा...तुम्हें उल्टा पड़ेगा।"

"वैसे तो सब ठीक ही है न सर?"

"हाँ...हाँ कल रात लाहौर से फ़ोन आया था...कुछ उसी सिलसिले में तुमसे बात करनी है।"

फ़ोन बन्द करने के बाद सायमा फिर सोच में पड़ गई। क्या हो सकता है? हाजी साहब अख़बार से निकाल देंगे? हाजी मियाँ मुहम्मद आरिफ तो ये काम बहुत आसानी से कर सकते हैं। उस सूरत में उसे आज के बाद होटल का बिल ख़ुद चुकाना पड़ेगा...दूसरा ये कि नई नौकरी की तलाश करनी होगी...लाहौर में या कहीं और? इसके अलावा कल रज़्ज़ाक साहब ने वीजा की बात भी कही थी। वीज़ा कैन्सिल हो सकता है। ऐसी हालत में फौरन बार्डर क्रास करना पड़ेगा...तब 'रावी विरसा' का क्या होगा? उँह, जो होगा सो होगा...और फिर आंदोलन एक दो लोगों के सहारे तो चलते नहीं...न जाने कितने लोग चाहते हैं भारत और पाकिस्तान के बीच रास्ते खुलें, आने-जाने की सहूलियत होगी...बार्डर, सिवीलाइज़्ड बार्डर बने...मैं अकेली तो हूँ नहीं...लेकिन ये लोग...मेरे चले जाने पर क्या सोचेंगे...क्या कहेंगे...ये जज़्बा जो आज आसमान की बुलिन्दयों पर पहुँच गया है, कहाँ गिरेगा?

"मैं तो आपके साथ नाश्ता करने का इंतज़ार कर रही थी।" सायमा बोली।

"नहीं...नहीं...तुम नाश्ता करो...मैं चाय पी लूँगा...या चाय से बेहतर होगा ऑरेन्ज जूस।" उपाध्याय साहब बोले।

"तो बात क्या है सर?"

"देखो, रज़्ज़ाक...बहुत इमोशनल आदमी है...यही उसकी ताक़त भी है और यही उसकी कमज़ोरी भी है। वह कुछ नहीं रहा, लेकिन उसकी परेशानी मैं समझता हूँ। अब स्टोरी जिस तिरह से 'अनफोल्ड' हुई है उससे भारत सरकार और ख़ासतौर पर पंजाब सरकार परेशानी में पड़ गई है...तुम्हें पता है, दोनों मुल्कों के बीच करोड़ों रुपए का कारोबार हो रहा है जिसका सेंटर अमृतसर है... ।"

"जी।"

"कहने का मतलब यह है कि पाकिस्तान में भी एक लॉबी है...मजबूत लॉबी है जो इस तरह के सवालों में न पड़कर सीधे-सीधे कारोबार करना चाहता है। उसे ये सब बहुत बुरा लग रहा है...समझीं? मतलब हमारे यहाँ तो...मतलब सरकारी तौर पर लोग इसे पसन्द नहीं कर रहे हैं तो पाकिस्तान में भी यही हाल है।"

"ओहो!"

"हाँ...और तुम्हारे अख़बार के मालिक हाजी मियाँ मुहम्मद आरिफ पर काफ़ी दबाव बनाया जा रहा है।"

"और ज़ाहिर है कि हाजी साहब रज़्ज़ाक से जवाब तलब कर रहे हैं। रज़्ज़ाक की पोजीशन बड़ी 'ऑकवर्ड' हो गई है क्योंकि उसका भेजा हुआ क्रासपांडेंट 'जर्नलिज़्म' छोड़कर 'एक्टिविस्ट' बन गया है..."

"मैं मजबूर हूँ उपाध्याय साहब?" सायमा बोली।

"देखो, मेरी बात मानो तो लड़कपन छोड़ो...स्टोरी हो गई है...अब तुम्हारा काम खत्म हो गया है...दूसरों का शुरू हुआ है...अब जो तुम कर रही हो ये तुम्हारा काम नहीं है...ऑपरेशन करनेवाला डॉक्टर 'पोस्ट ऑपरेशन केयर' नहीं करता...ये दूसरे लोगों का काम है।"

"सर 'लॉजिक' आपके साथ हैं...और 'इमोशन्स' मेरे साथ हैं।" वह बोली।

"जज़्बात से दुनिया नहीं चलती।"

"लेकिन सर दुनिया को जज़्बात से ही चलना चाहिए।"

"क्या पागलपन है।" उपाध्याय साहब को गुस्सा आ गया।

"क्या हाजी साहब मेरा वीज़ा कैन्सिल करा देंगे?"

"वीज़ा तो इंडियन इम्बैसी इस्लामाबाद कैन्सिल करेगी...हाजी साहब अख़बार से निकाल सकते हैं..."

"सर, मैं अगर अभी सब कुछ छोड़-छाड़कर लाहौर चली जाती हूँ तो यहाँ मेरे दोस्त...क्या कहेंगे...पूरी दुनिया में हज़ारों लोग जो हमें ई-मेल कर रहे हैं, हमारे साथ हैं, क्या सोचेंगे...और मैं ज़िंदगी भर अपने को माफ नहीं कर पाऊँगी नौकरियाँ बहुत मिल जाएँगी सर...लेकिन।"

"ठीक है, जो चाहो करो...लेकिन आगे के बारे में कुछ सोच लो।" उपाध्याय साहब उठ गए।

सबसे पहले नवजोत आया और उसने सायमा का लटका हुआ मुँह देखा। फिर प्रदीप और सोनी आए। वे भी सायमा को देखकर कुछ हैरान हुए। बाद में नवीन, अल्का, सुखाँ, जसवीर आए...।

"यार, ये बात क्या है?" अल्का ने सायमा से पूछा।

"क्या बात?"

"तेरा चेहरा?"

"अरे, वो कुछ नहीं।"

"नहीं, कुछ तो है।" नवजोत बोला।

"कल लाहौर से रज़्ज़ाक साहब का फ़ोन आया था। अभी उपाध्याय साहब आए थे...मुझसे कहा जा रहा है कि स्टोरी हो गई है। मैं फौरन वापस लौट जाऊँ।"

सब सन्नाटे में आ गए। सब खामोश।

"तो तू जाएगी?" नवजोत ने पूछा।

सायमा खामोश रही।

"देख, पंजाब से...इंडियावाले पंजाब से चार सौ मेल आए हैं।" प्रदीप अपना लैपटाप खोलने लगा।

"बोल, तू जाएगी?" अल्का ने फिर पूछा।

सायमा खामोश रही।

"बोलती क्यों नहीं?" प्रदीप ने पूछा।

सायमा कुछ नहीं बोली।

"बोल दे...नहीं तो हम सब जा रहे हैं....'रावी विरसा' फिर किसी सायमा का 'वेट' करेगा।"

"बता भी, हमें क्यों परेशान कर रही है?" जसवीर बोली।

"नहीं...नहीं...नहीं... ।" सायमा चीख़ी।

"चक दे सायमा।" नवजोत और प्रदीप ने सायमा को उठा लिया...और सोनी गिटार बजाने लगा।...रवि और सुखाँ शेर अली वाला गीत गाने लगे।

ऑफ़िस जम गया। धड़ाधड़ ई-मेल जाने लगे। ड्राफ्ट बनने लगे। माँग है, “शेर अली का फिर से पोस्टमार्टम कराया जाए।”

कमरे में घंटी बजी। अल्का ने दरवाज़ा खोला। सामने प्रो. रंधावा खड़े थे।

“सर...सतश्रीअकाल...।”

“सतश्रीअकाल...कैसे हो तुम लोग...स्टूडेंट जब बहुत मशहूर हो जाते हैं तो स्टार हो जाते हैं।” वे हा-हा-हा करके हँसे।

“आओ जी बैठो।” नवजोत ने सोफा खिसकाया।

“देखो जी...उपाध्याय जी से मुझे सब पता लग गया है...सायमा तू चिन्ता न कर...।”

“जिन्दाबाद रंधावा सर...” नवजोत ने नारा लगाया।

“जिन्दाबाद।” बाक़ी सब चिल्लाए।

“ओए रुक जाओ...इतना न गला फाड़ो...गल्ल ये है कि सायमा को मैं लेने आया हूँ...ये मेरे परिवार के साथ रहेगी...मेरी कोठी में...चलो सामान उठाओ।”

“सर अभी...।” सायमा बोली।

“मुझे सब मालूम है...तेरे अख़बारवाले...तुझे अब पैसा नहीं देंगे...समझी...”

“कल आ जाऊँगी सर...।”

“चल ठीक है...दूसरे ये कि एक ‘स्कूप” है तुम सबके वास्ते।

“क्या जी।” सायमा ने पूछा।

“पुलिस...शेर अली को दफन करने का फैसला ले चुकी है।” वे बोले।

“अरे...‘पोस्टमार्टम’ की डिमांड?”

“उसी से बचने के लिए।”

“पर ये तो बड़ी नाइंसाफी है।”

“और उन बंदों से क्या उम्मीद है।”

“सर हम पुलिस कमिशनर से बात करें।”

“हाँ-हाँ करो...पर ये समझ लो...फैसला बहुत ‘हाई लेवल’ पर हो चुका है।”

“तो अब?”

“देखो गल्ल ये है कि पुलिस ने बिना किसी को बताए, चुपचाप शेर अली को दफन कर दिया तो बस सिर पीटते रह जाओगे...उसे क़ब्र से निकाल तो सकते नहीं...तो पहली बात ये कहो कि शेर अली लावारिस नहीं था...उसके लड़के हैं, औरत है...उन्हें लाश सौंप दी जाए या पुलिस उसके रिश्तेदारों के सामने दफ़न करे और कुछ नहीं तो कम-से-कम पहले बता दिया जाए कि शेर अली को कब दफन किया जाएगा।” प्रो. रंधावा ने कहा।

कोर्ट रोड पर प्रो. रंधावा की आलीशान कोठी है जो उनके पिता सरदार जगमोहन सिंह रंधावा, रिटायर्ड चीफ़ जस्टिस पंजाब हाईकोर्ट, ने बनवाई थी। जगमोहन रंधाव बँटवारे से पहले लाहौर हाई कोर्ट के बहुत अच्छे वकीलों में गिने जाते थे। वे यूनियनिस्ट पार्टी के नेता भी थे। कोठी के सामने हज़ार गज़ का लॉन है, पीछे किचन गार्डेन है और एक छोटा-सा बग़ीचा है। अब इस कोठी में बस दो बंदे रहते हैं। प्रो और मैडम रंधावा, क्योंकि परिवार के तीनों बच्चे अमेरिका और कनाडा में हैं...अब शायद ही कभी कोई वापिस आए। सर्वेंट क्वाटरों में रंधावा साब के माली, ड्राइवर बावर्ची अपने ख़ानदानों के साथ रहते हैं जिससे कोठी में कुछ चहल-पहल बनी रहत है।

प्रो. रंधावा ने सायमा को पूरा ग्राउंड फ्लोर दे दिया है। एक बड़ा-सा हाल जिसे कभी जस्टिस रंधावा अपने पब्लिक हाल या 'दीवाने आम' के तौर पर इस्तेमाल करते थे। इन हाल के दाएँ-बाएँ बने चार कमरे और अटैच बाथरूम, एक स्टडी, लायब्रेरी है। अब यहाँ 'रावी विरसा' ग्रुप की बैठकें बड़ी आसानी से होती हैं। जब कभी को बहुत थक जाता है या रात में वापस लौटने से बचना चाहता है तो यहीं सो जात है। खाने-पीने की कोई कमी नहीं है। भोला जिन्दाबाद।

'रावी विरसा' ग्रुप पुलिस कमिश्नर का इंटरव्यू करने गया था, लेकिन पुलिस कमिश्न इस पर तैयार नहीं हुए। इन लोगों को सिर्फ़ पुलिस के पी.आर.ओ. से ही बात करके सन्तुष्ट जो जाना पड़ा। लेकिन इतना तय हो गया था कि अब पुलिस शेर अली को बिना बताए, छिप-छिपाकर दफन नहीं कर पाएगी। पहले यह कोशिश की जाएगी कि पाकिस्तान से उसके परिवारवालों को लाश दे दी जाए और अगर यह नहीं हो पाएग तो अमृतसर में उसे दफन किया जाएगा।

इन हालात की जानकारियाँ 'रावी विरसा' लगातार पूरे मीडिया और अपने दोस्तों को दे रहा है। हर ई-मेल का बड़ी पाबन्दी से जवाब दिया जाता है। दोनों तरफ़ के पंजाब में शेर अली को लेकर स्टूडेंट्स में बड़ा उत्साह है। सब ये चाहते हैं कि शे अली ने जो सवाल उठाए हैं उनके जवाब दिए जाने चाहिए और शेर अली की कुर्बानी बेकार नहीं जानी चाहिए।

'रावी विरसा' में गरमागरम बहसें होती हैं। ई-मेल पर लोग अपनी-अपनी रा भेजते हैं। ठीक है कि पार्टीशन को साठ साल हो गए हैं लेकिन कुछ सवाल अभी तक जवाब का इंतज़ार कर रहे हैं। उनके जवाब तलाश करने चाहिए। पंजाबी ज़बान और पंजाबी तहज़ीब इस पतली-सी लकीर पर कुर्बान तो नहीं की जा सकती? इंसान जज़्बात और मिट्टी से मोह काग़ज़ पर खींची लकीर से ख़त्म नहीं हो सकते? मान

कि अब ये हक़ीक़त है लेकिन हक़ीक़त को बरतने के सैकड़ों तरीके हो सकते हैं। हम कौन-सा तरीक़ा अपनाना चाहते हैं? फिर दुनिया की तरफ़ निगाह उठाकर देखो। योरोप के वे देश जिनकी जुबानें अलग हैं, तहज़ीब अलग हैं, विरासत अलग है, वे अपनी सरहदों को 'दोस्ताना सरहद' बना रहे हैं...सरहदें हैं लेकिन दिलों को बाँटनेवाली, इंसानों को तोड़नेवाली सरहदें नहीं हैं। योरोप के देश अपनी अलग पहचान के बावजूद एक हो गए हैं तो पूर्वी और पश्चिमी पंजाब के लोगों ने क्या ग़लती की है? ये तो एक ज़बान, एक तहज़ीब, एक विरासत, एक तारीख़ का मामला है, इसमें इतनी दूरी, इतना फासला?

अम्बाला से कुछ लड़कों ने लिखा है कि ये पुराने लोगों के लिए बिल्कुल जज़्बाती मामला था लेकिन हम लोगों के लिए ये जज़्बाती नहीं बल्कि सोशल, कल्चरल और बिज़नेस का मामला है। एक बड़ी ज़बान को बचाने ही नहीं बल्कि बढ़ाने का मामला है। एक तहज़ीब को, फ़िल्म इंडस्ट्री को परवान चढ़ाने का मामला है।

हिन्दुस्तान और पाकिस्तान से एक-दूसरे को बेहिसाब फ़ायदा हो सकता है इसलिए इस मसले पर ग़ौर करना हमारी जिम्मेदारी है। दुश्मनी खत्म होगी तो हथियारों और ऐटमिक धमाकों पर ख़र्च किया जानेवाला खरबों रुपया 'डेवलपमेंट' में लगेगा।

रात-रात भर गरमागरम बहस चलती रहती है। चाय चलती रहती है। ई-मेल आते रहते हैं। इधर का संगीत और गाने उधर जाते हैं और उधर से गाने और म्यूजिक इधर आते हैं। प्रो. रंधावा के बड़े ड्राइंग रूम में पंजाबी लोक गीत बजते हैं। कभी प्रो. रंधावा और मैडम नीचे उतर आते हैं। प्रो. रंधावा थिरकने लगते हैं। कहते हैं, लगता है जी, लाहौर से नया गीत आया है।

एक रात जब सब जा चुके थे तो नवजोत ने सायमा से पूछा, "सायमा, तूने आज तक अपने घरवालों के बारे में किसी को नहीं बताया?"

सायमा ने नवजोत को देखा, कुछ बोली नहीं। लैपटाप पर उँगली से हल्का-हल्का खटखटाती रही।

"क्यों सायमा?"

"देख जोत...मेरा कोई और नहीं है सिर्फ़ माँ है...माँ..." वह चुप हो गई।

नवजोत उसे देखने लगा कि वह कुछ और बोलेगी। पर सायमा खामोश रही।

"कैसे सायमा?"

"सायमा धीरे-धीरे बोलने लगी, "मेरे वालिद मुहम्मद वल्लीउल्लाशाह सतघरा ज़िला ओकार के जमींदार थे...लंदन पढ़ने गए थे...वहाँ मेरी रसेल से मिले...जो मेरी

माँ हैं...शादी हुई...बहुत ट्रेजिक...सतघरा के पुराने, कट्टर, रवायती और एंटी वीमेन दमघोंटू माहौल में मेरी माँ डिप्रेशन में चली गईं...अपने आपको एक कमरे में बन्द कर लिया और किसी से नहीं मिलती थीं...पापा अपने पुरखों की तरह लाहौर की हाई सोसाइटी में डूबते चले गए...मैं ओकाड़ा में पढ़ने जाती थी...अम्माँ के इलाज कराने के लिए उन्हें लंदन भेजा गया। मैं भी बी.ए. करने के बाद लंदन चली गई। माँ पूरी तरह से ठीक नहीं हो पाईं थीं...मेरे साथ रहने से उन पर फ़र्क़ पड़ा...इधर सतघरा में पापा को जायदाद के एक मामले में उन्हीं के ख़ानदानवालों ने क़त्ल करा दिया...।"

"तुम्हारे भाई बहन...?"

"नहीं, कोई नहीं है।"

"कोई और?"

"मतलब?"

"रिश्तेदार?"

"बहुत हैं...लेकिन वो मेरे पापा के कातिल हैं।" सायमा बोली।

"तुम सतघरा जाती हो?"

"हाँ...जाती हूँ...।"

नवजोत सोचने लगा, हर आदमी के अन्दर कितने ज़ख़्म हैं...कितने दुख हैं जो दिखाई नहीं देते...ऊपर से लगता है हरा-भरा जंगल है लेकिन नीचे कितने ज्वालामुखी दबे पड़े हैं, यह पता नहीं चलता।

'रावी विरसा' की इमरजेंसी मीटिंग बुलाई गई है जिसमें चंडीगढ़, पटियाला, जालंधर, लुधियाना और दूसरे शहरों के मीडिया कोर्सेज के लड़के-लड़कियाँ शामिल हैं। मुद्दा यह है कि पुलिस ने शेर अली को दफन किए जाने की 'डेट' दे दी है। यह भी कहा है कि पाकिस्तान में शेर अली के किसी वारिस का पता नहीं चल सका है। ऐसी सूरतेहाल में क्या किया जाना चाहिए?

कई घंटे के बहस मुबाहिसे के बाद तय पाया कि शेर अली के जनाज़े में बड़े पैमाने पर शामिल होना चाहिए। और उसी मौक़े पर अपनी माँगें दोनों सरकारों यानी भारत और पाकिस्तान सरकार के सामने रखनी चाहिए। अपनी माँगें और आन्दोलन को आगे बढ़ाने की पूरी रणनीति तैयार करनी चाहिए। पूरी दुनिया में फैले 'रावी विरसा' के दोस्तों को फौरन ख़बर दी जानी चाहिए कि शेर अली को दफ़न किया जा रहा है, उसके पोस्टमार्टम की माँग सरकार ने नामंजूर कर दी है। इस बारे में सब लोग पंजाब के मुख्यमंत्री को ई-मेल करें। अख़बारों और न्यूज एजेन्सियों को भी डिस्पैच भेजे जाएँ।

पच्चीस-तीस लोगों का ऑफिस रात-दिन काम कर रहा है। सबके पास लैपटाप है। पूरी दुनिया से लगातार सम्पर्क बना हुआ है। यूरोप, अमेरिका और कनाडा के पंजाबी ग्रुप्स के साथ लाइव कांटैक्ट बना हुआ है...पूरा माहौल बहुत गरमाया हुआ है। प्रशासन को यह पता चल गया है कि बड़ी तादाद में पंजाब के स्टूडेंट्स इस आन्दोलन से जुड़ गए हैं इसलिए पुलिस और पैरामिल्ट्री फोर्सेज का इंतिहाम किया जा रहा है। 'रावी विरसा' ने कॉल दी है कि जिस दिन शेर अली को दफन किया जाएगा उस दिन पूरा अमृतसर बन्द रहेगा...पाँच जीपों पर लाउडस्पीकर लगाए लड़के पूरे शहर में अपील कर रहे हैं...

प्रशासन शहर के चारों तरफ़ बैरीकेट लगा रहा है ताकि बाहर के लोगों को रोका जा सके। प्रो. रंधावा तैयारियों में इतने डूबे हैं कि पिछली रात सो भी नहीं सके हैं। उन्हें डर है कि पुलिस अपने पुराने हथियार से काम लेगी...वे सबको समझा रहे हैं...जानते हैं कि नया ख़ून जल्दी जोश मारता है...कह रहे हैं किसी भी सूरत में पुलिस से भिड़ना नहीं चाहिए...उनसे भिड़ने का मतलब है उनकी जीत...अख़बारों के ज़रिए लगातार कहा जा रहा है कि 'रावी विरसा' एक शान्तिपूर्ण पहल है इसका राजनीति से कोई लेना-देना नहीं है, यह किसी राजनैतिक दल का मुद्दा नहीं है, यह जवान लोगों के दिलों की आवाज़ है, यह सांस्कृतिक मुद्दा है। प्रशासन पर लगातार ज़ोर डाला जा रहा है कि शेर अली के जनाज़े में शामिल होने जो लोग आ रहे हैं उन्हें आने दिया जाए...सब पूरी तरह शान्तिपूर्ण रहेगा।

पूरा अमृतसर ठहर गया है। चारों तरफ़ से बस शब्द कीर्तन की आवाज़ आ रही है।

हज़ारों लोग पता नहीं कहाँ से आ गए हैं। शहर के अन्दर पैर रखने की जगह नहीं है। पूरी रात शहर में आवाजाही रही है। पंजाब के दूसरे शहरों से जीपों के कारवाँ अमृतसर में दाखिल होकर कम्पनी बाग़ में ठहर गए हैं। हर लड़के के पास मोबाइल है जिस पर कंट्रोल रूम से हर पन्द्रह मिनट बाद मैसेज आ रहा है।

मेडिकल कॉलिज से पुलिस ने जब शेर अली की लाश निकाली और गाड़ी सड़क पर आई तो उसके सामने पचास मोटर साइकिलें दो लाइनों में आगे-आगे चलने लगी। मोटर साइकिलों की रफ़्तार धीमी है और उन्हें क्रास करके गाड़ी आगे नहीं जा

सकती। लाश गाड़ी के पीछे कोई सौ जीपों पर स्टूडेंट्स बैठे हैं। हर जीप पर 'रावी विरसा' के झंडे लगे हैं...लेकिन कोई आवाज़ नहीं है। बिल्कुल पिन ड्राप साइलेंस। जीपों के पीछे टी.वी. चैनलों की ओ.वी. वैनें चल रही हैं...कैमरे शूट कर रहे हैं। यह एक अजीब क़िस्म का जुलूस है...जुलूस धीरे-धीरे विरका चौक से आगे बढ़कर बटाला रोड पर आ गया...यहाँ कुछ लोग रुककर देखने लगे कि ये क्या हो रहा है। ब्रजभूषण चौक को पार करता ये कारवाँ वाल्मीकि चौक की तरफ़ आगे बढ़ा...वहाँ से कोट आत्मा सिंह रोड पर आ गया...घने शहर की आबादी शुरू हो गई...जहाँ तमाशा देखनेवाली भीड़ जमा हो गई...सर्कुलर रोड पर पहुँचते-पहुँचते ये जुलूस और लम्बा हो गया...वहाँ से ये सुल्तान विंड रोड पर आ पहुँचा...सुदर्शन नगर पहुँचा और ईदगाह मियाँ सम्दूशाह कब्रिस्तान पर आकर रुक गया...लाश गाड़ी अन्दर चली गई और सड़क पर दूर तक खुली जीपें खड़ी हो गईं...

क़ब्र तैयार है। पुलिस चाहती है जल्दी-से-जल्दी लाश दफन कर दी जाए। मौलवी साहब मौजूद हैं। मैय्यत को गुसल दिया गया। कफन दिया गया। क़ब्र के पास रख दी गई। नमाज़ें जनाज़ा पढ़ाई गई। कोई पचास-साठ लोग खड़े हो गए...उसके बाद दो आदमी क़ब्र में उतरे और शेर अली के जनाज़े को क़ब्र में उतार दिया गया। पटरे लगाए गए। पटरों के बीच की दरार बन्द करने के लिए बेरी की लकड़ियाँ लगाई गईं और मिट्टी दी जाने लगी...मिट्टी देना शुरू ही हुआ था कि पुलिस पार्टी वहाँ से ग़ायब हो गई...मिट्टी देनेवालों की तादाद इतनी ज़्यादा थी कि लाइन लगा दी गई। क़रीब एक घंटे में लाइन ख़त्म हुई...क़ब्र पर पानी डालकर मिट्टी को जमा दिया गया।

क़ब्रिस्तान के मैदान में सब जमा हो गए। मीटिंग शुरू हो गई।

एक सफारी गाड़ी की छत पर हाथ में माइक लेकर सायमा खड़ी हो गई और बोलने लगी। उसकी आवाज़ मैदान में गूँजने लगी—हम सब जानते हैं कि अभी क्या हुआ...शेर अली चोर-उचक्का, स्मग्लर, आतंकवादी नहीं था...वह अपना घर, अपने खेत देखने आया था...क्या आज भारत और पाकिस्तान में ये हक़ नहीं है कि आदमी ऐसा कर सके? उसे गोली मार दी गई...मैं पूछती हूँ...ये बार्डर क्या 'सिविलाइज़्ड बार्डर' नहीं हो सकता? यूरोपियन यूनियन ने बार्डर खोल लिए हैं...ऐसे मुल्कों के दरम्यान बार्डर खुल गए हैं जो एक-दूसरे की जुबान नहीं जानते तो यहाँ वई पंजाबी इदर बोलते हैं वह उधर...तो फिर...

अब पटियाला से आया सुरेन्द्र शर्मा खड़ा हो गया, "ऐसा है जी, हरमिन्दर साहब के चार दर खुले रहते हैं...अरे, मैं कहता हूँ, तुम लोग तीन सौ किलोमीटर के बार्डर में एक दर नहीं खोल सकते?" जोर की तालियाँ बजती हैं..."स्मग्लरों और आतंकवादियों के लिए सब कुछ खुला है...शेर अली के लिए बन्द है...क्यों बन्द है?"

चंडीगढ़ से आई सोनिया ने कहा, "मेरे दादा लाहौर रटते-रटते मर गए...दादी लाहौर देखने की हसरत लिए अन्धी हो गई...क्या है ऐसा कि पचास किलोमीटर का सफ़र नहीं हो सकता? अब पुरानी दुश्मनियों का ज़माना नहीं है...करोड़ों का माल तो आता-जाता है, पर आदमी के लिए बंदिशें हैं...बनाओ जी इसे साफ्ट बार्डर...हमारी यही माँग है।"

अम्बाला से आए बिल्लू ने कहा, "हम जी और आशिकों को इस बार्डर पर नहीं मरने देंगे।"

बयानों के बाद सोनी चावला ने 'आशिक दी बिरादरी' गीत सुनाया...लुधियाना के गायक ने अपना गीत "रावी विच इक लाश तैर दी" सुनाया...गीत की लाइनों में रावी के बीच पड़ी लाश की तस्वीर उभरने लगी...साठ साल से ज़्यादा हो गए हैं...रावी में एक लाश तैर रही है...इस लाश को दादा जी नहीं निकाल सके, पिताजी भी नाकाम हो गए...यह लाश रावी के पानी को ज़हरीला कर रही है...सुनहरी मछलियाँ मर रही हैं...रावी का पानी पाँचों नदियों के पानी में मिल रहा है...पाँचों नदियों का पानी पंजाब की धरती में...सोख रहा है...ज़हर के रेगिस्तान में ज़िंदगी क्यों काट रहे हो...रावी के विच जो लाश पड़ी है, वो निकालो..."

राय यह बनी कि 'रावी विरसा' की एक बैठक बिल्कुल रावी के किनारे होनी चाहिए...जिसमें रात भर गीत संगीत और भांगड़ा शांगड़ा होना चाहिए...इस मीटिंग में उधर से भी लड़के-लड़कियाँ रावी के किनारे आएँ इधर से भी पहुँचे। मिलकर इकट्ठे गीत गाए जाएँ...तारीख़...सुनो जी 23 मार्च शहीद भगतसिंह का शहादत दिवस है...दस दिन रह गए हैं...वही दिन तय कर लो...

पंजाब एसेंबली में अपोज़ीशन के लीडर बलजीत सिंह समराला यह आश्वासन लेकर आए हैं कि उनकी पार्टी 'रावी विरसा' के साथ है। वे छात्रों की मदद करना चाहते हैं। मीटिंग में पचास-साठ लड़के-लड़कियाँ मौजूद हैं। बलजीत सिंह समराला छोटा-सा वक्तव्य देते हैं। उसके बाद सायमा बोलती है। वह कहती है, 'यह कोई पॉलीटिकल आन्दोलन नहीं है...वे लोग तो पंजाब के कल्चर और लोगों को एक-दूसरे के क़रीब लाना चाहते हैं।' समराला फिर अपनी बात रखते हैं।

सुखां उनसे पूछती है, "सर तुसी पॉलीटीशियन हो न?"

"हाँ जी हैं...देश दी सेवा करदे हैं।"

"तो जी तुसी देश की सेवा करदे रहो...मरीज दी हालत तो लगातार बिगड़ती जा रही है और सेवादार..." जस्सी कहती है। समराला उसे हैरत से देखते हैं।

"सर जी, तुसी लोगों से वोट माँगते हो न?"

"हाँ जी...इलेक्शन में वोट माँगते हैं।"

नीतू कहती है, "सर, हम किसी से वोट नहीं माँगते।"

"वो तो जी ठीक है...पर तुसी सपोर्ट चांहदे हो न?"

"हमें जी पूरी स्पोर्ट मिल रही है...पूरी दुनिया से मिल रही है...हज़ारां ई-मेल देख सकदे हो।" अल्का ने कहा।

"बहुत चंगा है जी...तुसी देखो हमारी ही पार्टी ने बार्डर विच व्यापार शुरू कराया था..."

"सर जी...बहुत अच्छा कीता सी...हम चान्दे हैं बार्डर विच, इंसान आ-जा सके...तेल, साबुन, कपड़ा, सीमेंट, आलू-गोभी से हमें कोई मुखालफत नहीं है।" नवीन गिल ने कहा।

"तुसी बिल्कुल ठीक कैंदे हो...साडा और त्वाडा उद्देश्य एक ही है।"

"नहीं जी, नहीं..." सोनी चावला बोला।

"कैसे जी?"

"तुसी वोट मंगदे हो...असी वोट नहीं मंगदे।" प्रदीप बोला।

"तो जी वोट माँगने में क्या बुराई है?"

"तुसी वोट लेके सत्ता में आते हो...सरकार बनाते हो..."

"हाँ जी, हाँ।"

"क्यों जी?"

"सारी बुराइयाँ दी जड़ है जी..."

"तुसी डेमोक्रेसी को बुराई समझदे हो?"

"हाँ जी, त्वाडी डेमोक्रेसी जो है न...उसे कुछ और नइ कै सकदे।" रवि अरोड़ा ने कहा।

"चलो जी, सौ की एक गल्ल है।" नवजोत बोला।

"क्या?" समराला ने पूछा।

"तुसी हमारे आन्दोलन में आओ...पर जी वायदा करो कि किसी से वोट नहीं माँगोगे...इलैक्शन नहीं लड़ोगे।" जोत ने जवाब दिया।

"नइ जी...ये क्या बात हुई।"

बात बनी नहीं। दो घंटे की मीटिंग में यही बहस होती रही। समराला उठ कर चले गए।

'रावी विरसा' फेस्टिवल में सिर्फ़ दो दिन रह गए हैं। नाटक की पाँच टोलियाँ आने के लिए तैयार हैं। छः सात लोक गायक आ रहे हैं। उधर लाहौर में भी तैयारियाँ पूरी हैं। सायमा को मिनट-मिनट पर ई-मेल आ रहे हैं। इधर से डिस्पैच जा रहा है अब तक वह जगह नहीं तय हो पाई है जहाँ दोनों तरफ़ के लोग रावी के किनारे

जमा होंगे...जगह ऐसी होनी चाहिए जहाँ तक पहुँचा जा सके और एक-दूसरे को कम-से-कम फासले से देखा जा सके। सबसे बड़ी बात ये है कि पुलिस और बी.एस. एफ. पूरी तरह कोशिश करेगी कि ये फेस्टिवल न होने पाए। उसका कैसे मुक़ाबला किया जाएगा।

"हैलो..." सायमा ने फ़ोन स्क्रीन पर नाम और नम्बर देखा। उधर से मिस्टर रज़्ज़ाक कॉल कर रहे हैं।

"सलाम अलैकुम रज़्ज़ाक साहब।"

"वालेकुम सलाम...कैसी हो सायमा।"

"जी बिल्कुल ठीक।"

"क्या हो रहा है?"

"आपको हमारे डिस्पैच तो मिल रहे हैं न?"

"हाँ, दिन में दो बार...बड़ा अच्छा मोबाइलज़ेशन हो रहा है।"

"रज़्ज़ाक साहब, ये कमाल का फेस्टिवल होगा।"

"हाँ...रोज़ तुम्हारी लिस्ट बढ़ रही है।"

"अभी-अभी लंदन से मेल आया है...वहाँ से पाँच लोग आ रहे हैं।"

"बहुत अच्छा...मैं तुम्हें ये बताना चाहता हूँ कि गवर्नमेंट ऑफ इंडिया तुम्हारे काम को पसन्द नहीं कर रही है।"

"क्यों?"

"उसका मानना है कि तुम पॉलीटिकल एक्टिविटी कर रही हो।"

"पॉलीटिकल?...अरे, हमने भी अभी-अभी पंजाब सरकार में अपोज़ीशन के लीडर को बैरंग लौटाया है।"

"जो कुछ भी हो भारत सरकार...इसे पॉलीटिकल एक्टिविटी मान रही है।"

"मेरी समझ में नहीं आ रहा कि..."

"सुनो..." वे उसकी बात काटकर बोले, "मुझे होम सेक्रेटरी मिस्टर चौधरी ने बुलाया था...उन्होंने बताया कि भारत सरकार के फॉरेन ऑफिस ने दिल्ली में हमारे एम्बैस्डर को बुलाकर नाराज़गी ज़ाहिर की है...पुलिस ने जो तुम्हारी फाइल तैयार की है उसकी कॉपी भी दी गई है..."

"लेकिन..."

"सुनो...भारत सरकार का फोरन ऑफिस कह रहा है कि तुम्हारी इस कार्रवाई से दोनों मुल्कों के अच्छे रिलेशन्स खराब हो सकते हैं।"

"ये तो कोरी बकवास है।"

"सरकारें और क्या करती हैं।" रज़्ज़ाक साहब हँसकर बोले।

"फिर आपने क्या कहा?"

"मैंने कहा सायमा वहाँ न्यूज़ स्टोरी कर रही है...बाक़ी जो काम हैं, वहीं के लोग... भारत के शहरी कर रहे हैं...उन पर भारत सरकार जो कार्रवाई चाहे कर सकती है।"

"बिल्कुल ठीक कहा आपने।"

"लेकिन चौधरी साहब ने ये कहकर बातचीत ख़त्म कर दी कि भारत सरकार ने अगर सायमा का वीज़ा कैंसिल कर दिया तो उसे वापस आना पड़ेगा।

"वीज़ा कैंसिल?" सायमा डर गई। फेस्टिवल में सिर्फ़ दो दिन रह गए हैं और बहुत काम बचा पड़ा है।

"हाँ...किसी भी सरकार को ये हक़ है।"

"वीज़ा कैंसिल...के बाद?"

"उसके बाद तुम्हें पुलिस बाई फोर्स...मुल्क से बाहर निकाल देगी..."

"ये तो बड़ी ज़्यादती होगी।"

"जो कुछ भी हो...हालात यही हैं...मुझसे कहा गया है कि मैं तुम्हें वापस बुलाने की कोशिश करूँ..."

"तो क्या आप..."

"नहीं...मैं तुम्हारे ऊपर कोई ज़ोर नहीं डालना चाहता...बस तुम्हें हालात से आगाह कराना चाहता हूँ।" रज़्ज़ाक साहब ने हमदर्दी से कहा।

"आपकी क्या राय है रज़्ज़ाक साहब।"

"ख़ुद फैसला करो।"

अगले दिन सायमा के वीज़ा कैंसिल कर दिए जाने की ख़बर सभी अख़बारों और चैनलों में आ गई। इतना तो तय था कि भारत सरकार उसे 'रावी विरसा फेस्टिवल' में हिस्सा नहीं लेने देगी। बल्कि उसके न रहने से शायद 'फेस्टिवल' ही न हो सके। हर घंटे दिल की धड़कने तेज़ हो रही हैं और उसी तेज़ी से काम भी आगे बढ़ रहा है। भारत के बुद्धिजीवियों ने सरकार से अपील की है कि सायमा का वीज़ा कैंसिल न किया जाए। पाकिस्तान में इसे लेकर अख़बारों में एडीटोरियल लिखे जा रहे हैं...लेकिन सरकार का रुख कड़ा है।

...और फिर वही हुआ। रज़्ज़ाक साहब ने एस.एम.एस. किया 'सायमा तुम्हारा वीज़ा कैंसिल हो गया है।'

कल फेस्टिवल है। कुछ दूर से आनेवाले अमृतसर पहुँए गए हैं। ये ख़बर फैलते ही छात्रों में उत्तेजना बढ़ गई है। अब किसी भी वक़्त पुलिस एक्शन हो सकता है। सायमा के मना करने के बाद भी तीस-चालीस लड़के-लड़कियाँ उसके चारों तरफ़ घेरा डाले हैं। कुछ कमरे के अन्दर, कोठी के बारामदे में और कुछ सड़क पर अपनी-अपनी

गाड़ियों में। सब लड़ने-भिड़ने के मूड में हैं। सायमा डर रही है। वह बार-बार यही कहती है कि पुलिस अगर उसे गिरफ़्तार करने आए तो उसे रोका न जाए।

"क्यों सायमा?" सुखाँ ने पूछा।

"पुलिस को रोक गया तो वायलेंस होगा...गिरफ्तारियाँ होंगी और कल हमारा फेस्टिवल न हो पाएगा...समझी तू।"

"पर सायमा पुलिस तुझे हमारे सामने गिरफ़्तार करके ले जाए और हम...?"

"बच्चोंवाली बात न कर जोत...और देख सबसे बता दे कि पुलिस से कोई पंगा नहीं लेगा।" प्रो. रंधावा ने कहा।

रात में ठीक दो बजे प्रो. रंधावा की कोठी के सामने पुलिस की एक कार, दो जीपें और एक ट्रक आकर रुक गए। कार से एस.पी. सिटी निकला। उसके दो डी.वाई.एस.पी. हैं। तीनों अन्दर आए। उसके बाद बीस कमांडों का एक दस्ता आया और पोज़ीशन लेकर खड़ा हो गया। वे सब हथियारों से पूरी तरह लैस हैं।

"मिस सायमा खान...आपकी गिरफ़्तारी का वारेंट है..."

"मुझे अपना सामान पैक करने के लिए आप दस मिनट देंगे?"

"ज़रूर।"

पुलिस के एस.पी. ने घड़ी देखी और छड़ी हिलाने लगा। लड़कियों ने बाहर देखा...सामने और पीछे बड़ी तादाद में फोर्स लगी है।

"सर सुबह गिरफ़्तार कर लेना...रात के दो बजे..." प्रो. रंधावा ने कहना चाहा।

"प्रोफ़ेसर साहब...हमें यही आर्डर है...तुसी जानते हो ये कार्रवाई ऊपर से हो रही है... ।"

"ठीक है जी...अब मजबूरी है तो ठीक है।" प्रो. रंधावा बोले। सायमा सामान पैक करने लगी।

सायमा सामान लेकर खड़ी हो गई।

"सायमा तू जा रही है।" जोत सामने आकर खड़ा हो गया।

"मैं जा रही हूँ, पर ख़ाली हाथ नहीं।" सायमा बोली...उसने जोत को गले लगा लिया। फिर वह सबसे गले मिलने लगी।

प्रो. रंधावा के पैर छूने के लिए वह झुकी तो उसकी आँखों में आँसू थे।

प्रो. रंधावा ने उसके सिर पर हाथ रख दिया।

सायरन बजाती पुलिस की गाड़ियाँ सायमा को लेकर सीधे एयरपोर्ट की तरफ़ निकल गई।

कमरे में मौत का सन्नाटा फैल गया। धीरे-धीरे सोनी ने "वे मैं भरी सुगन्धियाँ पौण्ढ़ सजना तेरे बुए..." गुनगुनाना शुरू किया...सन्नाटा टूटने लगा...गीत ख़त्म होते-होते ज़िंदगी लौट आई।

लैपटाप तेज़ी से चलने लगे। सायमा की गिरफ़्तारी और डिपोर्ट किए जोन की ख़बर दुनिया में फैलती चली गई।

"तुसी एह लड़ाई जित रहे हो।" प्रो. रंधावा बोले।

प्रो. रंधावा के यह कहने के बावजूद सायमा के गिरफ़्तार कर लिए जाने का दुःख इनके दिलों में जमा बैठा रहा। आज रावी के किनारे 'फेस्टिवल' है और सायमा नहीं है...दूर से आनेवाले तो अमृतसर पहुँचने ही वाले होंगे...उन्हें सायमा के गिरफ़्तार और डिपोर्ट होने का पता चलेगा तो क्या होगा?

"नइ जी नइ...अब ये कर जोत कि चार-पाँच मोटर साइकिल सवारों की ड्यूटी लगा के देखें, पुलिस ने शहर के बाहर कहाँ-कहाँ बैरीकेट लगा रखे हैं..."

"ठीक है जी अभी भेजते हैं..." वह बोला।

"ओधर अजनाला की तरफ़ किसी को भेज दो...वो भी एक प्वांइट है जहाँ पुलिस हमें रोक सकदी है।" प्रो. रंधावा ने बताया।

"हाँ ये भी करते हैं।"

"सर जी दूसरे शहरों से भी बन्दे आ रहे हैं।" अल्का ने कहा।

"तुझे पता है कौन कहाँ से आ रहा है?"

"हाँ जी हर शहर की लिस्ट है...फोन नम्बर हैं।"

"तो ऐसा करो उनसे कहो अंबरसर न आएँ।" प्रो. रंधावा ने सुझाव दिया।

"क्यों सर?"

"यहाँ आए तो फँस जाएँगे...देखो जो गुरदासपुर की तरफ़ से आ रहे हों उनसे कहो डेरा बाबा नानक होकर सीधे अजनाला की तरफ़ बढ़े...लुधियाना जालंधर से आनेवाले भी यही रूट ले लें...लम्बा तो पड़ेगा पर पहुँच जाएँगे..."

"चंडीगढ़वाले तो आ गए हैं।"

"कोई बात नहीं देखा जाएगा।"

मोबाइल फ़ोन बजने लगे। ई-मेल फिर सक्रिय हो गए। कंट्रोल रूम में समाचार आने लगे। घेराबन्दी देखने के लिए बन्दे चले गए। सुबह का चार बज रहा है। गायकों की टोलियाँ आ गई हैं। हरमिन्दर साहब में मत्था टेकने के बाद लंगर शकेंगे...फिर आगे बढ़ना है।

प्रो. रंधावा काग़ज पर नक़्शा बनाने लगे, "देखो अम्बरसर से अजनाला वाली रोड पर तो जाना ही नहीं है। सीधे चुगानवान को बढ़ो...वहाँ से अजनाला का रास्ता पकड़ो...अजनाला में अगर चारों सड़कों पर बैरीकेड लगा हो तो बताना...उधर कच्चे रास्ते भी हैं....पिंडों के लिए...मैं उधर रह चुका हूँ।"

आठ बजे लाहौर से सायमा का ई-मेल आया, "मैं लाहौर पहुँच गई हूँ। एयरपोर्ट पर रज़्ज़ाक साहब आए थे। ये तुम लोगों ने बहुत अच्छा किया कि मेरे गिरफ़्तार

होने और डिपोर्ट किए जाने की इनफोरमेशन फ्लैश कर दी। लाहौर में...सब दोस्तों को मेल भी मिल गया है कि मेरे साथ क्या हुआ है। यहाँ तैयारी पूरी है। जगह अजनाला एरिया में ही हो सकती है। मैं लगातार कान्टैक्ट बनाए रखूँगी।"

"ओए बल्ले बल्ले।" सायमा का मेल पढ़कर ज़ोर का नार लगा था...यह मेल सायमा ने दो सौ लोगों को फारवर्ड किया था।

दस बजते-बजते पोजीशन साफ़ हो गई। जिन लोगों को पुलिस की घेराबन्दी देखने के लिए भेजा गया था उन्होंने एस.एम.एस दे दिए। अजनाला में पहुँचनेवाली चारों सड़कों पर पुलिस के बैरीकेट लगे हैं। फिर अजनाला से जाफरकोटवाली सड़क पर भी बड़ी तादाद में पुलिस है...यहाँ कुछ बी.एस.एफ. के जवान भी तैनात हैं... अब अजनाला जाना भी एजेंडा से कट गया है। सबको मैसेज भेजा गया कि अजनाला को 'एवाइड' करो और अजनाला शुरू होने से पहले ही पश्चिम की दिशा में जानेवाली पतली सड़कों पर मुड़ जाओ और फिर मैसेज का इंतज़ार करो।

"पर एक गल्ल है।" प्रो. रंधावा ने कहा।

"क्या सर?"

"ये तो सब जानते हैं कि अम्बरसर में फेस्टिवलवाले जमा हो गए हैं...अब अजनालेवाली सड़क पर कोई न दिखाई दिया तो पुलिस को शक हो जाएगा?"

"हाँ ये तो है...पुलिस सोचेगी...पता नहीं कहाँ चले गए...तब अधर-उधर दौड़ेगी।"

"देखो पुलिस को इस धोखे में रखो कि उन्होंने 'रावी फेस्टिवल' वालों को रोक लिया है।"

"तुसी ग्रेट हो रंधावा सरं।" नवजोत अचानक बोल उठा।

"तुसी अब मान रहे हो।" प्रो. रंधावा ने कहकर ठहाका लगाया।

"तो सर क्या करें?"

"देखो जी...प्रदीप...नवीन और जोत...कम्पनी बाग़ में अपनी जो गाड़ियाँ हैं उनमें से कुछ 'प्रापर' रास्ते से अजनाला की तरफ़ बढ़ें...बैरीकेड पर रोका जाए तो रुक जाएँ...पुलिस से बहस करें कि हमें अजनाला जाने दो..."

"लो जी अभी बात करते हैं..." मोबाइल बजने लगा।

"उन बन्दों से कहो...सड़क न छोड़ें...चाहे पूरा ट्रेफिक जाम ही क्यों न हो जाए।"

ग्यारह बजे सायमा का मेल आया, 'हम लोग चल चुके हैं...डब्ल्यू.डब्ल्यू.डब्ल्यू. गूगल अर्थडॉट कॉम खोलकर इंडिया पाकिस्तान पंजाब बार्डर पर जूम करो...बलहरवाल पिंड के वेस्ट में रावी एक 'कर्व' लेती हुई वेस्ट को मुड़ जाती है...वहाँ बार्डर रावी के ऊपर है...हम लोग यहीं पर आ रहे हैं...यहाँ रावी का पाट भी बहुत चौड़ा नहीं है...'होपफुली' हम लोग एक-दूसरे को देख भी सकेंगे...गुडलक।' सायमा ने ये मेल सिर्फ़ जोत को भेजा था।...

"अब इस मेल को इसी तरह फारवर्ड न करो," नवीन ने कहा।

"हाँ सबको मेल करो कि जाफरकोट और सारंगदेव की तरफ़ आगे बढ़ो।"

मैसेल फ्लैश हो गया।

जो लोग मेन रोड पर पुलिस को 'डिच' करने भेजे गए हैं उनके मैसेज लगातार आ रहे हैं। मैसेज यही है कि सड़कें ब्लाक हो गई हैं। सारा ट्रेफिक रुका पड़ा है। कई-कई किलोमीटर की लाइनें लगी हैं...पीछे पुलिस के ट्रक भी फँसे पड़े हैं...इन सड़कों से कोई आ-जा नहीं सकता।"

इन लोगों को मैसेज दिया गया कि शाम तक यही करते रहो...यू आर कोऑपरेटिंग ए लाट इन द 'रावी विरसा' फेस्टिवल।

चुगानवान में सायमा को मैसेज मिला, 'मैसेज सेव कर लो...आगे शायद 'जैमर' लगा होगा। अभी मैं गूगल लाइव पर तुमसे लोगों की पोज़ीशन देख रही हूँ...बिल्कुल ठीक है... बढ़ते रहो...हम भी बढ़ रहे हैं...प्वाइंट एक्स वही है...जहाँ हमें मिलना है...गुडलक..."

सायमा को रिप्लाई चली गई। दूसरी गाड़ियों से लगातार मैसेज आ रहे हैं...प्रो. रंधावा के साथ पूरी कंट्रोल टीम एक जिप्सी में आगे बढ़ रही है। अब तक कोई प्राब्लम नहीं आई है।

तीन बजते-बजते इधर से फेस्टिवल के लोग प्वाइंट एक्स पहुँच गए। प्लान के हिसाब से सफ़ेद पतंगें उड़ा दी गईं। यह कोड था अपने प्वाइंट एक्स तक पहुँच जाने का। जवाब में थोड़ी देर बाद उधर से भी सफ़ेद पतंगें आसमान में दिखाई देने लगीं।

अब दोनों तरफ़ से संगीत शुरू हो गया।

उधर से गीत शुरू हुआ—

लंघ आजा पत्तणा झणां दा
सिर सदका तेरे ना दा,
ओ यार
लंघ आजा...

लाउडस्पीकरों की आवाज़ें एक-दूसरे से मिलने लगीं। वही गीत जो इधर गाए जा रहे हैं उधर भी गाए जा रहे हैं। इधर जो गीत ने धुन पकड़ी—

रावी हिल्ले जुल्ले
झणां हिल्ले जुल्ले
न्याणिए जिंदे नी लै बुल्ले
नेरियाँ रातां लिशकण तारे
उट्ठो नी भाबियो
कंत जगाओ
वेखो नी किड्डा दिन चढ़या

अब इधर-उधर के लोग एक-दूसरे को देख सकते हैं। उधर से आवाज़ आती है–

नी साड्डे वीर जगाओ,
तखत हजारा जागदा
लाहौर शहर सुत्ता
जाग पई जाग पाई
गली लाहौर दी
अम्बसर वी जाग रेया

लाउडस्पीकर पर जोत की आवाज़ आती है, "आई लव यू सायमा।" उधर से लाउडस्पीकर पर सायमा की आवाज़ आती है, "आई लव यू टू जोत।"

"वी लव यू ब्वायज़।"

"वी लव यू गर्ल्स।"

फिर संगीत की तेज़ आवाज़...इधर भांगड़ा शुरू हो गया...उधर भी भांगड़ा चालू हो गया...

सफ़ेद पतंगों के साथ सफ़ेद कबूतर उड़ाए गए। नीले आकाश में सफ़ेद कबूतर एक साथ उड़ रहे हैं...

"काश हम कबूतर होते।" उधर से आवाज़ आती है।

"हम कबूतर ही हैं...और क्या हैं?" इधर से आवाज़ जाती है।

लाउडस्पीकर पर सायमा की आवाज़ आती है। रेंजर हमारी तरफ़ बढ़ रही हैं...

"तितलियाँ उड़ाओ।" उधर से लाउडस्पीकर पर सायमा की आवाज़ आती है। कार्डबोर्ड के बड़े-बड़े डिब्बों के ढक्कन खोल दिए जाते हैं। उधर से भी सैकड़ों की तादाद में तितलियाँ नीले आसमान और रावी के नीले के बीच उड़ रही हैं...इंद्रधनुष जैसा बन जाता है...

"पी.ए.सी. नजदीक आ गई है...हमें हटना पड़ेगा..." जोत कहता है।

"ठीक है हट जाओ..." सायमा बोली, "और देखो...दोनों देशों में कितनी एकता है...दोनों की बार्डर सिक्यूरिटी फोर्सेज़ मिलकर हमें मार रही हैं..."

नगाड़े की धमक के साथ ये आवाज़ चारों तरफ गूँज जाती है।

"गल्ल अली दी"
उधर से जवाब आता है
"आश्कां वर्गी।"
इधर से फिर कहा जाता है
"गल्ल अली दी"

उधर से जवाब आता है

"सदके जावां...गल्ल अली दी..."

बी.एस.एफ. की गाड़ियों में से जवान धड़ाधड़ कूदने लगते हैं। हवाई फायर की आवाज़ें उधर से भी आ रही हैं, इधर से भी। दोनों तरफ़ के लाउडस्पीकर बन्द हो गए हैं...रेंजरों के पीछे से 'फेस्टिवल' वाले नारे लगाते हैं...धुआँ, आवाज़ें, चीख़ें...दूर तक फैले खेतों में दौड़ते लड़के-लड़कियाँ और उनके पीछे बी.एस.एफ. के जवान या रेंजर...इधर से खदेड़ा जाता तो लड़के दूसरी तरफ़ जमा हो जाते हैं...और मज़ा ये कि अभी तक वे आ रहे हैं...नए आनेवालों में नया जोश...और नए नारे...और गीत।

"लंघ आजा पत्तणा झणां दा..."

रावी के पानी से गीत के बोल फूट रहे हैं...

"सिर सदका तेरे ना दा...ओ यार

ऊपर आसमान में पतंगें और तितलियाँ गले मिल रही हैं...नीचे रावी हँस रही हैं...खेत खिलखिला रहे हैं...पेड़ तालियाँ बजा रहे हैं...हवा, आवाज़ों की तेज़ी से इधर-उधर पहुँचा रही है...धुआँ...गोलियाँ...

"अलविदा यारो..."

"सदका यारो..."

आवाज़ का एक टुकड़ा आ जाता है लंघ आ जा...

●●●